Wandlungsfähigkeit von Unternehmen

T0326522

Schriften zur Unternehmensplanung

Herausgegeben von Franz Xaver Bea, Alfred Kötzle und Erich Zahn

Band 64

PETER LANG

Frankfurt am Main · Berlin · Bern · Bruxelles · New York · Oxford · Wien

Bernd Gagsch

Wandlungsfähigkeit von Unternehmen

Konzept für ein kontextgerechtes Management des Wandels

PETER LANG
Europäischer Verlag der Wissenschaften

Die Deutsche Bibliothek - CIP-Einheitsaufnahme

Gagsch, Bernd:

Wandlungsfähigkeit von Unternehmen : Konzept für ein kontextgerechtes Management des Wandels / Bernd Gagsch. - Frankfurt am Main ; Berlin ; Bern ; Bruxelles ; New York ; Oxford ; Wien : Lang, 2002
(Schriften zur Unternehmensplanung ; Bd. 64)
Zugl.: Stuttgart, Univ., Diss., 2002
ISBN 3-631-39569-8

Gedruckt auf alterungsbeständigem,
säurefreiem Papier.

D 93
ISSN 0175-8985
ISBN 3-631-39569-8

© Peter Lang GmbH
Europäischer Verlag der Wissenschaften
Frankfurt am Main 2002
Alle Rechte vorbehalten.

Printed in Germany 1 2   4 5 6 7
www.peterlang.de

Geleitwort

Praktische Erfahrungen und theoretische Erkenntnisse, insbesondere auf dem Gebiet der New Science of Complexity, legen den Schluss nahe, daß Unternehmen in sich schnell verändernden, turbulenten Aufgabenfeldern nur dann nachhaltig erfolgreich sein können, wenn sie eine ausgeprägte Adaptionsfähigkeit beweisen und sich koevolutiv mit ihrer Umwelt entwickeln. Da dynamische Unternehmen ein hohes Maß an Unsicherheit und Ambiguität implizieren, ist der Rückgriff auf ein breites Verhaltensrepertoire zwar hilfreich, aber letztlich unzureichend. Vielmehr müssen in Analogie zur biologischen Evolution immer wieder neue Geschäftschancen entdeckt und zu ihrer Ausbeutung eine kreative Erweiterung des Verhaltensrepertoires betrieben werden. Träger der hier geforderten Response- und Wandlungsfähigkeit ist der zielbewußte Mensch. Er ist Mittelpunkt und „schöpferischer Zerstörer" (im Sinne Schumpeter), der zur Entwicklung des Unternehmens in die Zukunft die dazu erforderlichen Werkzeuge und Fähigkeiten in Form von Strategien, Strukturen und Ressourcen weiter entwickelt und damit das Unternehmen immer wieder neu erfindet.

Die Masse der bislang vorgeschlagenen Konzepte zur Bewältigung äußeren Wandels negiert die Notwendigkeit eines inneren Wandels. Ihr Fokus liegt gewöhnlich auf kurzfristiger Krisenbewältigung, auf Maßnahmen zur Rückkehr auf gewohnte, aber nicht mehr ergiebige Entwicklungspfade, anstatt auf Entdeckung neuer Entwicklungspfade. Unternehmen, die Umweltwandel nachhaltig erfolgreich bewältigen, demonstrieren Fortschrittsfähigkeit. Ihre Anstrengungen konzentrieren sich nicht auf die Rückkehr zu alten Gleichgewichten, sondern auf das Anstreben von Zuständen fernab von alten Gleichgewichten. Sie surfen gleichsam am Chaosrand, was einem neuen Managementparadigma entspricht.

Wenn Unternehmen entstehendem Wandlungsdruck zu lange ausweichen, dann verbleiben zum Überleben nur radikale Einschnitte im Sinne von Turnarounds. Diese implizieren jedoch hohe Risiken und erweisen sich deshalb nicht selten als eine zu hohe Hürde. Eine adäquate Antwort scheint der rechtzeitig proaktive Aufbau von Wandlungsfähigkeit zu sein.

Das Forschungsfeld der Wandlungsfähigkeit befindet sich noch in einem vorparadigmatischen Stadium. Die Erarbeitung erster Konzepte ist Gegenstand verschiedener Grundlagenforschungen, so z.b. im Sonderforschungsbereich 467 an der Universität Stuttgart.

Die von Herrn Gagsch vorgelegte Arbeit leistet einen wichtigen Beitrag im Rahmen dieser Grundlagenforschung. Ihr Hauptziel ist die Aufarbeitung von Grundlagen für ein besseres Verstehen von Wandlungsfähigkeit und die Entwicklung eines konzeptionellen Rahmens für ein kontextgerechtes Management der Wandlungsfähigkeit von Unternehmen. Dabei werden bereits vorliegende theoretische Ansätze und praktische Konzepte kritisch reflektiert und bestehende Forschungsdefizite aufgezeigt.

Stuttgart, im März 2002   Prof. Dr. Erich Zahn

Vorwort

Die vorliegende Arbeit entstand während meiner Tätigkeit als wissenschaftlicher Mitarbeiter am Lehrstuhl für Allgemeine Betriebswirtschaftslehre und Betriebswirtschaftliche Planung der Universität Stuttgart. Ihre Veröffentlichung nehme ich zum Anlaß, all jenen zu danken, die zu ihrem Gelingen beigetragen haben.

Mein besonderer Dank gilt meinem Doktorvater, Herrn Prof. Dr. Erich Zahn, für die Jahre der Betreuung und der vertrauensvollen Zusammenarbeit. Durch seine ansteckende Begeisterungsfähigkeit und seine Bereitschaft zum konstruktiv-kritischen Dialog hat er diese Arbeit nachhaltig gefördert. Fachlich wie menschlich werde ich von Professor Zahn vieles mit auf den Weg nehmen. Herrn Prof. Dr. Engelbert Westkämper danke ich für die Übernahme des Zweitgutachtens.

Mein herzlicher Dank gilt auch meinen Kolleginnen und Kollegen am Lehrstuhl für die sehr angenehme Arbeitsatmosphäre. Besondere Erwähnung gebührt Herrn Dipl.-Kfm. Claus Herbst für seine freundschaftliche und engagierte fachliche Begleitung während des gesamten Promotionsvorhabens. Vielfältige Unterstützungen, Anregungen und Hilfestellungen habe ich darüber hinaus von Herrn Dipl.-Kfm. Florian Kapmeier, Dipl.-Kfm. Michael Nowak und Herrn cand. rer. pol. Nils Gamm erhalten.

Viele Stunden, die in eine solche Arbeit investiert werden, gehen zu Lasten der Familie. Meinen ganz besonderen Dank richte ich daher an meine Frau Anette für ihr Mittragen der Promotion sowie für die moralische Unterstützung in diesem Lebensabschnitt.

Ganz herzlich möchte ich mich auch bei meinen Eltern bedanken. Sie haben mir auf meinem beruflichen und privaten Lebensweg immer jede erdenkliche Hilfe zukommen lassen. Ihnen ist diese Arbeit gewidmet.

INHALTSVERZEICHNIS

4. Konzept für ein kontextgerechtes Management der Wandlungsfähigkeit von Unternehmen

ABBILDUNGSVERZEICHNIS

ABKÜRZUNGSVERZEICHNIS

Abb. .... Abbildung

Abs. .... Absatz

bspw. .... beispielsweise

bzw. .... beziehungsweise

ca. .... circa

CIM .... Computer Integrated Manufacturing

d.h. .... das heißt

e.V. .... eingetragener Verein

f. .... folgende

ff.   fortfolgende

GOE .... Gesellschaft für Organisationsentwicklung

d.h. .... das heißt

Hrsg. .... Herausgeber

IEEE .... Institute of Electrical and Electronic Engineers

MIT .... Massachusetts Institute of Technology

o.V. .... ohne Verfasser

S. .... Seite

Sp. .... Spalte

TQM .... Total Quality Management

u.a. .... und andere

u.a. .... unter anderem

usw. .... und so weiter

v. .... von

v. Chr. .... vor Christus

vgl. .... vergeiche

WiSt .... Wirtschaftswissenschaftliches Studium

WISU .... Das Wirtschaftsstudium

z.T. .... zum Teil

z.B. .... zum Beispiel

1. Einführung

1.1 Problemstellung

> *„In a changing world the choice is that*
> *of changing or being changed."*
>
> - GARETH MORGAN -

MORGAN drückt auf diese Weise eine Erkenntnis aus, die das Managementhandeln von Unternehmen heute nachhaltig prägt: Unternehmen, die sich nicht aus eigener Kraft und aus eigenem Antrieb verändern, werden zum Spielball extern gesteuerter Veränderungen.[1]

Um sich in ihrer Umwelt langfristig behaupten zu können, müssen Unternehmen in der Lage sein, sich permanent und möglichst antizipativ an Veränderungen der Umwelt anzupassen bzw. sich koevolutiv mit ihr zu entwickeln.[2] Hieraus resultiert für Unternehmen die Notwendigkeit, ihre verschiedenen Umfelder systematisch zu analysieren und daraus Anforderungen an das eigene Unternehmen abzuleiten. Erst wenn konkrete Anforderungen erkannt sind, können ihnen geeignete Handlungsoptionen gegenübergestellt werden.

In vergleichsweise ruhigen bzw. sich inkremental wandelnden Umfeldern ist diese Vorgehensweise nach wie vor erfolgversprechend. Entwicklungspfade können erkannt, nachvollzogen und prognostiziert werden. Problematisch ist das beschriebene Vorgehen indes in sich radikal wandelnden Umfeldern. Radikaler Wandel äußert sich oftmals durch unvorhersehbare Diskontinuitäten, welche die Anforderungen dort nur sehr vage und allenfalls mittelfristig bestimmen lassen. Zuverlässige Prognosen werden somit verhindert.[3]

Folglich ist das von Unternehmen häufig praktizierte Vorhalten eines (begrenzten) Vorrats an Verhaltensweisen, deren Wirkrichtungen gewöhnlich determiniert sind, hier ungeeignet. Die Aufgabe der Unternehmensführung kann in solchen Kontexten

---

[1] vgl. Krüger (2000), S. 5

[2] vgl. Zahn, Gagsch, Herbst (2000), S. 24

[3] vgl. Klimecki, Probst, Eberl (1994), S. 7 und Zahn (2001), S. 5

nicht allein darin bestehen, konkrete Anforderungen aus der Umwelt abzuleiten und dafür vorgedachte Antworten bereitzustellen. Sie muß vielmehr das Ausmaß des gegenwärtigen Wandlungsdrucks bestimmen und dementsprechend ihren Bedarf an „Responsefähigkeit"[4] bzw. Wandlungsfähigkeit festlegen. Aus der Forderung nach speziellen Problemlösungen wird somit bei radikalem Wandel eine Forderung nach genereller Problemlösungsfähigkeit.

Ziel muß es somit sein, im Unternehmen ein ungerichtetes Potential zu schaffen, das in Abhängigkeit situativer Erfordernisse kurzfristig genutzt werden kann.[5] Um diesen Ansatz verfolgen zu können, ist die in der Managementliteratur bereits eingeleitete Abkehr von technikzentrierten Konzepten fortzuführen.[6] Allein der Mensch besitzt die unnachahmliche Fähigkeit, immer wieder andere Probleme intelligent zu bewältigen.[7] Besonders in Zeiten, in denen hoher externer Wandlungsdruck vorherrscht, kann der notwendige interne Wandel nur durch eine (Re-)Aktivierung bisher nicht genutzter mentaler Potentiale der Mitarbeiter bewerkstelligt werden.[8]

Allerdings bedarf der Mensch im Mittelpunkt des Unternehmens einer umfassenden Unterstützung durch geeignete Strategien, Strukturen und Ressourcen. Für den Aufbau von Wandlungsfähigkeit im Unternehmen müssen diese bestimmte Elemente enthalten und entsprechenden Prinzipien gerecht werden. So liegen beispielsweise Hinweise dafür vor, daß *mehrgleisige Strategien* unter bestimmten Wettbewerbsbedingungen klassischen Strategieansätzen überlegen sind.[9] Ebenso eignen sich in solchen Kontexten *mehrdimensionale* bzw. *netzwerkartige Strukturen* besser als konventionelle Organisationsformen.[10] Hinsichtlich der Unternehmensressourcen zählt zudem eine *rekonfigurierbare Ressourcenbasis* zum Fundament der Wandlungsfähigkeit.[11]

---

[4]   Zahn (1999), S. V

[5]   vgl. Ulrich (1994), S. 11

[6]   vgl. Bleicher (1992b), S. 45; Beuthner (1993), S. 29 und Klimecki, Probst, Eberl (1994), S. 9

[7]   vgl. Greschner (1996), S. 2

[8]   vgl. Zahn, Dillerup (1995), S. 43ff.

[9]   vgl. Klimecki, Gmür (1997), S. 210; Beinhocker (1999a), S. 52; Beinhocker (1999b), S. 99; Courtney, Kirkland, Viguerie (1999), S. 16f. und Zahn, Foschiani (2000), S. 103

[10] vgl. Sydow (1992), S. 15ff.; Warnecke (1993), S. 152ff.; Goldman u.a. (1996), S. 170f.; Picot, Reichwald, Wigand (1998), S. 261ff.; Bea, Göbel (1999), S. 368f.; Hilse, Götz, Zapf (1999), S. 30; Doppler, Lauterburg (2000), S. 48f. und Rüegg-Stürm, Achtenhagen (2000), S. 7f.

[11] vgl. Goldman u.a. (1996), S. 293; Volberda (1998), S. 131 und Volberda (1998), S. 301

Wenngleich sich diese Erkenntnisse in der Managementpraxis und Managementwissenschaft zunehmend durchsetzen, fehlen bislang Konzepte, die in der Lage sind, auf nachhaltige Art und Weise mit den Implikationen des Wandels umzugehen. Viele der entwickelten Konzepte eignen sich lediglich zur kurzfristigen Krisenbewältigung in Unternehmen und greifen verstärkt auf massive Turn-around-Maßnahmen zurück.[12] Derartige Eingriffe sind sehr aufwendig, mit hohen Risiken verbunden und erschüttern mitunter das gesamte Unternehmensgefüge.[13] Sie zu vermeiden, indem im Unternehmen rechtzeitig Wandlungsfähigkeit in einem angemessenen Umfang aufgebaut wird, stellt das Hauptziel des in dieser Arbeit entwickelten Konzeptes dar. Das Forschungsfeld der Wandlungsfähigkeit befindet sich noch im vorparadigmatischen Stadium. Die Beschäftigung mit diesem Thema erfordert daher die Aufarbeitung der Grundlagen sowie die Darstellung und Einordnung der bestehenden Ansätze für ein Management des Wandels. Um erklären zu können, wodurch Wandlungsfähigkeit in Unternehmen entsteht und inwiefern sie beeinflußt werden kann, ist vor allem das Phänomen der Wandlungsfähigkeit zu analysieren. Erst die Kenntnis ihrer zentralen Determinanten bildet die Grundlage für deren zielbewußte Gestaltung.

Berücksichtigt man darüber hinaus die jeweiligen Rahmenbedingungen, welche durch die aktuellen Wandelprozesse in den verschiedenen Umfeldern maßgeblich geprägt werden, ist letztlich die Ausgangsbasis für eine erfolgversprechende Gestaltung der Wandlungsfähigkeit von Unternehmen und damit das Fundament eines Konzeptes für ein kontextgerechtes Management des Wandels geschaffen.

1.2 Zielsetzung und Aufbau der Arbeit

Entsprechend der beschriebenen Problemstellung wird mit der vorliegenden Arbeit deshalb die Zielsetzung verfolgt,

- *theoretische Grundlagen von Unternehmen und der Unternehmensumwelt aufzuarbeiten sowie deren gegenseitige Wechselwirkungen und Abhängigkeiten zu charakterisieren,*

---

[12] vgl. Perich (1992), S. 3

[13] Dieser Sachverhalt wird sehr treffend von Kanter (1989a) in ihrem Buch „When giants learn to dance" veranschaulicht.

- *das Phänomen des Wandels mit seinen unterschiedlichen Facetten näher zu beleuchten, bereits bestehende theoretische Ansätze und praktische Konzepte zum Management des Wandels in Unternehmen vorzustellen und wesentliche Defizite der bisherigen Konzepte zu identifizieren sowie*

- *die Wandlungsfähigkeit von Unternehmen auf ihre Determinanten hin zu untersuchen und die daraus gewonnenen Erkenntnisse in ein Konzept für ein kontextgerechtes Management der Wandlungsfähigkeit von Unternehmen einfließen zu lassen.*

Gemäß dieser Zielsetzung gliedert sich die Arbeit in drei Hauptkapitel.

Im Anschluß an diese Einführung werden in *Kapitel 2*, dem ersten Hauptkapitel, zunächst wichtige theoretische Grundlagen von Unternehmen aufgearbeitet. Die Darstellung von Unternehmen als soziotechnische Systeme legt die Basis für weitere systemtheoretische Überlegungen, die ihren Niederschlag unter anderem in der Beschreibung der engen Wechselwirkungen zwischen Unternehmen und ihrer Umwelt finden.
Um eine differenziertere Betrachtung der Unternehmensumwelt zu ermöglichen, findet eine Untergliederung der Umwelt in mehrere Umfelder statt. Ihre Charakterisierung sowie die Vorstellung wichtiger grundlegender Veränderungen innerhalb dieser Umfelder sind Gegenstand weiterer Ausführungen.

Aufbauend auf den beschriebenen Wechselwirkungen zwischen einem Unternehmen und seiner Umwelt befaßt sich *Kapitel 3* mit dem Phänomen des Wandels. Zunächst findet eine Diskussion allgemeiner Grundlagen des Wandels statt. Neben einer Definition des Wandelbegriffs und der Erörterung der Frage, inwiefern Wandel objektivierbar ist, stehen verschiedene theoretische Erklärungsansätze für das Zustandekommen von Wandel im Mittelpunkt der Betrachtung. An die darauffolgende Differenzierung verschiedener Formen des Wandels schließt sich eine Analyse an, die der Frage der historischen Entwicklung seiner Radikalität nachgeht. Mit der Abgrenzung von Wandels gegenüber Turbulenz findet schließlich das theoretische Gerüst zu den Grundlagen des Wandels seinen Abschluß.
Auf den Überlegungen des vorangegangenen Kapitels und den allgemeinen Grundlagen des Wandels zu Beginn dieses Kapitels fußt die anschließende Beleuchtung

des Wandels innerhalb eines Unternehmens. Wandel in Unternehmen kann nach zwei verschiedenen Sichtweisen differenziert werden: Aus vertikaler Sicht sind mehrere Ebenen zu unterscheiden, auf denen sich Wandel in Unternehmen vollziehen kann. Aus horizontaler Sicht lassen sich verschiedene Felder identifizieren. Unabhängig von der Sichtweise ist die Ursache für Wandel aber letztlich im Wirken verschiedener Kräfte zu finden. Ihre Beschreibung vervollständigt die Ausführungen. Die Differenzierung nach den genannten Sichtweisen und Ursachen ist insofern relevant, als sie für das Management des Wandels in Unternehmen übergeordnete Bedeutung besitzt.

Den Abschluß des dritten Kapitels stellt schließlich die Beschreibung bestehender theoretischer sowie praktischer Arbeiten zum Management des Wandels in Unternehmen dar. Die Analyse ihrer Gemeinsamkeiten, Unterschiede, Vorzüge und Defizite gibt Anhaltspunkte für ein integriertes Konzept zum Management der Wandlungsfähigkeit von Unternehmen, welches es anschließend zu entwerfen gilt.

Gegenstand von *Kapitel 4* bildet somit ein Konzept für das Management der Wandlungsfähigkeit von Unternehmen, welches dazu in der Lage ist, in Abhängigkeit der aktuellen Unternehmenssituation, d.h. je nach vorherrschendem externen Wandlungsdruck, ein geeignetes Maß an interner Wandlungsfähigkeit zu ermitteln und entsprechende Gestaltungshinweise an die Unternehmensführung zu geben. Voraussetzung dafür ist es, die Konturen des Phänomens der Wandlungsfähigkeit zu umreißen. Aus diesem Grund steht die Ermittlung wesentlicher Determinanten der Wandlungsfähigkeit eines Unternehmens im Zentrum. Sie zu kennen ist unabdingbar, soll das Ausmaß der Wandlungsfähigkeit zielbewußt verändert werden können. Von entscheidender Bedeutung sind vor allem jene Determinanten, auf welche die Unternehmensführung in mehr oder weniger direkter Weise einwirken kann. Auf ihnen liegt der Schwerpunkt der Arbeit, da sie gewissermaßen als „Gestaltungselemente der Wandlungsfähigkeit" verstanden werden können. Die gestaltbaren Determinanten lassen sich in vier unterschiedlichen Gestaltungsfeldern zusammenfassen, die schließlich zu einem integrierten Konzept zusammengeführt werden.

Zum Abschluß der Arbeit werden die zentralen Aussagen in *Kapitel 5* zusammengefaßt.

6

In Abbildung 1.1 ist der beschriebene Aufbau in Form eines Gedankenflußplanes illustriert.

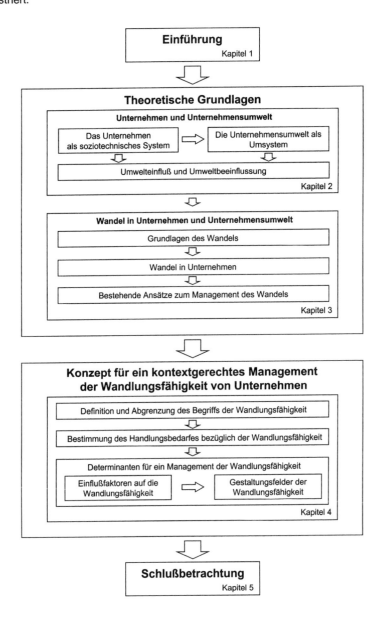

Abbildung 1-1: Aufbau der Arbeit

2. Unternehmen und Unternehmensumwelt

Unternehmen sehen sich permanenten und vielschichtigen Veränderungen in ihrer Umwelt gegenüber.[14] Als offene Systeme, die mit ihrem Umsystem – der Unternehmensumwelt – vielfältige Austauschbeziehungen unterhalten, bleiben Unternehmen von diesem Wandel nicht unberührt.[15] Laufende Veränderungen in der für sie relevanten Umwelt bedingen immer neue Anforderungen, denen dauerhaft nur durch geeignete Strukturen, Strategien, Ressourcen und Verhaltensweisen genügt werden kann.

Ziel der folgenden Ausführungen ist es, zunächst zentrale theoretische Grundlagen von Unternehmen zu erörtern. Anschließend gilt es, die Wechselwirkungen zwischen Unternehmen und ihrer Umwelt zu charakterisieren. Um dies zu erleichtern, wird die Unternehmensumwelt in verschiedene Umfelder untergliedert.

2.1 Das Unternehmen als soziotechnisches System

Es gibt kaum einen Begriff, der vielfältiger verwendet wird als der des „Systems". Er findet sich alltäglich in den verschiedensten Zusammenhängen wieder. So wird etwa vom Ökosystem, vom politischen System, vom Wirtschaftssystem eines Landes oder vom Verkehrssystem einer Stadt gesprochen.[16] Trotz der Verschiedenartigkeit all dieser Systeme besitzen sie charakteristische Gemeinsamkeiten: Sie bestehen aus einzelnen, miteinander in Beziehung stehenden Elementen, die zusammengenommen ein größeres, umfassenderes Ganzes bilden und zu einem gemeinsamen Zweck miteinander operieren.[17] Elemente stellen dabei einzelne Teile dar, deren weitere Unterteilung nicht möglich ist oder im betrachteten Kontext nicht sinnvoll

---

[14] vgl. Weidler (1996), S. 5

[15] vgl. Bleicher (1991), S. 8ff.; Weber (1994), S. 279 und Zahn (1996), S. 280

[16] vgl. Ulrich, Probst (1995), S. 27

[17] Neben dieser Definition von Forrester (1972), S. 9 gibt es eine Reihe von Autoren, die den Systembegriff ähnlich verstehen. Flechtner (1966), S. 288 definiert ein System als „Gesamtheit von Elementen, zwischen denen irgendwelche Beziehungen bestehen oder hergestellt werden können". Fagen (1956), S. 18 spricht von „einer Reihe von Elementen, die untereinander und mit ihren Teilen verknüpft sind". Bertalanffy (1956), S. 2 beschreibt ein System als „einen Satz von Elementen, die in Wechselwirkung stehen". Johnson, Kast und Rosenzweig (1963), S. 4 sehen in einem System „ein organisiertes oder komplexes Ganzes; eine Zusammenstellung und Kombination von Dingen oder Teilen, die ein komplexes oder einheitliches Ganzes bilden". Ulrich und Probst (1995), S. 30 sagen über ein System, daß „es aus Teilen besteht, die so miteinander verknüpft sind, daß kein Teil unabhängig ist von anderen Teilen und das Verhalten des Ganzen beeinflußt wird vom Zusammenwirken aller Teile."

erscheint. Elemente sind dementsprechend als „kleinste interessierende Einheiten"[18] eines Systems zu verstehen.

Die Unterscheidung zwischen „Element" und „System" ist jedoch bei weitem nicht so einfach, wie sie auf den ersten Eindruck erscheint: Jedes System läßt sich wiederum als Element eines größeren, umfassenderen Ganzen vorstellen. Somit ist es lediglich von der Perspektive eines Betrachters abhängig, ob etwas als System oder als Element eines Systems verstanden wird.[19] Je nach Betrachtungsebene und -fokus gibt es entsprechend verschiedene Möglichkeiten der Systembestimmung und Systemabgrenzung. So kann beispielsweise ein Unternehmen sowohl als ein von seiner Umwelt abgrenzbares eigenes System, als auch als Element eines umfassenderen Wirtschaftssystems betrachtet werden.

Vor diesem Hintergrund wird deutlich, daß ein System letztlich nicht *mehr* ist als die gedankliche Vorstellung einer konstruierten Ganzheit, die der Mensch auf vollkommen unterschiedliche Inhalte und Bereiche anwenden kann,[20] oder, wie WEINBERG es ausdrückt: "*A system is a way of looking at the world.*"[21]

Es erlaubt dem Betrachter, jeweils für ihn wesentliche Beziehungen zwischen beliebigen Elementen und irgendeiner größeren Gesamtheit zu erfassen. Damit kann prinzipiell jeder Sachverhalt als System beschrieben werden, wobei jede Systemabgrenzung in gewissem Maße willkürlich und von der Problemstellung abhängig ist.[22]

Wird ein System nun als gedanklich abgegrenzte, geordnete Menge von sich gegenseitig beeinflussenden Elementen verstanden,[23] so ist offenkundig, daß diese Elemente „technischer" bzw. „sozialer" Natur sein können. Gleichermaßen kann zwischen technischen, sozialen und soziotechnischen Systemen unterschieden werden.

Technische Systeme sind in der Regel durch eindeutige Kausalitäten (eine Ursache hat immer nur eine Wirkung bzw. jede Wirkung kann auf eine Ursache zurückgeführt werden), Linearität (aus einem bekannten Ausgangszustand kann der notwendige oder gewollte Endzustand präzise gefolgert werden) und Reversibilität (jede Operati-

---

[18] vgl. Ulrich (1970), S. 107

[19] vgl. Jung, Kleine (1993), S. 29

[20] vgl. Ortmann, Sydow (1999), S. 209

[21] Weinberg (1975), S. 51

[22] vgl. Beer (1962), S. 24

[23] vgl. Malik (1996), S. 23 und Dichtl, Issing (1994), S. 2050

on ist in der gleichen Art und Weise mit demselben Ergebnis beliebig oft wiederhol-bar) charakterisiert.[24] Ihre Verhaltensweisen sind durch die von außen festgelegten Reaktionsmöglichkeiten bestimmt; sie produzieren keine neuen Eigenschaften, Elemente oder Beziehungen und sind nicht „schöpferisch" tätig. Auf Basis dieser Eigenschaften ist es möglich, Systeme beispielsweise derart zu gestalten, daß sie mit Hinblick auf ein vorgegebenes Ziel eine optimale Ressourcenzuordnung ge-währleisten. Idealzustand eines technischen Systems ist in der Regel ein statisches Gleichgewicht, bei dem jede weitere Systemveränderung unterbleibt.

Während technische Systeme also grundsätzlich nach bestimmten Regelmäßigkei-ten arbeiten und gewöhnlich einen ihnen von außen vorgegebenen Zweck erfüllen, verändern sich in *sozialen Systemen*, die stets Menschen als Elemente umfassen, im Laufe der Zeit die einzelnen Wirkungsverläufe und damit letztlich das gesamte Beziehungsgefüge.[25] Als Folge dieser „dynamischen Vernetzheit zu zirkulären Wirkungsverläufen"[26] entstehen sich selbst regulierende Prozesse, die für das soziale System Wachstum, Schrumpfung oder das Verbleiben in einem dynamischen Gleichgewicht bewirken können. Entsprechend dürfen soziale Systeme nicht einfach als Input-Output-Systeme mit einer gleichbleibenden Transformationsfunktion verstanden werden (Social Construction Paradigm), bei der mit demselben Input immer derselbe Output erreicht wird.[27] Ihr Verhalten ist vielmehr vom jeweiligen „Eigenzustand" geprägt, der sich in Abhängigkeit externer Anforderungen und eigener Ziele verändern kann.[28]

Oftmals beinhalten Systeme jedoch sowohl technische als auch soziale Elemente, weshalb in diesem Zusammenhang von *soziotechnischen Systemen* gesprochen wird. Soziotechnische Systeme besitzen letztlich dieselben Eigenschaften wie soziale Systeme, da sie über die spezifischen Fähigkeiten von Menschen verfügen und sich somit von den ausschließlich technischen Systemen abheben.

Folgt man der oben erläuterten Kategorisierung in technische, soziale und sozio-technische Systeme, so wird deutlich, daß Unternehmen, in denen Menschen mit

---

[24] vgl. Mildenberger (1998), S. 93
[25] vgl. Ulrich, Probst (1995), S. 97
[26] Ulrich, Probst (1995), S. 97
[27] vgl. Foerster (1992), S. 60
[28] vgl. Willke (1993), S. 6; Zahn, Dillerup (1995), S. 40f. und Ulrich, Probst (1995), S. 55

Hilfe technischer Ressourcen Leistungen erbringen, in die Kategorie der soziotechnischen Systeme einzuordnen sind (vgl. Abbildung 2-1).[29]

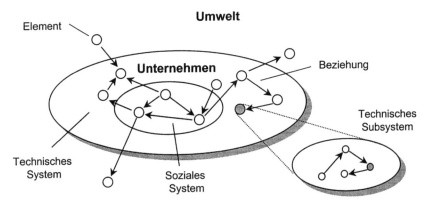

Abbildung 2-1: Das Unternehmen als soziotechnisches System[30]

Das Denken in Systemen und die daraus abgeleitete Systemtheorie fand zu Beginn des letzten Jahrhunderts vornehmlich auf technische Systeme Anwendung.[31] Die Weiterentwicklung und Übertragung der Systemtheorie auf soziale und soziotechnische Systeme erfolgte erst Jahre später. Dabei stand insbesondere der Versuch im Vordergrund, dynamische Interaktionen sozialer Systeme nachzuvollziehen und zu erklären. Ein deutlicher Entwicklungsschritt in der systemtheoretischen Forschung fand Mitte des letzten Jahrhunderts durch die Berücksichtigung der Umweltbeziehungen bei der Betrachtung von Unternehmen statt.[32] Entscheidende Beiträge leisteten hierbei VON BERTALANFFY[33], WIENER[34] und ASHBY[35], durch die das bis dahin dominierende systemtheoretische Paradigma vom Ganzen und seinen Teilen durch

---

[29] vgl. Dienstbach (1972), S. 25 und Ott (1997), S. 96

[30] In Anlehnung an Ulrich, Probst (1995), S. 28

[31] vgl. Forrester (1972), S. 13

[32] Der Sachverhalt, daß Unternehmen nicht nur innerhalb ihrer Grenzen operieren, sondern in enger Verflechtung mit ihrer Umwelt stehen, ist implizit wohl immer mitgedacht, ausdrücklich jedoch erst im neueren Schrifttum berücksichtigt worden. So hat diese Erkenntnis eigentlich erst mit der systemtheoretischen Betrachtungsweise Einzug in die Betriebswirtschaftslehre gehalten.

[33] vgl. Bertalanffy (1971)

[34] vgl. Wiener (1948)

[35] vgl. Ashby (1972)

das Paradigma vom System und seiner Umwelt abgelöst wurde.[36] Während man davor noch in „geschlossenen" Unternehmensmodellen dachte,[37] änderten ihre Arbeiten den Blickwinkel.[38] Unternehmen wurden nun als aus Subsystemen zusammengesetzte Systeme betrachtet, die sich zwar durch identifizierbare Grenzen von ihren Umsystemen absetzen. Von dieser systemischen Perspektive aus erkannte man diese Grenzen aber als durchlässig und Unternehmen damit als offene Gebilde. Durch diesen neuen Blickwinkel konnte die Systemtheorie einen wesentlichen Beitrag zum Verständnis und zur zielgerichteten Gestaltung von sozialen und soziotechnischen Systemen leisten: Derartige Systeme werden seither in der Weise verstanden, daß sie neben internen Wirkungsbeziehungen zwischen ihren Elementen auch zu ihrer Umwelt vielfältige Austauschbeziehungen unterhalten:

Zum einen beziehen Unternehmen lebenswichtige Ressourcen aus ihrer Umwelt und sind daher gezwungen, auf Veränderungen ihrer Umwelt zu reagieren:

„All firms are dependent to some degree on their environment. Financial resources are outside the firm. Raw materials and components are outside the firm. Customers and regulators are outside the firm. To the extend that a firm is deeply dependent on a benign or benevolent environment, it is likely to be reactive and passive, rather than proactive."[39]

Zum anderen erfüllen sie produktive Funktionen, indem sie ihrer Umwelt Produkte oder Dienstleistungen anbieten und damit Einfluß auf die Umwelt ausüben. Hierin liegt der ihnen vom übergeordneten System vorgegebene Zweck.

---

[36] vgl. Luhmann (1991), S. 22
Der Biologe Bertalanffy entwickelte bereits 1951 die These, daß es Prinzipien gibt, die sich allgemein auf Systeme anwenden lassen, unabhängig davon, welcher Art die Elemente und die Beziehungen und Kräfte zwischen ihnen sind. Er vertritt die Auffassung, daß die Systemtheorie eine übergeordnete einende Meta-Theorie sein soll, mit dem Ziel, Gemeinsamkeiten aller Systeme aufzudecken. Ihre Erkenntnisse sollen auf die verschiedensten Wissensgebiete anwendbar sein: „General Systems Theory will be an important means to facilitate and to control the application of model-conceptions and the transfer of principles from one realm to another. It will no longer be necessary to duplicate or triplicate the discovery of the same principles in different fields isolated from each other." (Bertalanffy (1951), S. 306.). Neben Biologen, Physikern, Mathematikern und Ingenieuren interessierten sich auch Psychologen und Soziologen für seine Arbeiten. Besonderes Interesse an den Systemvorstellungen wurde aber auch seitens der Managementlehre gezeigt.

[37] vgl. Scott (1992), S. 29

[38] Insbesondere v. Bertalanffy (1951) erarbeitete wichtige theoretische Grundlagen des „Open Systems" - Ansatzes.

[39] Newman, Nollen (1998), S. 53

Diese Sichtweise wurde auch maßgeblich von ULRICH geprägt, der Unternehmen als produktive soziotechnische Systeme definierte, die den

„Zweck haben, irgendwelche materiellen oder immateriellen Güter irgendwelchen Elementen oder Subsystemen der Umwelt bereitzustellen".[40]

Zwar können Unternehmen den Zweck ihres Handels grundsätzlich selbst bestimmen, gleichzeitig sind sie aber in ihre Umwelt eingebunden, in die sie sich einpassen müssen.

Aus systemtheoretischer Sicht haben die beschriebenen Ansätze zu der heute in der Literatur weit verbreiteten Definition von Unternehmen geführt, wonach diese als grundsätzlich auf Dauer angelegte, offene und zweckorientierte, produktive soziotechnische Systeme verstanden werden, die vielfältige materielle und immaterielle Austauschbeziehungen zu ihren Umsystemen unterhalten.[41]

Wie jedes soziotechnische System kann nicht nur ein Unternehmen, sondern auch dessen Umwelt aus einer Vielzahl verschiedener Perspektiven betrachtet werden.[42] Je nachdem, welche Inhalte und Bereiche als relevant angesehen werden, gelangt man zu unterschiedlichen, sich teils ergänzenden, teils widersprechenden Darstellungen. Demzufolge stellt die Umwelt eines Unternehmens einen überaus vielschichtigen Komplex soziotechnischer Subsysteme dar, die untereinander mehr oder weniger stark verknüpft sind.[43]

Das Ziel des folgenden Kapitels ist es, die verschiedenen Perspektiven der Unternehmensumwelt darzustellen und voneinander abzugrenzen.

2.2 Die Unternehmensumwelt als Umsystem

Das Unternehmen als offenes, soziotechnisches System wird, wie oben beschrieben, von einem System höherer Ordnung umschlossen und ist in vielfältiger Weise mit diesem Umsystem – seiner Umwelt – verknüpft.[44] Eine exakte Grenzziehung zwi-

---

[40] Ulrich (1970), S. 166

[41] vgl. Perich (1992), S. 320
Ähnliche Definitionen finden sich bei Nadler (1989), S. 490; Kasper (1990), S. 148ff.; Scott (1992), S. 76ff.; Willke (1993), S. 3f. und Zahn (1996), S. 279.

[42] vgl. Jung, Kleine (1993), S. 261

[43] vgl. Ulrich, Probst (1995), S. 239

[44] vgl. Ulrich (1987), S. 64ff.; Hahn (1994), S. 66; Stacey (1997), S. 3 und Ott (1997), S. 96

schen einem Unternehmen und seiner Umwelt ist jedoch kaum möglich, da die Unternehmensgrenzen teilweise aufgrund netzwerkartiger und sich häufig verändernder Strukturen zunehmend verschwimmen.[45] Insofern ist die Grenzziehung von der jeweiligen Sichtweise bzw. vom Betrachtungszweck abhängig, d.h. die Grenze zwischen Unternehmen und Unternehmensumwelt wird jeweils erst zweckspezifisch durch eine Definition gebildet.[46]

Die Konsequenz daraus ist, daß es keine einheitliche und allgemein akzeptierte Definition der Unternehmensumwelt geben kann. Teilweise werden sogar nicht nur unternehmensexterne Elemente, sondern auch unternehmensinterne – aber vom Betrachtungsstandpunkt als exogen betrachtete Faktoren (z.B. Vorleistungen aus anderen Unternehmensbereichen) – zur Umwelt gezählt.

Trotz solcher Unschärfen hat sich in der Literatur mittlerweile eine weitgehend übereinstimmende Systematisierung der Unternehmensumwelt durchgesetzt. Demnach wird häufig zwischen der *„allgemeinen Umwelt"* und einer *„unternehmensspezifischen Umwelt"* unterschieden.[47]

Unter der allgemeinen Umwelt werden all jene Kontextfaktoren subsumiert, die einen eher indirekten Einfluß auf das Unternehmen haben. Dabei findet in der Regel eine Einteilung der allgemeinen Umwelt in verschiedene Umfelder statt. Sie stehen für verschiedene Bereiche, in denen jeweils ähnlichartige Kontextfaktoren gebündelt sind. Üblicherweise wird ein gesellschaftliches, politisches, rechtliches, technisches, ökonomisches und ökologisches Umfeld unterschieden (vgl. Abbildung 2-2).[48]

---

[45] vgl. Ashkenas (2000), S. 11; Burr (1999), S. 1166; Picot, Reichwald, Wigand (1998), S. 2; Müller-Stewens, Fontin (1997), S. 6; Perich (1992), S. 340 und Sydow (1992), S. 97. Sydow kommt zu dem Ergebnis, daß die Grenze eines Unternehmens oder eines Unternehmensnetzwerkes zu seiner Umwelt allenfalls subjektiv durch Unternehmensmitglieder oder durch Dritte, aber niemals objektiv bestimmt werden kann.
Auch aus erkenntnistheoretischer und sozialpsychologischer Sicht wird hervorgehoben, daß „Umwelt" kein objektives Phänomen sein kann, sondern notwendigerweise ein stark subjektives Gepräge aufweist, da es stets die Form von „Nicht-Systemen" annimmt und damit maßgeblich von Wahrnehmungs- und Abgrenzungsprozessen abhängt.

[46] vgl. Krüger (1994), S. 327 und Burr (1999), S. 1166

[47] Im Zusammenhang mit der unternehmensspezifischen Umwelt wird auch häufig von „Aufgabenumwelt", „Task Environment" oder „Operating Environment" gesprochen. Für die allgemeine Umwelt stehen häufig Begriffe „Macro Environment" oder „Global Environment". Vgl. hierzu Dill (1958); Emery, Trist (1965); Thompson (1967); Lawrence, Lorsch (1969); Hall (1972) und Duncan (1972).

[48] vgl. Kubicek, Thom (1976), Sp. 3988f.; Thom (1995), S. 870; Macharzina (1993), S. 16 und Schreyögg (1993), Sp. 4237.
Ähnliche Einteilungen nehmen auch Dülfer (1991), S. 203; Engelhardt, Freiling (1998), S. 566f. oder Hahn, Taylor (1999), S. 5 vor.

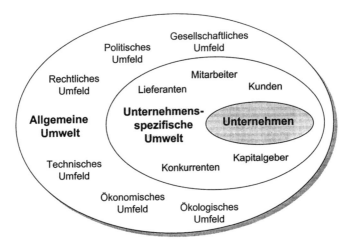

Abbildung 2-2: Allgemeine und unternehmensspezifische Umwelt

Im Gegensatz zur allgemeinen Umwelt beschreibt die unternehmensspezifische Umwelt die Struktur sowie das Verhalten von Interessengruppen, mit denen ein Unternehmen direkt interagiert. Die konkrete Ausgestaltung der unternehmensspezifischen Umwelt hängt sehr stark von der individuellen Situation des Unternehmens ab. In der Literatur finden sich daher entweder einzelfallbezogene Beschreibungen oder Aussagen über deren Veränderungen auf relativ hohem Abstraktionsniveau.

2.2.1 Allgemeine Umwelt

Die allgemeine Umwelt eines Unternehmens nimmt indirekt grundsätzlich auf alle Unternehmen Einfluß. Zwar sind nicht alle Unternehmen von Veränderungen in der allgemeinen Umwelt in gleichem Maße betroffen, doch wandeln sich letztlich mit diesen Veränderungen die äußeren Rahmenbedingungen nahezu aller Unternehmen und damit indirekt auch die unternehmensspezifischen Wettbewerbsbedingungen. Angesichts des weitreichenden Einflusses auf die Unternehmen ist es nützlich, die enorme Bedeutung signifikanter Veränderungen in der allgemeinen Umwelt zu veranschaulichen. Zu diesem Zweck erfolgt hier eine Beschreibung beispielhaft ausgewählter Entwicklungen in den genannten Umfeldern.[49]

---

[49] vgl. hierzu auch Macharzina (1984), S. 5

Gesellschaftliches Umfeld

Das gesellschaftliche Umfeld spielt in zweifacher Hinsicht eine wichtige Rolle für Unternehmen: Einerseits übernehmen Unternehmen eine Versorgungsfunktion für die Menschen in einer Gesellschaft; andererseits sind diese Menschen auch am Prozeß der Leistungserstellung in den Unternehmen beteiligt.[50] Damit trägt der Mensch, als Mittelpunkt des Wertschöpfungsprozesses von Unternehmen, gesellschaftliche Veränderungen direkt ins Unternehmen. Aus der Vielzahl der unternehmensseitig relevanten gesellschaftlichen Veränderungen seien hier nur wenige beispielhaft herausgegriffen.

Ein Eckdatum der gesellschaftlichen Rahmenbedingungen für Unternehmen stellen die in der Umwelt vorherrschenden Wertvorstellungen dar.[51] Aus diesem Grund wird es für Unternehmen immer wichtiger, die Entwicklungen dieser Wertvorstellungen zu beobachten und ihre Leistungen darauf einzustellen. Schon seit geraumer Zeit wird auf eine globale Verschiebung der Wertestrukturen hingewiesen.[52] So dominiert mittlerweile der Wertekomplex „Umwelt und Gesundheit" gegenüber traditionellen Wertebereichen wie „materiellem Wohlstand" deutlich.[53] Weiterhin scheint das Spektrum von Werten und Bedürfnissen in der Gesellschaft breiter zu werden und eine Tendenz zur zunehmenden Segmentierung aufzuweisen.[54] Vor diesem Hintergrund müssen sowohl die nach außen gerichteten Leistungen des Unternehmens als auch die internen Themenfelder (bspw. die Beschäftigungspolitik) immer wieder neu überdacht werden.

Neben der Beobachtung der Wertvorstellungen gibt es eine ganze Reihe weiterer Einflußfaktoren aus dem gesellschaftlichen Umfeld, die einer ständigen Überwachung durch die Unternehmen bedürfen. Hierzu zählen vor allem Veränderungen in der Bevölkerungsstruktur und -dichte sowie bei der Einkommensverteilung[55], aber auch bezüglich der kulturellen und ethnischen Rahmenbedingungen.[56]

---

[50] vgl. Dyllick (1988), S. 192ff.

[51] vgl. Picot, Reichwald, Wigand (1998), S. 4

[52] vgl. Bleicher (1989), S.21; Klimecki, Probst, Eberl (1994), S. 9 und Picot, Reichwald, Wigand (1998), S. 4

[53] vgl. Macharzina (1993), S. 22

[54] vgl. Franz, Herbert (1987), S. 97ff. und Macharzina, Wolf, Döbler (1993), S. 3ff.

[55] vgl. Thom (1997), S. 202

[56] vgl. Krüger (2000a), S. 37

Politisches Umfeld

Unternehmen kommen mit dem politischen Umfeld in erster Linie über die sie direkt oder indirekt betreffenden Gesetze und Vorschriften in Kontakt. Die Bedeutung des politischen Systems für ein Unternehmen läßt sich jedoch nicht nur über seine bereits wirksamen Normen einfangen. Insbesondere die aktuelle Entwicklung der politischen Meinungsbildung sowie grundsätzliche Veränderungen des Regierungssystems oder der Industriepolitik müssen in Analysen mit einbezogen werden.

Dabei reicht es für Unternehmen nicht aus, sich nur mit den Handlungsergebnissen des politischen Systems auseinanderzusetzen. Sie müssen vielmehr frühzeitig mit dessen Akteuren interagieren und versuchen, auf deren Entscheidungsprozesse einzuwirken. Eine derartige, auch als „proaktive Unternehmensführung" bezeichnete Einflußnahme bedarf der intensiven Kommunikation zwischen Unternehmen und den politischen Organen, wie sie beispielsweise im amerikanischen Management bereits als Government Relations oder Political Lobbying einen festen Platz hat.[57]

Ein anderer Bereich, der auf einzelne Unternehmen und mitunter auch ganze Branchen massive Auswirkungen haben kann, ist die Subventionspolitik.[58] Mit ihr sollen strukturelle Nachteile ausgeglichen werden. Damit greift der Staat aktiv in den Wirtschaftskreislauf ein. In den letzten Jahren ist die Subventionspolitik vermehrt kritisiert worden, da ihr zum Teil eine geringe Effizienz, das Schaffen neuer Ungerechtigkeiten oder der Charakter einer Wachstums- und Innovationsbremse zugeschrieben wird.[59]

Ein beeindruckendes Beispiel für fundamentale politische Veränderungen, die für Unternehmen von höchster Bedeutung sind, ist mit der Wiedervereinigung Deutschlands sowie der Öffnung Osteuropas gegeben.[60] Insbesondere der osteuropäische Raum bietet sich für westliche Unternehmen sowohl als wichtiger Absatzmarkt als auch als potentieller Produktionsstandort an. Letzteres setzt jedoch enorme Investitionen voraus, da die Länder des früheren Ostblocks sowohl in infrastruktureller als auch in produktionstechnologischer Hinsicht noch immer weit unter dem westlichen Niveau liegen.

---

[57] vgl. Macharzina (1993), S. 25

[58] Subventionen dürfen zwar nur gewährt werden, wenn sie den gesamtwirtschaftlichen Zielen nicht widersprechen (vgl. § 12 Abs.1 i.V.m. § 1 StWG), für einzelne Branchen können sie aber durchaus wettbewerbsverzerrend wirken.

[59] vgl. Macharzina (1993), S. 25

[60] vgl. Klimecki, Probst, Eberl (1994), S. 7

Rechtliches Umfeld

Obwohl das rechtliche Umfeld von Unternehmen im Schrifttum zur Unternehmensführung lange Zeit wenig Beachtung fand, kommt dieser „regulativen Sphäre"[61] eine
besondere Bedeutung zu. Sie erwächst aus der Tatsache, daß Unternehmen dem
normativen Zwang der Gesetze des Staates, in dem sie handeln, nicht ausweichen
können.

Die Komplexität der Rechtssysteme nimmt immer weiter zu, da sie länderspezifisch,
zum Teil sogar innerstaatlich differieren und damit Unternehmen, die international
oder global tätig sind, vor große Probleme stellen. Zudem stiegen in der Vergangenheit Anzahl und Reichweite der für die Unternehmen relevanten Normen, wie etwa im
Steuerrecht, Umwelt- oder Verbraucherrecht, beständig an.[62] Erst in jüngster Zeit ist
man bemüht, weitere Komplexitätszuwächse im Rechtssystem zu vermeiden.

Ein aktuelles Beispiel für signifikante Veränderungen des rechtlichen Umfeldes von
Unternehmen läßt sich im Bereich des Steuerrechts finden. Hier sind insbesondere
die weitreichenden Auswirkungen der Unternehmenssteuerreform auf die Unternehmen noch kaum abzuschätzen. Entsprechend hat beispielsweise die Ankündigung,
daß Unternehmen Kapitalbeteiligungen steuerfrei veräußern können, an den Kapital-
und Finanzmärkten zu erheblichen Turbulenzen geführt. Andere Beispiele liefern das
Patentrecht oder die Produzentenhaftung, deren Veränderungen direkten Einfluß auf
unternehmerische Entscheidungen haben.[63]

All diese Veränderungen prägen die rechtlichen Rahmenbedingungen von Unternehmen und können die Unternehmensentwicklung hemmen oder fördern. Die
Wirkungsrichtung hängt dabei maßgeblich von der Geschwindigkeit und Konsequenz
der Unternehmensführung ab, sich auf die neuen Bedingungen einzustellen und
daraus relativen Nutzen zu ziehen.[64]

Technisches Umfeld

Das technische Umfeld nimmt für viele Unternehmen eine Schlüsselrolle ein, da ihr
Erfolg entscheidend von ihrem technologischen Niveau und der damit häufig in

---

[61] Krüger (2000a), S. 36

[62] vgl. Macharzina (1993), S. 20

[63] vgl. Thom (1997), S. 202

[64] vgl. Hinterhuber, Popp (1994), S. 111

engem Zusammenhang stehenden Innovationskraft[65] abhängt. Als einer der wichtigsten Indikatoren für das technologische Niveau von Unternehmen wird der Stand der verfügbaren Informations- und Kommunikationstechniken aufgeführt, da die Entwicklungschancen anderer technischer Disziplinen grundlegend von diesem Bereich beeinflußt werden.[66] Dementsprechend läßt sie sich in diesem Zusammenhang auch als „Querschnittstechnologie" bezeichnen,[67] die insbesondere durch immer neue Hard- und Softwareentwicklungen den Übergang in eine neue Dimension im Bereich Information und Kommunikation ermöglicht.[68]

Im technischen Umfeld äußert sich der Wandel neben der rapide zunehmenden Leistungsfähigkeit der Informations- und Kommunikationstechnologie vornehmlich in der schnellen Veränderung von Produkt- und Prozeßtechnologien.[69] Wichtige Trends sind dabei vor allem in der Digitalisierung und Miniaturisierung zu sehen. Neue Technologien, wie z.B. die Gen- und die Biotechnologie, stehen erst am Beginn einer nicht absehbaren Entwicklung und werden in Zukunft voraussichtlich eine herausragende Stellung im technischen Umfeld von Unternehmen einnehmen.[70]

Ökonomisches Umfeld

Das ökonomische Umfeld von Unternehmen ist in starkem Maße durch die gesamtwirtschaftliche Entwicklung ihrer jeweiligen Länder charakterisiert.[71] In den meisten Industrieländern waren die vergangenen Jahrzehnte in der Gesamttendenz von abnehmenden Wachstumsraten des Bruttosozialproduktes gekennzeichnet. Der verbleibende Anstieg der Bruttowertschöpfung vollzog sich vor allem im tertiären Bereich der Dienstleistungen.

Dieser sektorale Wandel mit seinen strukturellen Verschiebungen übt in vielen Branchen einen grundlegenden Einfluß auf die darin agierenden Unternehmen aus.[72]

---

[65] vgl. Zahn (1986), S. 14f. und Zahn (1991), S. 116ff.

[66] vgl. Macharzina (1989), S. 472ff. und Picot, Reichwald, Wigand (1998), S. 5

[67] vgl. Weidler (1996), S. 1

[68] vgl. Mentzel (1997), S. 31 und Picot, Reichwald, Wigand (1998), S. 115ff.

[69] vgl. Kotter (1997), S. 35; Zahn, Tilebein (1998), S. 49; Rohe (1998), S. 15; Doppler, Lauterburg (2000), S. 22 und Zahn, Tilebein (2000), S. 118

[70] vgl. Mentzel (1997), S. 31

[71] vgl. Macharzina (1993), S. 18

[72] vgl. Thom (1997), S. 202

Beispiele für tiefgreifende Veränderungen im ökonomischen Umfeld sind zum einen der Trend zur Deregulierung und Privatisierung[73], wie man ihn im Telekommunikations- oder im Strommarkt beobachten kann. Zum anderen schließen sich immer mehr Unternehmen zu immer mächtigeren Konzernen zusammen,[74] um auf diese Weise einen Teil des Wettbewerbsdrucks zu absorbieren und den globalen Herausforderungen mit der neuen Größe besser gewachsen zu sein.[75]

Ökologisches Umfeld

Die Probleme und Ziele der Ökologie können nicht mehr von ökonomischen und sozialen Zielen getrennt betrachtet werden: Umweltfragen sind zu einem Teil des aktuellen sozioökonomischen Prozesses geworden. Das Management arbeitet in einem eng integrierten ökonomisch-ökologischen Umfeld.[76]

Obgleich das Interesse am Thema Ökologie heute im Vergleich zum Ende der 80er und zu Beginn der 90er Jahre etwas nachgelassen hat, besitzt es nach wie vor große Bedeutung. Schließlich betrifft es direkt die natürlichen Lebensgrundlagen der Menschen. Immer wieder berichten die Medien über Umweltbelastungen und -verschmutzungen, beispielsweise durch Kernkraft- oder Giftunfälle, Tankerunglücke oder Verklappungen, bei denen Luft, Boden oder Wasser teilweise irreversible Schäden nehmen. Als Konsequenz daraus ist das unternehmerische Handeln unter dem Gesichtspunkt der Umweltbelastung dauerhaft zu einem Gegenstand des öffentlichen Interesses geworden.[77]

Fundamentale Veränderungen ergeben sich derzeit auf den Rohstoffmärkten. Die wirtschaftlich förderbaren Ölreserven scheinen in absehbarer Zeit zur Neige zu gehen,[78] weshalb inzwischen verstärkt in erneuerbare Energien wie Solarenergie, Wind- und Wasserkraft investiert wird.

Inwieweit die Frage der Vereinbarkeit von Ökonomie und Ökologie[79] lösbar ist, hängt zum einen davon ab, ob die Konsumenten mit ihrem tatsächlichen Verhalten ihrem

---

[73] vgl. Zahn (1996), S. 280; Zahn, Schmid (1997), S. 459; Bruhn (1997), S. 346; Zahn (2000b), S. 156; Krüger (2000a), S. 36 und Zahn, Tilebein (2000), S. 118

[74] vgl. Klimecki, Probst, Eberl (1994), S. 8

[75] vgl. Helm, Janzer (2000), S. 24

[76] vgl. Laszlo (1992), S. 43

[77] vgl. Klimecki, Probst, Gmür (1993), S. 7

[78] vgl. Doppler, Lauterburg (2000), S. 24

[79] vgl. Zahn (1973), S. 75f.; Zahn, Schmid, Seebach (1996), S. 65ff. und Schmid (1996)

veränderten Wertesystem gerecht werden und zum anderen, wie ernsthaft sich Entscheidungsträger in Unternehmen der Herausforderung ökologischer Nachhaltigkeit stellen.

Die beispielhaft aufgezeigten Entwicklungen sind zweifelsohne in keinster Weise vollständig. Sie sollten lediglich Einblicke in die vielfältigen tiefgreifenden Veränderungsvorgänge geben, welche die allgemeine Unternehmensumwelt prägen. Die einzelnen beschriebenen Umfelder besitzen für verschiedene Branchen naturgemäß eigene Ausprägungen, beeinflussen dann aber alle darin agierenden Unternehmen in vergleichbarem Maße. Zahlreiche etablierte Unternehmen operieren jedoch in unterschiedlichen Branchen und sehen sich deshalb mit mehreren, ebenfalls unterschiedlich ausgeprägten Umfeldern konfrontiert.[80]

2.2.2 Unternehmensspezifische Umwelt

Im Gegensatz zur allgemeinen Umwelt, deren Veränderungen in irgendeiner Weise alle darin agierenden Unternehmen betreffen, beschreibt die unternehmensspezifische Umwelt die Struktur und das Verhalten von Interessengruppen, mit denen ein einzelnes Unternehmen direkt interagiert. In ihnen spiegeln sich letztlich aber auch Veränderungen der allgemeinen Umwelt wider. So schlagen sich veränderte Bedürfnisse, Ansprüche und Werte der Menschen einer Gesellschaft beispielsweise in den Kundenbeziehungen der Unternehmen nieder. Umweltwandel wird aber auch durch die Mitarbeiter in Unternehmen hineingetragen und kann die „Unternehmensinwelt" nachhaltig verändern.[81] Doch nicht nur *Kunden* und *Mitarbeiter*, sondern auch *Lieferanten*, *Konkurrenten* oder *Kapitalgeber* können die Entwicklung eines Unternehmens maßgeblich beeinflussen und haben somit wesentlichen Anteil am Erfolg oder Mißerfolg eines Unternehmens.

Mit jeder der genannten Gruppen sollte ein Unternehmen in Beziehung stehen und Schnittstellen zu ihnen unterhalten. Bei größeren Unternehmen besteht in der Regel eine mehr oder weniger ausgeprägte Arbeitsteilung zwischen den einzelnen Funktionsbereichen: das Marketing und der Vertrieb repräsentieren die Schnittstelle zu den Kunden, das Personalwesen stellt eine Schnittstelle zu den aktuell im Unternehmen

---

[80] vgl. Perich (1992), S. 324

[81] vgl. Hahn (1994), S. 68
   Eine ähnliche Einteilung legt auch Porter in der von ihm entwickelten Branchenstrukturanalyse zugrunde (vgl. Porter (1980), S. 5ff. und Porter (1985), S. 4ff.).

beschäftigten Mitarbeitern und zum Arbeitsmarkt dar, der Einkauf bzw. die Beschaffung binden das Unternehmen an die Lieferanten an. Die Forschungs- und Entwicklungsabteilung darf bspw. bei der Entwicklung neuer Produkte die Konkurrenten und deren Produkte nicht aus den Augen verlieren und das Finanzwesen bildet schließlich die Schnittstelle zum Kapitalmarkt mit den verschiedenen Kapitalgebern (vgl. Abbildung 2-3).

Abbildung 2-3: Das Unternehmen mit seinen Umfeldschnittstellen[82]

Wichtig ist dabei, daß die Beziehungen der einzelnen Funktionsbereiche mit ihren spezifischen Interessengruppen im Gleichgewicht zu den Beziehungen des Gesamtunternehmens stehen und nicht einzelne Beziehungen zu stark dominieren.[83]

Die beschriebenen Gruppen können unterschiedlich gut organisiert sein und in Abhängigkeit der aktuellen Situation das Verhalten und die Entwicklung eines Unternehmens beeinflussen, d.h. sie können als „Pressure Groups" auftreten:[84]

- Eine der mächtigsten Pressure Groups bildet die Gruppe der *Kunden*. Zwar ist diese Gruppe in der Regel wenig organisiert, dennoch können insbesondere Großkunden bei Verhandlungen ihre Abnehmermacht zweckorientiert einsetzen und auf diese Weise Druck auf ein Unternehmen ausüben. Auch kleinere Kundengruppen finden häufig bei Verbraucherverbänden Schutz oder können ein Unternehmen durch das Abwandern zur Konkurrenz „sanktionieren".

---

[82] vgl. Klimecki, Probst, Gmür (1993), S. 77

[83] vgl. Klimecki, Probst, Gmür (1993), S. 77

[84] vgl. Perich (1992), S. 324

- Eine weitere wichtige Gruppe, die direkt Einfluß auf ein Unternehmen hat, ist die Gesamtheit seiner *Mitarbeiter*. Teilweise über Gewerkschaften organisiert, können sie z.b. an Arbeitszeitregelungen oder an der Höhe von Lohn- und Gehaltszahlungen mitwirken.

- Je nach Größe und Marktstellung können auch *Lieferanten* das Verhalten und die Entwicklung eines Unternehmens beeinflussen, da ihre Produkte und Leistungen direkt oder indirekt in diejenigen des abnehmenden Unternehmens einfließen.

- Gerade in der aktuellen Wettbewerbslandschaft wird deutlich, inwiefern auch *Konkurrenten* andere Unternehmen in Zugzwang bringen können. Die Palette ihrer Manöver reicht von der Markteinführung überlegener Produkte über das Anbieten zusätzlicher attraktiver Dienstleistungen bis hin zur Androhung und Durchführung einer feindlichen Übernahme.

- Auch orientieren sich Unternehmen im Zuge des Shareholder-Value-Ansatzes in immer stärkerem Maße an den Interessen der *Kapitalgeber*. Dies hat zur Folge, daß beispielsweise strategische Entscheidungen zunehmend im Lichte unternehmenswertorientierter Überlegungen getroffen werden und Investitionen nach immer kürzeren Zeiträumen amortisiert sein müssen.

Diese Beispiele zeigen, daß im Grunde genommen alle genannten Interessengruppen mehr oder weniger direkt Einfluß auf ein Unternehmen und seine Entwicklung nehmen können. Mit der Unterschiedlichkeit der Unternehmen stellen sich jedoch auch die Gruppen und ihre Einflußmöglichkeiten verschiedenartig dar. Um ihnen gerecht werden und sich sinnvoll in die unternehmensspezifische Umwelt einpassen zu können, muß daher die Abgrenzung und Analyse der einzelnen Interessengruppen von jedem Unternehmen selbst vorgenommen werden.[85]
Im Gegenzug hat aber auch ein Unternehmen stets die Möglichkeit, auf die verschiedenen Gruppen selbst einzuwirken. Zwar sind die Einflußmöglichkeiten auf die Pressure Groups seitens des Unternehmens von seiner Stellung im Markt und in der Branche abhängig, doch ist die unternehmensspezifische Umwelt insgesamt vom Unternehmen grundsätzlich eher beeinflußbar als die oben dargestellte allgemeine Umwelt.

---

[85] vgl. Ulrich, Probst (1995), S. 247

2.3 Umwelteinfluß und Umweltbeeinflussung

Die beschriebene Einbindung des Unternehmens in seine Umwelt führt dazu, daß es in seinem Verhalten nicht völlig frei ist. Vielmehr wird es ständig von außen beeinflußt und muß sich in die verschiedenen Umfelder mit den darin agierenden Interessengruppen einpassen, will es nicht seine Funktion in diesem umfassenderen Ganzen und damit auch seine Existenzgrundlage verlieren.[86] Dieses Einpassen darf jedoch nicht ausschließlich als reaktives Anpassen an gegebene äußere Bedingungen und Anforderungen verstanden werden. Zwar ist das Unternehmen in seiner Umwelt eher ein reaktives Element, d.h. sein Verhalten wird von den verschiedenen Interessengruppen stark beeinflußt – oft ohne daß es selbst auf diese in größerem Maße einwirken kann. Beispiele hierfür sind Veränderungen in der Weltwirtschaft, die möglicherweise sehr große Auswirkungen auf ein einzelnes Unternehmen haben, von diesem aber wenig oder gar nicht beeinflußt werden können.

Allerdings reagiert nicht jedes Unternehmen in der selben Weise auf den selben Impuls aus der Umwelt. Entsprechend formuliert auch ANSOFF:

„The type and the timing of response will differ among firms".[87]

Dementsprechend entstehen viele verschiedene strategische Verhaltensweisen, die wiederum, je nach verfolgter Strategie, unterschiedliche Umweltbedingungen zur Folge haben.

Solche unterschiedlichen Umweltbedingungen entstehen durch eine Reihe von Interessengruppen, auf die auch ein einzelnes Unternehmen durchaus aktiv einwirken kann.[88] So ist es in der Lage, die Verhältnisse auf seinen Absatz- oder Beschaffungsmärkten nach den eigenen Zielsetzungen zu verändern, eine Marktnische zu suchen, einen zusätzlichen Bedarf zu wecken oder neue Produkte anzubieten.[89]

Das Unternehmen ist folglich nicht einfach das „hilflose Opfer seiner Umwelt"[90]. Die Unternehmensumwelt ist nicht naturgegeben und unveränderbar, sondern kann vom

---

[86] vgl. Jung, Kleine (1993), S. 261

[87] Ansoff (1984), S. 314

[88] vgl. Malik (1996), S. 170

[89] vgl. Hahn (1994), S. 66

[90] Ulrich, Probst (1995), S. 250

24

Unternehmen zum Teil selbst gewählt und auch gewechselt werden.[91] Jedes Unternehmen hat die Möglichkeit, sich gegen unerwünschte Einflüsse abzuschirmen und damit die für sich relevante Umwelt selbst abzugrenzen. Die oben beispielhaft erwähnte „Marktnische" ist also nicht das Produkt einer natürlichen Evolution, sondern zumindest teilweise das Ergebnis zweckgerichteten Handelns eines Unternehmens. Insofern läßt sich durchaus von einer aktiven Gestaltung der Umwelt sowie der Umweltbeziehungen eines Unternehmens sprechen.

Die häufig noch anzutreffende Vorstellung der ausschließlich in einer Richtung wirkenden Einflußnahme der Umwelt auf das Unternehmen muß daher durch diejenige einer zirkulären Wirkungsbeziehung ersetzt werden.[92] ZAHN beschrieb diesen Zusammenhang zwischen Unternehmen und Umwelt schon Ende der 70er Jahre als ein „Aktions-Reaktions-Gefüge"[93]. Aufgrund dieser Interaktionen können Veränderungen in der Umwelt zu Veränderungen im Unternehmen führen, die ihrerseits Veränderungen in der Umwelt bewirken usw.[94]

Hinsichtlich des Ausmaßes der Einflußmöglichkeiten seitens eines Unternehmens ist indes die oben getroffene Unterscheidung zwischen der unternehmensspezifischen und der allgemeinen Umwelt außerordentlich wichtig. Einerseits können Unternehmen in gewissem Maße auf die für sie relevante und spezifische Umwelt einwirken und deren Zukunft durch kreative Erneuerung sogar entscheidend mitbestimmen. Andererseits müssen sie sich reaktiv oder proaktiv an Veränderungen in der allgemeinen Umwelt anpassen, um langfristig überleben[95] zu können. Diese kreativen, reaktiven und proaktiven Verhaltensweisen sind Voraussetzung für eine mit dem Wandel der Unternehmensumwelt koevolutive Unternehmensentwicklung.[96]

---

[91] vgl. Perich (1992), S. 324
Vgl. hierzu auch die Ausführungen zum Positionierungsmanagement in Kapitel 4.2.2.2.1.

[92] vgl. Ulrich, Probst (1995), S. 50

[93] vgl. Zahn (1979), S. 143 und Zahn (1984), S. 20

[94] vgl. Zahn (1979), S. 143; Stacey (1995), S. 59 und Staehle (1999), S. 905

[95] Der Ausdruck „Überleben" wird hier selbstverständlich in einem erweiterten Sinne verwendet. Es ist nicht ein biologisch-organisches Überleben gemeint. Häufig wird die Meinung vertreten, daß es unzulässig sei, im Zusammenhang mit soziotechnischen Systemen von „Überleben" oder „Lebensfähigkeit" zu sprechen. Dabei wird davon ausgegangen, daß die Lebensfähigkeit eines Systems von den Eigenschaften seiner Elemente abhängt. Systemtheoretische Forschungen haben aber gezeigt, daß für Lebensfähigkeit nicht die Eigenschaften der einzelnen Elemente, sondern deren spezifischer Zusammenhang entscheidend ist. Beer führt dies in seinen Arbeiten „A System Approach to Management" 1972 anschaulich aus.

[96] vgl. Weber (1994), S. 286 und Zahn (1996), S. 279

3. Wandel in Unternehmen und Unternehmensumwelt

Im vorangegangenen Kapitel wurde beschrieben, daß es zwischen einem Unternehmen und seiner Umwelt eine Reihe von Wechselwirkungen gibt. Die Folge dieses dynamischen Aktions-Reaktions-Gefüges ist ein immerwährender Wandel, der mit differierender Intensität einzelne Unternehmen oder auch ganze Branchen langfristig und nachhaltig prägt.

Im Rahmen dieses Kapitels wird zunächst ein Überblick über die allgemeinen Grundlagen des Wandels gegeben (Kapitel 3.1). Sie sind zum einen von der Auseinandersetzung mit dem Begriff des Wandels geprägt. Zum anderen wird die Frage erörtert, ob Wandel überhaupt objektivierbar ist bzw. inwieweit er subjektiver Wahrnehmung und Interpretation seiner Betrachter unterliegt. Darüber hinaus bildet das Kapitel einen Rahmen für die Vorstellung verschiedener theoretischer Erklärungsansätze für das Zustandekommen von Wandel. An die darauffolgende Differenzierung verschieden radikaler Formen des Wandels schließt sich der Versuch an, die historische Entwicklung seiner Radikalität zu analysieren. Den Abschluß von Kapitel 3.1 bildet die Abgrenzung des hier verwendeten Wandelbegriffs vom Phänomen der Turbulenz.

Die Untersuchung von Wandel innerhalb eines Unternehmens prägt den Schwerpunkt in Kapitel 3.2. Dabei stehen unter anderem die Ebenen, auf denen Wandel stattfindet, die Felder, innerhalb derer sich Wandelprozesse vollziehen sowie die Kräfte, die Wandel auslösen bzw. verhindern können, im Mittelpunkt des Interesses.

Kapitel 3.3 beschäftigt sich schließlich mit bestehenden Ansätzen zum Management des Wandels in Unternehmen. Es unterscheidet zwischen theoretischen Ansätzen und praktischen Konzepten und versucht, diese auf ihre zentralen Elemente und Eigenschaften hin zu analysieren. Das Erörtern der dabei erkannten Stärken und Schwächen bildet den Abschluß dieses letzten Unterkapitels.

3.1 Grundlagen des Wandels

3.1.1 Wandelbegriff

Über das Phänomen des Wandels wurden seit jeher philosophische Diskurse geführt.[97] Von den frühen Philosophen, die sich mit Wandel beschäftigten, ragt besonders HERAKLIT (ca. 544-484 v. Chr.) heraus.[98] Der griechische Philosoph lehrte den ewigen Wandel der Dinge und prägte den Ausspruch: „Alles fließt" (Panta rhei).[99] Für HERAKLIT bedeutet das Werden - der Wandel - einen Teil des Wesens der Welt. Wandel erfolgt seiner Ansicht nach durch das Zusammenspiel gegensätzlicher Kräfte, deren Fehlen das Ende aller „schöpferischen Spannungen" und damit den totalen Stillstand der Menschheit bedeuten würde.[100] BLEICHER übernahm diese Ansicht und bezeichnet den permanenten Wandel auch als „part of human life".[101] Die Vorstellung, daß sich Wandel aus dem Zusammenspiel verschiedener Kräfte ergibt, hat sich auch in der Systemtheorie durchgesetzt.[102] Da insbesondere in offenen, sozialen oder soziotechnischen Systemen grundsätzlich verschiedene, häufig auch gegensätzliche Kräfte auftreten, ist für das Verständnis des Wandels die Abkehr von der Annahme entscheidend, daß sich derartige Systeme normalerweise im Gleichgewicht befinden.[103] Vielmehr ist der Normalzustand ein inneres Ungleichgewicht, welches dazu führt, daß solche Systeme dynamische, sich ständig wandelnde Gebilde sind. Dabei kann sich der Wandel dieser Gebilde in immer wieder anderer Form vollziehen und immer wieder andere Elemente und Beziehungen betreffen.[104]

---

[97] Bereits in der griechischen Antike ist unter den damaligen Philosophen eine kontroverse Diskussion über „Bestand und Wandel der Dinge" geführt worden. Bekannt geworden sind dabei vor allem die beiden gegensätzlichen Positionen von Parmenides und Heraklit. Während Parmenides die Welt im Sein und der Dauerhaftigkeit sieht („Dinge sind und dauern an"), ist für Heraklit die Welt ein kontinuierlicher Fluß; alles transformiert und wandelt sich ständig.

[98] vgl. Rohe (1998), S. 14

[99] vgl. Lukas (1992), S. 11; Perich (1994), S. 33; Kobi (1996), S. 13; Cevey, Prange (1998), S. 113; Rohe (1998), S. 14 und Reinhart (1999), S. 14

[100] vgl. Rohe (1998), S. 14

[101] vgl. Bleicher (1995b), S. 208

[102] vgl. Perich (1992), S. 160

[103] vgl. Schreyögg, Noss (2000), S. 33

[104] vgl. Bierfelder (1991), S. 171ff. und Ulrich (1994), S. 7

Obwohl der Wandel also offensichtlich seit jeher der Begleiter des Menschen ist, steht er erst wieder seit relativ kurzer Zeit im Mittelpunkt der gegenwärtigen Diskussion. So nimmt das Phänomen des Wandels in der aktuellen Managementliteratur – unabhängig davon, ob sich der Wandel auf das Unternehmen oder seine Umwelt bezieht – breiten Raum ein.[105]

Der Begriff „Wandel" steht in der deutschsprachigen Literatur für das amerikanische „Change". Im direkten Wortsinne hätte „Change" ebensogut mit Veränderung übersetzt werden können. Eine Veränderung kann allgemein als „der Wechsel einer Merkmalsausprägung eines Veränderungsobjektes an einem definierten Veränderungsort im Vergleich zu einem vorherigen Zustand"[106] beschrieben werden. Viele Autoren wollen jedoch, indem sie von Wandel sprechen, die Bedeutung und Tragweite besonders grundlegender Veränderungen hervorheben und sie gegen übliche, alltägliche Veränderungen abgrenzen.[107] Demzufolge soll Wandel hier als grundlegende und fundamentale Veränderung,[108] oder – in Anlehnung an STAEHLE – als Übergang von einem gegenwärtigen Zustand zu einem fundamental anderen zukünftigen Zustand aufgefaßt werden.[109] Da jedoch in der Regel auch der neue Zustand nur begrenzte Zeit unverändert Bestand hat, kann Wandel als ein fortwährender Prozeß verstanden werden, der sich laufend weiterentwickelt und sich somit aus unendlich vielen derartiger „Übergangsphasen" zusammensetzt.

Allerdings darf Wandel nicht als grundsätzlich positiv eingefärbtes Phänomen des Fortschritts, der Modernisierung oder der Erneuerung interpretiert werden. Für REIß bedeutet Wandel vielmehr ein „Auf und Ab", „Renaissance" oder „Aufstieg, Fall und Wiederaufstieg".[110]

---

[105] Vgl. hierzu die Übersichtsarbeiten von Kirsch, Esser, Gabele (1979); Steinle (1985); Kilman, Covin (1989) und Perich (1992).

[106] Westkämper u.a. (2000), S. 22

[107] vgl. Ulrich (1994), S. 6 und Maucher (1995), S. 90

[108] vgl. Reiß (1997d), S. 9

[109] vgl. Staehle (1999), S. 592

[110] vgl. Reiß (1997d), S. 7

3.1.2 Wandel – eine Frage der Wahrnehmung

Immer wieder wird die Frage aufgeworfen, ob Wandel anhand von objektiven, allgemein anerkannten Kriterien definiert werden kann oder ob letztlich nicht immer individuelle Wahrnehmungen und subjektive Einschätzungen darüber entscheiden, welche Veränderungen in die Kategorie Wandel fallen und welche nicht.[111] Verantwortlich für verschiedenartige Wahrnehmungen und Einschätzungen sind unterschiedliche „Cognitive Maps"[112] von Menschen.[113] Gemäß der konstruktivistischen Erkenntnistheorie von WATZLAWICK[114], VON GLASERSFELD[115], VON FOERSTER[116] u.a., wie auch der evolutionären Erkenntnistheorie von LORENZ, RIEDL u.a.[117], sind menschliche Erkenntnisse über die Wirklichkeit stets Konstruktionen des menschlichen Geistes und damit von den Fähigkeiten des menschlichen Erkenntnisapparates abhängig, der sich evolutiv nach den Erfordernissen des erfolgreichen Überlebens der menschlichen Art, nicht aber von der Zielsetzung einer objektiven Wahrheitsfindung her entwickelt hat. BLEICHER spricht in diesem Zusammenhang von „schmalen Fenstern"[118], aus denen heraus die Menschen versuchen, die sie umgebende Umwelt zu interpretieren. Durch diese Fenster können zwar lebenswichtige Ausschnitte der Umwelt wahrgenommen werden, es gelingt einzelnen Menschen in der Regel jedoch nicht, wesentliche Zusammenhänge objektiv wiederzugeben. Der Grund dafür liegt in den besonderen Gegebenheiten der kognitiven Informationsverarbeitung, wie etwa einer beschränkten Verarbeitungskapazität und -

---

[111] vgl. Reiß (1997d), S. 13

[112] In den Köpfen von Menschen formieren sich im Laufe der Zeit kognitive Landkarten, Modelle, die die Elemente des Handlungskontextes zueinander in Beziehung setzen und verschiedene Funktionen erfüllen. Erstens bestimmen sie, welche Informationen Aufmerksamkeit erlangen. Zweitens sind sie maßgeblich dafür, wie diese Informationen interpretiert werden und drittens leiten sie die Handlungsweisen, die gewählt werden, um den Problemdruck abzubauen (vgl. Barr, Stimpert, Huff (1992), S. 16ff.).

[113] vgl. Bach (2000), S. 228ff.

[114] Vgl. hierzu die grundlegenden Arbeiten von Watzlawick „Wie wirklich ist die Wirklichkeit?" (1976) und „Die erfundene Wirklichkeit" (1981).

[115] vgl. hierzu von Glasersfeld (1981), S. 16ff.

[116] vgl. hierzu von Foerster (1981), S 39ff.

[117] Biologen wie Konrad Lorenz und Rupert Riedl, Ökologen wie Frederic Vester oder Kommunikationsforscher wie Paul Watzlawick haben nachgewiesen, daß das menschliche Gehirn nur Anschauungsformen produziert, die vereinfachte Anpassungen an die Struktur der Welt zulassen.

[118] Bleicher (1992b), S. 32

geschwindigkeit, der Bindung der Wahrnehmung an bereits vorhandene Gedanken-strukturen oder das Streben nach Dissonanzreduktion.[119]

Aber nicht nur individuelle Cognitive Maps, sondern auch wissenschaftliche Modelle sind selten und dann nur zufällig Darstellungen einer „objektiven Wirklichkeit".[120] Untersuchungen von Psychologen zeigen, daß trotz der Fülle an methodischen Denkhilfen auch in den Wissenschaften laufend Fehler bei der Konstruktion von Wirklichkeiten gemacht werden.[121] Jede Konstruktion der Wirklichkeit wird stark von den individuellen Zielen, Wünschen und Befürchtungen der „Konstrukteure" beeinflußt.[122] Unerwünschte Entwicklungsmöglichkeiten werden verdrängt oder es findet lediglich eine einseitige Konzentration auf potentielle Gefahren statt. Insofern wird jedes von Menschen konstruierte Modell der Wirklichkeit unbewußt durch deren jeweilige Cognitive Maps beeinflußt. Veränderungen, die außerhalb ihrer Erfahrun-gen, Erwartungen oder ihres Vorstellungsvermögens liegen, finden kaum Berück-sichtigung (vgl. Abbildung 3-1).[123]

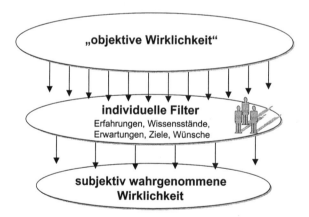

Abbildung 3-1: „Objektive" und subjektiv wahrgenommene Wirklichkeit

---

[119] vgl. Kiesler, Sproull (1982) und Macharzina (1984), S. 6

[120] vgl. Eisenhardt, Kurth, Stiehl (1988), S. 3

[121] vgl. Dörner (1989), S. 3ff.

[122] vgl. Decker Pierce, White (1999), S. 843ff.
Nach ihrer Vorstellung ist „the human mind neither a blank slate nor a general-purpose computer programmed by our parents, our schools, and our culture. Instead, members of our species are born with a large repertoire of genetically encoded psychological mechanisms." (Decker Pierce,

Auch dynamisches Verhalten bereitet der menschlichen Denkweise größte Schwierigkeiten.[124] Vor allem dann, wenn mehrere Elemente dynamisch zusammenwirken, ist die intellektuelle Leistungsfähigkeit des Menschen nicht mehr ausreichend, um zuverlässig langfristige Veränderungsprozesse prognostizieren zu können. Gerade die vielschichtigen Zusammenhänge in dynamischen Systemen entziehen sich oftmals vollständig der Wahrnehmung durch die menschlichen Sinne, da sie mit einem üblichen linearen, nur wenige Elemente umfassenden Denken nicht verstanden werden können.[125]

Aufgrund ständiger dynamischer Veränderungen wäre es für den einzelnen daher zwecklos und würde letztendlich zur Handlungsunfähigkeit führen, ein vollständiges Abbild der Wirklichkeit erzeugen zu wollen. Nur diejenigen Eigenschaften der Wirklichkeit und ihres Wandels, die im Hinblick auf eine Zielsetzung wesentlich sind, müssen erfaßt und berücksichtigt werden. Ihre möglichst wirklichkeitsnahe Wahrnehmung ist somit für die Bewältigung des Wandels von größter Bedeutung. Der Grund dafür liegt in der Erkenntnis, daß sich menschliches Verhalten nicht am Wandel, wie er sich tatsächlich vollzieht, sondern eben immer ausschließlich am wahrgenommenen Wandel orientiert.

Die Unmöglichkeit für den einzelnen Menschen, die Vielzahl von grundlegenden Veränderungsprozessen, die insgesamt den Wandel ergeben, eigenständig wahrzunehmen, führt zu der Einsicht, daß Wandel ausschließlich mit Hilfe intersubjektiv ermittelter Konstruktionen wirklichkeitsnah wahrgenommen werden kann.[126] Jeder einzelne nimmt grundlegende Veränderungen auf eigene Weise wahr und beurteilt diese nach eigenen Kriterien.[127] Die Toleranzgrenzen, ab denen in irgendeiner Form auf Wandel reagiert, bzw. die Vorstellungen, in welchem Maße Wandel aktiv vorangetrieben werden soll, unterscheiden sich unter Umständen fundamental. Insofern ist die intersubjektive Beurteilung von Situationen und Prozessen außerordentlich

---

White (1999), S. 845.). Dementsprechend werden von jedem Menschen dieselben Sachverhalte unterschiedlich wahrgenommen, interpretiert und lösen individuelle Verhaltensweisen aus.

[123] vgl. dazu auch das Konzept des „blinden Flecks" (vgl. Luhmann (1991), S. 64).

[124] So werden beispielsweise schon die Folgen einer einzelnen konstanten Wachstumsrate chronisch unterschätzt (vgl. Majer (1998), S. 39).

[125] vgl. Ulrich (1994), S. 20ff.

[126] vgl. Reiß (1997d), S. 13

[127] vgl. Meyer, Heimerl-Wagner (2000), S. 169

wichtig, da sie in der Regel aus einem konkreten Problemzusammenhang heraus erfolgt und somit eine nützliche Handlungsgrundlage darstellen kann.[128]

Die Ausführungen zur Subjektivität der Wahrnehmung von Wandel sollten verdeutlichen, daß es sich bei Wandel stets um die Konstruktion einer „selektiven Wirklichkeit" handelt, d.h. einer Wirklichkeit, die nur bestimmte Elemente des Wandels umfaßt. Die Subjektivität der Wahrnehmung von Wandel ist aber nicht nur durch unterschiedliche individuelle Erfahrungen, Wissensstände, Erwartungen, Ziele und Wünsche determiniert. Ein weiterer bedeutender Faktor, der die Wahrnehmung von Wandelprozessen prägt, ist die Perspektive, aus der Wandel betrachtet wird. So ist die Wahrnehmung des einzelnen stark davon abhängig, ob er sich als Objekt oder als Akteur des Wandels versteht.

Bei der passiven Rolle – als *Objekt des Wandels* – empfindet der einzelne den Wandel als von außen vorgegebene Bedingung, mit der er sich abfinden muß und auf die er selbst keinen maßgeblichen Einfluß hat. Die Wandelprozesse sind aus seiner Sicht fremdbestimmt und laufen ohne sein Zutun ab. Möglicherweise sind für ihn auch Grund und Notwendigkeit des Wandels nicht nachvollziehbar, da er sich gedanklich mit den Folgen der Veränderungsprozesse bisher kaum oder gar nicht auseinandergesetzt hat.

Aus seiner passiven Rolle heraus wird er den Wandel daher grundlegend anders einschätzen und beurteilen, als ein am Prozeß des Wandels aktiv Beteiligter, dem der Wandel bereits bewußt ist und der gegebenenfalls sogar auf Breite, Tiefe oder Geschwindigkeit des Wandels einzuwirken vermag. Dieser begreift den Wandelprozeß aus seiner Perspektive möglicherweise als sinnvollen und notwendigen Fortschritt und somit als zu erreichendes Ziel. Insofern versteht er sich als aktiver Gestalter – als *Akteur des Wandels* –, der den Wandel vorantreiben und selbst bestimmen kann.[129]

In Abbildung 3-2 sind diese beiden grundlegend verschiedenen Perspektiven aufgezeigt.

---

[128] vgl. Ulrich (1994), S. 24

[129] vgl. Janz, Krüger (2000), S. 173

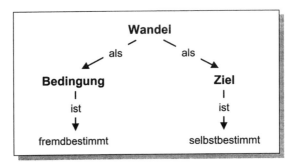

Abbildung 3-2: Wandel als Ziel oder als Bedingung[130]

Ob der einzelne Wandel nun fremd- oder selbstbestimmt wahrnimmt, hängt davon ab, inwiefern der Wandelprozeß „von innen heraus" – also intern – oder von außen – also extern – angestoßen wird.[131] Nahezu jeder Wandel, der aus einer Perspektive als „extern" vorgegebene Bedingung erscheint, ist aber aus einer anderen ein bewußt angestrebtes Ziel, das „intern" aktiv verfolgt wird. Insofern läßt sich die Frage, wer sich als Objekt und wer als Akteur des Wandels versteht, in letzter Konsequenz auf eine Frage der Systemgrenze reduzieren. Wie in Kapitel 2.1 dargestellt wurde, ist letztlich jedes System mit Hilfe einer analytischen Betrachtung auf einer niedrigeren Aggregationsstufe in mehrere Subsysteme – also Systeme „niedrigerer Ordnung" – zu zerlegen. Auf diese Weise wird Wandel, der bisher von einem „systeminternen" Betrachter als Ziel aufgefaßt wurde, für Betrachter aus einzelnen Subsystemen, die an den Prozessen des Wandels nicht aktiv beteiligt sind, zur „extern" vorgegebenen Bedingung.

In gleicher Weise, wie die beschriebenen Perspektiven verschiedener Betrachter deren Wahrnehmung von Wandel maßgeblich bestimmen, prägen unterschiedliche Blickwinkel die Erklärungsansätze für das Zustandekommen von Wandel. Interessanterweise können in Analogie zur Unterscheidung, ob Wandel fremdbestimmt oder selbstbestimmt entsteht, auch die beiden Pole der im folgenden vorgestellten theoretischen Erklärungsansätze gebildet werden.

---

[130] In Anlehnung an Reiß (1997d), S. 13

[131] vgl. Osterhold (1996), S. 14
Ulrich und Probst unterscheiden aus diesem Grund zwischen „Einflußfaktoren", die nicht wesentlich verändert werden können, und „Handlungsfaktoren", die sich aktiv durch Maßnahmen verändern lassen (vgl. Ulrich, Probst (1995), S. 163).

3.1.3 Theoretische Erklärungsansätze für Wandel

In der allgemeinen Diskussion um das Phänomen des Wandels wird bekannterma-
ßen immer wieder betont, daß Wandel durch das Zusammenspiel gegensätzlicher
Kräfte zustande kommt. Nach LEWIN existieren in jeder Situation Kräfte, die auf
Wandel drängen (Driving Forces), und Kräfte, die Wandel behindern (Restraining
Forces).[132]

Wie schon bei der Wahrnehmung des Wandels spielt auch bei der Erklärung der
Entstehung von Wandel der Betrachtungsstandpunkt und damit die Wahl der Sys-
temgrenze aber eine entscheidende Rolle. In Abhängigkeit davon, ob es sich bei den
wirkenden Kräften um systemexterne oder -interne Kräfte handelt, können mehrere
Erklärungsansätze für den sich daraus ergebenden Wandel unterschieden werden.
Während bei der Annahme der Dominanz systeminterner Kräfte Entwicklungsmo-
delle[133] als Erklärungsansatz für Wandel dienen, betonen Selektionsmodelle das
Überwiegen systemexterner Kräfte. Liegt hingegen der Fokus auf interaktiven
Formen dieser gegensätzlichen Kräfte, finden Adaptionsmodelle Anwendung.[134]

Die beschriebenen Zusammenhänge sind in untenstehender Abbildung 3-3 verdeutlicht und werden in den nachfolgenden Kapiteln erläutert.

---

[132] Die Feldtheorie von Lewin (1951), die als die Grundlage der meisten Veränderungsmodelle gelten
kann, basiert stark auf naturwissenschaftlichen Analogien – speziell aus dem Bereich der Physik.
Lewin versucht regelrecht eine physikalische Psychologie zu begründen, die menschliches Verhalten im Rahmen von psychologischen Kräftefeldern analysiert. Das von ihm definierte psycholo-
gische Kräftefeld umfaßt alle Kräfte, die das Verhalten eines Menschen beeinflussen bzw. verändern können.

[133] Zu den bekanntesten Entwicklungsmodellen gehören Ansätze von Lippitt, Schmidt (1967); Greiner
(1972); Lievegood (1974); Quinn, Cameron (1983); Mintzberg (1984) und Adizes (1988). Einen
aktuellen Ansatz liefern Gomez und Zimmermann (1997), die eine Synopse der Entwicklungsmodelle auf Basis des St. Galler Managementmodells anstreben.

[134] Vgl. zu diesen drei unterschiedlichen Ansätzen Türk (1989), S. 55ff.; Tushman, Romanelli (1985),
S. 172f. und Hannan, Freeman (1989), S. 10ff.
Neben dieser systemtheoretisch geprägten Einteilung gibt es eine Reihe anderer Klassifikationen
der Ursachen für Wandel. Tichy (1983) arbeitete vier Ursachen heraus: (1) Umfeld: Wirtschaftliche
Einbrüche, Wettbewerbsdruck, Veränderungen in der Gesetzgebung; (2) Wettbewerberstruktur:
Neue Allianzen, Akquisitionen, Kooperationen; (3) Technologien: Prozeß- oder Produkttechnolo-
gien; (4) Mitarbeiter: Neue Mitarbeiter, neues Management.

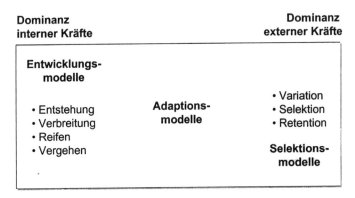

Abbildung 3-3: Erklärungsmodelle für Wandel

3.1.3.1 Entwicklungsmodelle – Dominanz systemimmanenter Kräfte

Entwicklungsmodelle erklären Wandel aufgrund sich selbst erzeugender, „system-immanenter Triebkräfte"[135] und betonen den eigendynamischen Charakter sozialer und soziotechnischer Systeme. Den Modellen liegt die Annahme zugrunde, daß es allgemeine, regelmäßig zu beobachtende typische Entwicklungsmuster von Syste-men gibt, d.h. Muster, die einer immanenten „Eigendynamik" der Systeme folgen, und sich insofern bei allen Systemen in vergleichbarer Form herausbilden.[136] Die Kategorie der Entwicklungsmodelle läßt sich in human-soziale und systembezo-gene Erklärungsansätze untergliedern.[137] Während die human-soziale Entwicklungs-theorie die Rolle des Menschen mit seiner Gestaltungskraft hervorhebt, unterstellt die systembezogene Entwicklungstheorie, daß Systeme einem mehr oder weniger vorbestimmten Entwicklungspfad folgen.[138] Besondere Situationen und Konstellatio-nen im Umsystem können diesen Prozeß zwar modellieren oder möglicherweise abbremsen, nicht jedoch grundsätzlich verändern.[139]

---

[135] Türk (1989), S. 55

[136] vgl. Staehle (1999), S. 908

[137] vgl. Perich (1992), S. 160

[138] vgl. Berktold (1999), S. 50

[139] vgl. Türk (1989), S. 57

Eines der bekanntesten Modelle der systembezogenen Entwicklungstheorie ist das Lebenszyklusmodell.[140] Lebenszyklusmodelle erklären den Wandel von Systemen mit Hilfe systemimmanenter Reifungs- bzw. Alterungsprozesse und gehen von einem entwicklungsgesetzlichen Charakter der Wandlungsprozesse aus.[141] Es wird angenommen, daß soziale und soziotechnische Systeme einen irreversibel fortschreitenden Prozeß mit den „Phasen" Entstehung, Verbreitung, Reife und Vergehen durchlaufen. Die Übergänge zwischen den einzelnen Phasen vollziehen sich meist graduell. In Ausnahmefällen können Übergänge auch zu Krisen führen, die dann nach dem Eintreten von Krisenerscheinungen vom System aus eigener Kraft zu bewältigen sind.[142]

Bei der Verwendung und Interpretation von Entwicklungsmodellen zur Erklärung von Wandel sind jedoch Einschränkungen zu machen:

Zum einen ist insbesondere bei Lebenszyklusmodellen auf die Problematik der Analogiebildung zu Organismen hinzuweisen.[143] Systeme können einerseits eines „unnatürlichen Todes" sterben, andererseits aber auch über eine sehr lange Zeitspanne hinweg in einer Entwicklungsphase verharren. Der Lebenszyklus darf also nicht als quasi „naturgesetzliche" Entwicklung mißverstanden werden.[144]

Zum anderen handelt es sich um idealtypische Verläufe, d.h. es existiert nicht zwangsläufig eine strenge Abfolge der genannten Phasen.[145] In jeder Phase kann es aufgrund verschiedener Einflüsse zu einer Verstetigung, zur Schrumpfung oder zum frühzeitigen Vergehen des Systems kommen; Phasen können übersprungen oder verkürzt werden.[146] Im Grunde sind sie lediglich als mögliche Entwicklungssequen-

---

[140] Systembezogene Entwicklungsmodelle finden u.a. in der Biologie als Reifungsmodelle, in der allgemeinen Evolutionstheorie als Modelle zunehmender Komplexität des Universums oder auch in der biologischen Welt und in der Sozialphilosophie als Modelle der Stufenentwicklung der Menschheit Anwendung. Darüber hinaus werden sie – und hierauf liegt der Fokus im vorliegenden Kapitel – in der Organisationstheorie als Lebenszyklusmodelle eingesetzt (vgl. zum Unternehmenslebenszyklus auch Adizes (1979), S. 15; Pümpin, Prange (1991), S. 42ff. und van de Ven, Poole (1995), S. 513).

[141] vgl. Holtbrügge (2000), S. 105

[142] vgl. Jung, Kleine (1993), S. 327

[143] vgl. Krüger (1994), S. 201

[144] vgl. Staehle (1999), S. 910

[145] vgl. Wunderer (1994), S. 238

[146] vgl. Kieser (1992), Sp. 1222ff.

zen zu interpretieren, die im Einzelfall zu unterschiedlichen Wandelprozessen kombiniert werden können.[147]

Die Erklärung von Wandelprozessen durch Entwicklungsmodelle hat auch insofern klar erkennbare Schwächen, weil sie den Wandel ausschließlich auf systeminterne Kräfte zurückführt und externe Ursachen nicht oder nur unzureichend berücksichtigt.[148] Die Stärke von Entwicklungsmodellen liegt indes darin, daß sie – wenn auch deduktiv und idealtypisch – eine Orientierungshilfe für die langfristige Entwicklung sozialer und soziotechnischer Systeme geben können.

3.1.3.2 Selektionsmodelle – Übermacht des Umsystems

Im Gegensatz zu den Entwicklungsmodellen erklären Selektionsmodelle Wandel nicht durch das Zusammenwirken systeminterner Kräfte, sondern im Zusammenhang umsystembedingter Bewährungs- und Aussonderungsprozesse.[149] Dabei bleiben immer nur diejenigen Systeme erhalten, die den jeweiligen Anforderungen des Umsystems am ehesten genügen.[150] Das bedeutet nicht, daß sich Systeme nicht verändern, sondern nur, daß sie sich langsamer verändern als ihr relevantes Umsystem.[151] Selektionsmodelle basieren somit auf dem evolutionstheoretischen Erklärungsprinzip der „natürlichen Selektion".[152] Danach unterliegen Systeme grundsätzlich einem Phasenprozeß mit den drei Evolutionsphasen Variation, Selektion und Retention.[153] Durch Variationen in der Struktur und im Verhalten von Systemen – unabhängig davon, ob diese Variationen gewollt oder ungewollt entstehen – ergibt sich eine Art „Grundgesamtheit" von Systemen, aus der selektiert wird.[154] Da die verschiedenartigen Systeme die vom Umsystem gestellten Anforderungen

---

[147] vgl. Krüger (1994), S. 201

[148] vgl. Berktold (1999), S. 58

[149] vgl. Holtbrügge (2000), S. 106

[150] Die Grundlagen dieses Erklärungsmodells gehen auf Hawley (1950) und Campbell (1969) zurück und wurden später maßgeblich durch Arbeiten von Hannan und Freeman (1977) vorangetrieben und bekannt gemacht. Sie prägten den Population Ecology Ansatz, in dem von einem Selektionsmechanismus der Umwelt ausgegangen wird, in der sich Systeme bewähren müssen.

[151] vgl. zu Knyphausen-Aufsess (1995), S. 145

[152] vgl. Perich (1992), S. 169; Kanter, Stein, Jick (1992), S. 26; Picot, Freudenberg, Gaßner (1999), S. 8 und Staehle (1999), S. 911

[153] vgl. Aldrich (1979), S. 27ff.; van de Ven, Poole (1995), S. 518; Reiß (1997d), S. 26 und Holtbrügge (2000), S. 106

[154] vgl. Aldrich (1979), S. 28 und Holtbrügge (2000), S. 106

unterschiedlich gut erfüllen und zwischen offenen sozialen oder soziotechnischen Systemen in der Regel ein kompetitives Verhältnis hinsichtlich der Nutzung der Ressourcen des Umsystems herrscht, erfolgt eine „umsystembedingte Selektion".[155] Die Systeme, die im Selektionsprozeß durch das Umsystem nicht ausgesondert wurden, bleiben erhalten. Retentionsmechanismen stabilisieren solche Systeme nach innen und unterstützen das Erhalten bzw. Weitergeben bewährter Strukturen und Verhaltensweisen.[156]

Die zentrale Annahme von Selektionsmodellen ist diejenige vom übermächtigen Umsystem, das Selektionskriterien vorgibt, an denen sich ein darin agierendes System orientieren muß.[157] Das System selbst hat keine Möglichkeit, sein Umsystem zu beeinflussen oder zu wechseln.

Diese explizite Berücksichtigung systemexterner Kräfte kann grundsätzlich als eine Stärke von Selektionsmodellen angesehen werden. Eine ihrer Schwächen ist hingegen, daß sie weder Aussagen über Richtung oder Rationalität der Variationen von Systemen treffen, noch Hinweise auf mögliche Selektionsprinzipien des Umsystems geben.[158]

3.1.3.3 Adaptionsmodelle – Annahme gegenseitiger Wechselwirkungen

Beide zuvor beschriebenen Erklärungsansätze für Wandel stellen extreme Sichtweisen dar. Häufig läßt sich weder eine klare Dominanz systemimmanenter Kräfte noch eine deutliche Übermacht des Umsystems beim Wandel von Systemen ausmachen. Der inzwischen am weitesten verbreitete Erklärungsansatz legt daher Adaptionsmodelle zugrunde.[159] Diese basieren auf den klassischen systemtheoretischen Grundlagen und stellen ein System und sein Umsystem als Aktions-Reaktions-Gefüge dar.

---

[155] vgl. van de Ven, Poole (1995), S. 518 und Kanter, Stein, Jick (1992), S. 26

[156] vgl. Sachs (1997), S. 93 und Deeg, Weibler (2000), S. 148

[157] vgl. Frese (1992), S. 201

[158] vgl. Türk (1989), S. 56

[159] Adaptionsmodelle gehen auf den Mitte der 60er Jahre in den USA und Großbritannien entwickelten „Situational Approach" („Contingency Approach") zurück. Dieser sieht in seiner dynamischen Ausprägung ein System zwar in seine Umwelt eingebettet und stark von ihr abhängig, er geht jedoch davon aus, daß Systeme fähig sind, sich an eine geänderte Umwelt anzupassen (vgl. Woodward (1958) und Burns, Stalker (1971)). Begrifflich hat sich für dieses Anpassen die Bezeichnung „Adaption" weit verbreitet. Einige Autoren wie Hrebiniak und Joyce (1985) gehen sogar so weit, Wandel mit Adaption gleichzusetzen.

Zwar unterstellen auch Adaptionsmodelle eine dominierende Rolle des Umsystems, doch im Gegensatz zu den Selektionsmodellen gehen sie davon aus, daß sich das System durch Struktur- und Verhaltensänderungen den sich wandelnden Anforderungen des Umsystems anpassen bzw. diese sogar in gewissem Maße durch eigenes Verhalten beeinflussen kann:

„The system can adapt and change to fit environmental requirements, or the system can attempt to alter the environment so that it fits the systems capabilities."[160]

Dementsprechend ist zwischen dem passiv-reaktiven und verschiedenen Varianten verstärkt proaktiver Adaptionsmodelle zu unterscheiden.

Das passiv-reaktive Adaptionsmodell geht von einem einseitigen Abhängigkeitsverhältnis eines Systems von seinem Umsystem aus, das letztlich nur durch ständige reaktive Anpassungsprozesse an sein Umsystem überleben kann.[161] Dem Ansatz liegen Hypothesen zugrunde, welches System in welcher Situation, d.h. bei welchen Anforderungen seines Umsystems, am erfolgreichsten ist und ob bestimmte Systemmerkmale und bestimmte Situationen „kontingent" sind, d.h. regelmäßig zusammen auftreten. Daher wird auch vom kontingenztheoretischen Ansatz gesprochen (vgl. Abbildung 3-4).[162]

---

[160] vgl. Pfeffer, Salancik (1978), S. 106

[161] vgl. Dienstbach (1972), S. 9 und Newman, Nollen (1998), S. 45

[162] Der kontingenztheoretische Ansatz basiert auf empirischen Untersuchungen, in denen gezeigt werden konnte, daß die ideale Gestaltung eines Systems von den situativen Bedingungen („Kontingenzfaktoren") abhängt. Das Grundmodell des kontingenztheoretischen Ansatzes geht auf Vorarbeiten von Forschergruppen an der Aston University in Birmingham und an der University of Chicago zurück. Später formulierten Lawrence und Lorsch (1969) eine explizite „Contingency Theory", die vor allem von Kieser und Kubicek (1978) weiterentwickelt wurde.

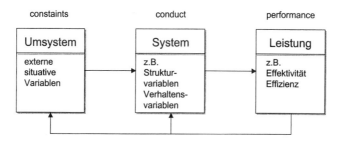

Abbildung 3-4: Das Grundmodell des kontingenztheoretischen Ansatzes[163]

Proaktiv orientierte Adaptionsmodelle hingegen interpretieren soziale und soziotechnische Systeme als intelligente Gebilde, die aufgrund eines proaktiven Antwortverhaltens nicht nur ihre eigene Position im Umsystem, sondern in gewissem Maße auch das Umsystem selbst verändern können.[164] Zu den bekanntesten proaktiv orientierten Adaptionsmodellen gehört das auf CHILD zurückgehende Konzept der „Strategic Choice"[165] sowie der Ansatz des „organisationalen Lernens".[166]

Das Konzept der „Strategic Choice" (vgl. Abbildung 3-5) behauptet jedoch nicht, daß es keine Umweltkontingenzen gibt, sondern lediglich, daß eine Vielzahl möglicher Kontingenzbeziehungen besteht, aus der sich ein System diejenigen auswählen kann, denen es sich unterwerfen will.[167] Insofern muß bei diesem Konzept das „Verändern" der Umwelt doch eher im Sinne einer „Auswahl" der Umwelt verstanden werden.

---

[163] vgl. Perich (1992), S. 176

[164] vgl. Dienstbach (1972), S. 13

[165] Erste Vorarbeiten zum Konzept der „Strategic Choice" leistete Thompson (1967), S. 148: „We must emphasize that organizations are not simply determined by their environments. But if the organization is not simply the product of its environment, neither is it independent. The configuration necessary for survival comes from ... finding the strategic variables ... which are available to the organization and can be manipulated in such a way that interaction with other elements will result in a variable coalignment."
Darauf aufbauend sah Child (1972) die Interaktion zwischen System und Umsystem als eine dynamische Beziehung zwischen zwei Kräften. Er warb für den Ansatz der Strategic Choice, da seiner Ansicht nach Entscheidungsträger im System mehr Einfluß auf das Umsystem haben, als dies im bis dahin vorherrschenden Ansatz des „Environmental Determinism" zum Ausdruck kommt: „The major difference of this newer approach from earlier organizational theories lies in the acknowledgement that the process of designing organization involves the selection of a configuration that will best suit that particular situation which prevails" (Child (1972), S. 237). Später wurde dieser Ansatz von verschiedenen Vertretern weiterentwickelt (vgl. Khandwalla (1977); Weick (1979); Mintzberg (1979) und Bourgeois (1984)).

[166] vgl. Agyris, Schön (1978), S. 20ff.
Vgl. hierzu auch die Ausführungen in Kapitel 3.3.2.5.

40

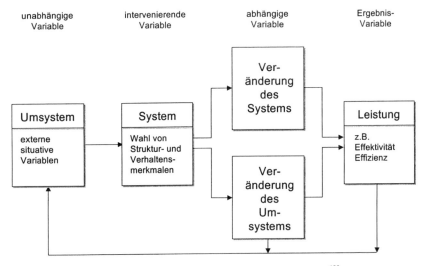

Abbildung 3-5: Das Grundmodell der Strategic Choice[168]

Die beschriebenen Modelle zur Erklärung von Wandel – mittels der Entwicklung eines Systems aus sich selbst heraus, der Selektion besonders erfolgreicher Systeme durch das Umsystem oder der Adaption des Systems an die Anforderungen des Umsystems mit mehr oder weniger aktiven Elementen – können jedoch lediglich als verschiedene Grundmodelle verstanden werden. Welches Erklärungsmodell mit welcher Modifikation für welchen Wandel letztlich zutreffend ist, hängt zweifelsohne stark vom konkret zu untersuchenden System und seiner Einbettung in das Umsystem ab.

Da die in einigen Modellen angenommenen „Standard-Etappen"[169] in der Realität aber nicht zwangsläufig so eingehalten werden, eignen sich die Modelle mitnichten zu Prognosezwecken. Sie erlauben es allemal, ein bereits eingetretenes Wandelereignis retrospektiv mit Hilfe eines der Modelle – bzw. einer Variante davon – sinnvoll zu erklären.

---

[167] vgl. Perich (1992), S. 178

[168] vgl. Perich (1992), S. 178

[169] vgl. Reiß (1997d), S. 27
Unter dem Begriff „Standard-Etappen" sind hier die Phasen Entstehung, Verbreitung, Reife und Vergehen (Lebenszyklusmodell) bzw. die Phasen Variation, Selektion, Retention (Selektionsmodell) zusammengefaßt.

3.1.4 Formen des Wandels

Unabhängig von den beschriebenen Erklärungsansätzen – und damit unabhängig von den Ursachen, die für das Entstehen von Wandel verantwortlich sind – können verschiedene Formen von Wandel unterschieden werden. Zwar sind die Bezeichnungen und Dimensionen, nach denen Wandel in der Literatur kategorisiert wird, durchaus sehr verschieden, doch lassen sie sich mehr oder weniger alle – zumindest in einer Dimension – auf einem Kontinuum zwischen den Polen „wenig Wandel" und „viel Wandel"[170] einordnen. Einige Ansätze betonen auch hier den subjektiven Charakter der Einschätzung von Wandel.[171]

ZAHN und DILLERUP sprechen in diesem Zusammenhang von sicherem, abschätzbarem und offenem Wandel.[172] *Sicherer Wandel* zeichnet sich dadurch aus, daß die Konsequenzen gegenwärtiger Ereignisse und Aktionen kurzfristig fast vollständig vorausberechenbar sind, da sie lediglich eine Wiederholung von wohlbekannten Veränderungen darstellen, deren Ursachen und Wirkungen geläufig sind. Deshalb wird dieser Sachverhalt gewissermaßen als geschlossener Wandel und als Wandel in ruhiger bzw. stabiler Umwelt bezeichnet. Von *abschätzbarem Wandel* sprechen ZAHN und DILLERUP, wenn Ereignisse und Aktionen aus der Erfahrung kaum bekannt sind, über die Ursachen und Wirkungen dieser andersartigen Veränderungen nur wahrscheinliche Erklärungen möglich sind und deshalb die Folgen nicht exakt prognostiziert werden können. Ein unvorhersehbarer *offener Wandel* erfolgt hingegen bei völlig neuartigen und zuvor nicht wahrgenommenen Ereignissen und Aktionen, die in ihren Konsequenzen nicht prognostizierbar sind. Er kann nur mit Hilfe situativer Erfahrungen und kollektiver Lernprozesse, nicht jedoch durch rationale Analysen bewältigt werden.

Aus den Definitionen der drei Wandelarten wird deutlich, daß die Zuordnung von konkreten Wandelereignissen in die verschiedenen Kategorien in Abhängigkeit der

---

[170] Die für diesen Sachverhalt verwendeten Begrifflichkeiten reichen von „Frame-breaking Change" über „Large-scale Change" und „Quantum Change" bis hin zu „Fundamental Change" oder „Gamma Change".

[171] vgl. u.a. Zahn, Dillerup (1995)

[172] vgl. Zahn, Dillerup (1995), S. 37
Eine vergleichbare Kategorisierung trifft auch Stacey (1991), S. 28ff., der drei ähnliche Formen des Wandels unterscheidet. Dabei differenziert er hinsichtlich des Grades der Vorhersehbarkeit, der Größe der Auswirkungen und des Timings des Wandels, d.h. wann der Wandel auftritt und wie lange es dauert, bis seine Auswirkungen bemerkt werden.

Erfahrungen, Wissensstände und Erwartungen der Betroffenen eine stark subjektive Prägung erfährt.[173]

STAEHLE differenziert zwischen Wandel 1. Ordnung und Wandel 2. Ordnung. *Wandel 1. Ordnung* vollzieht sich schrittweise und in inkrementalen Änderungen. Er beschränkt sich auf einige wenige Dimensionen und Ebenen, ohne dabei die zugrundeliegenden Prämissen in Frage zu stellen. Wandel 1. Ordnung findet also auf Basis der bestehenden Strukturen statt und unterstellt grundsätzlich Kontinuität mit ausschließlich quantitativen Veränderungen. Wandlungsprozesse dieser Art sind somit grundsätzlich reproduktiv; d.h. Wandel erfolgt inkremental und ohne Paradigmenwechsel. *Wandel 2. Ordnung* hingegen erfolgt mehrdimensional und revolutionär, er umfaßt alle Ebenen des Systems und wird von STAEHLE auch als transformativer Wandel bezeichnet. Der Prozeß der Transformation weist dabei Diskontinuitäten auf und bringt in der Regel einen Paradigmenwechsel mit sich.[174]

ULRICH unterscheidet unter anderem *langsamen* und *schnellen Wandel*, d.h. zwischen sich rasch vollziehenden, kurzfristig intensiv wirksamen Wandlungsprozessen und solchen, die sich über einen längeren Zeitraum erstrecken.[175] Eine ähnliche Unterscheidung trifft auch KRÜGER, wenn er von revolutionärem und evolutionärem Wandel spricht.[176] Er vertritt die Auffassung, daß sich *revolutionärer Wandel* durch tiefgreifende und umfassende Veränderungsprozesse auszeichnet, die sich häufig in Form eines „Quantensprungs" vollziehen und von begrenzter Zeitdauer sind. Im Gegensatz dazu verläuft *evolutionärer Wandel* seiner Ansicht nach behutsamer in kleinen Entwicklungsschritten als ein kontinuierlicher, dauerhafter Lernprozeß.[177] MÜLLER-STEWENS und LECHNER bezeichnen vergleichbare Phänomene mit *inkrementalem* und *fundamentalem* Wandel.[178]

KOBI sieht mehrere Ebenen, auf denen sich unterschiedlich tiefgreifender Wandel ergeben kann. Er spannt eine zweidimensionale 9-Felder-Matrix auf, deren eine

---

[173] vgl. Zahn, Dillerup (1995), S. 37ff.

[174] vgl. Staehle (1999), S. 900ff.

[175] vgl. Ulrich (1994), S. 8ff.

[176] vgl. Krüger (1994b), S. 216ff.

[177] vgl. hierzu auch Greiner (1972), S. 37ff.; Servatius (1994), S. 39; Thom (1997), S. 204ff. und Reinhart u.a. (1999b), S. 21
Saynisch (1997), S. 35 ist zudem der Auffassung, daß revolutionärer Wandel ein definiertes Ziel verfolgt und mit dem Erreichen dieses Zieles endet. Evolutionären Wandel sieht er hingegen als nicht zielgerichteten, offenen Entwicklungsprozeß ohne ein definiertes Ende.

[178] vgl. Müller-Stewens, Lechner (2001), S. 387

Dimension die Form des Wandels zwischen den Polen „*klein, oberflächlich, kurzfristig*" und „*groß, tief, langfristig*" klassifiziert. Die zweite Dimension differenziert die Ebenen, auf denen Wandel stattfindet, nach „*Unternehmen*", „*Gruppe*", „*Individuum*".[179]

Einige Autoren kategorisieren nach kontinuierlichen und diskontinuierlichen Wandelprozessen. *Kontinuierlicher Wandel* entspricht der Vorstellung eines ununterbrochenen Prozesses, bei dem jeder neue Zustand gewissermaßen nahtlos an einen vorangehenden anschließt. Zwar kann sich dieser Prozeß beschleunigen, verlangsamen oder seinen Verlauf ändern, aber es handelt sich erkennbar um die Fortsetzung desselben Prozesses. *Diskontinuierliche Wandlungsprozesse* hingegen gehen nicht endlos weiter oder finden irgendwann ein natürliches Ende. Sie brechen ab und werden durch völlig andere Vorgänge „ersetzt", die scheinbar keine Verbindung mit dem Vergangenen aufweisen.[180]

Wiederum andere Autoren treffen die Unterscheidung zwischen geplantem und ungeplantem Wandel.[181] Während *geplanter Wandel* für KIRSCH als eine bewußte, intendierte und angestrebte Veränderung der Struktur oder des Verhaltens von sozialen und soziotechnischen Systemen zu verstehen ist, bei der in der Regel Effizienzüberlegungen im Zentrum stehen, spiegelt *ungeplanter Wandel* unintendierte Handlungsfolgen wider, die sich im System aufgrund entstehender Eigendynamik „von selbst" ergeben und in der Form nicht angestrebt wurden.[182]

Neben den beschriebenen Faktoren, anhand derer sich Wandel systematisieren läßt, nennen einige Autoren weitere Merkmale, die Wandelprozesse näher charakterisieren. Dazu zählen insbesondere die Ganzheitlichkeit, Diversität, Volatilität wie auch die Permanenz des Wandels.[183]

---

[179] vgl. Kobi (1996), S. 39
Eine vergleichbare Unterscheidung treffen auch Cummings und Worley (1993), S. 522, die zwei Dimensionen zur Charakterisierung des Wandels unterscheiden: Die erste Dimension differenziert nach „Incremental" bzw. „Quantum"; die zweite nach „Total System" bzw. „Subsystem".

[180] vgl. Ulrich (1994), S. 10 und Sabel, Weiser (1995), S. 29
Tiefergehende Arbeiten zum Thema „Diskontinuitäten" wurden insbesondere von Drucker (1971); Ansoff (1976); Zahn (1979) und Macharzina (1984) geleistet.

[181] vgl. Kirsch (1973), S. 15f., Cummings, Worley (1993), S. 52 und Bea, Göbel (1999), S. 415ff.

[182] vgl. Bea, Göbel (1999), S. 419

[183] vgl. hierzu u.a. Pasmore (1994), S. 30; Reiß (1997d), S. 18 und Krüger (2000a), S. 39

Jeder der kurz beschriebenen Ansätze hebt einzelne Aspekte besonders hervor bzw. schränkt das Anwendungsfeld bewußt ein. Während sich einige der genannten Autoren mit Wandel in der Unternehmensumwelt befassen, stehen bei anderen unternehmensinterne Wandlungsprozesse bzw. die verschiedenen Ebenen, auf denen dieser Wandel entsteht, im Mittelpunkt der Betrachtung.

Der wohl allgemeinste Ansatz zur Abgrenzung verschiedener Formen des Wandels stammt indes von REIß[184]. Er unterscheidet drei Dimensionen des Wandels: Breite, Tiefe und Geschwindigkeit.

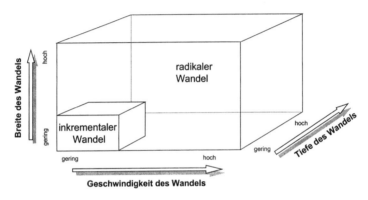

Abbildung 3-6: Formen des Wandels[185]

Die *Breite* des Wandels resultiert nach seiner Auffassung aus der Anzahl der Veränderungen sowie aus der Anzahl der im System betroffenen Subsysteme. Je mehr Veränderungen in einem System zu einem bestimmten Zeitpunkt vollzogen werden und je mehr Subsysteme direkt oder indirekt von den Folgen der Veränderungen betroffen sind, desto „breiter" und damit auch radikaler wird der Wandel empfunden.

Die *Tiefe* des Wandels wird über das „Delta" zwischen einem Status quo vor und dem Zustand nach einer Veränderung definiert. Je größer dieses Delta ausfällt, desto „tiefgreifender" ist die Veränderung und um so radikaler ist in diesem Sinne der Wandel.

Als dritte wesentliche Dimension nennt REIß die *Geschwindigkeit*, mit der sich die Veränderungen vollziehen. Schnelle Veränderungsprozesse sind radikaler als

---

[184] vgl. Reiß (1997d), S. 18ff.

[185] vgl. Zahn, Gagsch, Herbst (2000), S. 25

langsame, da sie im System bei allen Betroffenen „mehr Streß pro Zeiteinheit"[186] erzeugen. Damit zeichnet sich zeitlich komprimierter Wandel durch eine höhere Radikalität aus, als gestreckter Wandel in kleinen Schritten.

Über die drei genannten Dimensionen läßt sich ein Quader aufspannen, dessen Volumen Hinweise auf die Radikalität des Wandels gibt. Bei einem kleinvolumigen Quader wird von inkrementalem Wandel gesprochen. Je größer indes das Volumen des Quaders ist, desto radikaler wird der vorliegende Wandel empfunden (vgl. Abbildung 3-6).[187]

3.1.5 Nimmt die Radikalität des Wandels permanent zu?

> *„Das Merkwürdige an der Zukunft ist*
> *wohl die Vorstellung, daß man unsere Zeit*
> *später die gute alte Zeit nennen wird."*
>
> - JOHN STEINBECK -

Ähnlich unterschiedlich wie die beschriebenen Kategorisierungen des Wandels sind auch die Beurteilungen einzelner Autoren bezüglich der historischen Entwicklung der Radikalität von Veränderungsprozessen: Während einige retrospektiv eine stetige Zunahme der Radikalität des Wandels im Zeitverlauf erkennen und von einem sich immer weiter beschleunigenden Wandel ausgehen (vgl. Abbildung 3-7; obere Darstellung),[188] sehen andere sich wiederholende Muster und abwechselnde Phasen von inkrementalem und radikalem Wandel, die es ihrer Ansicht nach seit jeher gab und weiterhin immer geben wird (vgl. Abbildung 3-7; untere Darstellung).[189]

---

[186] Reiß (1997d), S. 19

[187] vgl. Zahn, Gagsch, Herbst (2000), S. 25

[188] vgl. Tichy (1983), S. 3; Cummings, Worley (1993), S. 52 und Zahn, Tilebein (2000), S. 119

[189] vgl. Mintzberg (1995), S. 246 und Weidler (1996), S. 8

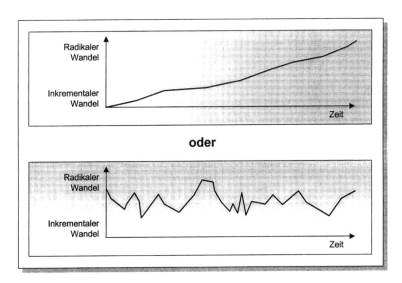

Abbildung 3-7: Nimmt die Radikalität des Wandels im Zeitverlauf ständig zu?

Diese gegensätzliche Diskussion bezüglich der Radikalität des aktuell vorherrschenden Wandels im Vergleich zu Wandlungsprozessen der Vergangenheit ist jedoch
alles andere als neu. Nicht nur in Beiträgen der neueren Managementliteratur wird
häufig die Meinung vertreten, daß die Gegenwart ein außergewöhnlicher Zeitab-
schnitt sei, in dem die Veränderungen zum einen fundamentaler und umfassender
sind, zum anderen aber auch schneller ablaufen als dies in der Vergangenheit der
Fall war.[190] ANSOFF registrierte bereits vor zwanzig Jahren ein sich zunehmend
stärker und schneller wandelndes Geschäftsleben durch neuartige, bedeutende
Veränderungen im Wettbewerb um beschränkte Ressourcen.[191] Und beim Lesen
noch älterer Veröffentlichungen stellt sich heraus, daß diese Behauptung seit
Jahrzehnten zu den Standardaussagen der Managementlehre gehört und somit
offensichtlich „eine jener dauerhaften Wahrheiten ist, die von jeder Generation neu
entdeckt werden muß"[192]. So schrieb beispielsweise auch GARDNER schon 1964:

---

[190] vgl. hierzu Arbeiten von Ansoff (1975); Macharzina (1984); Prahalad, Hamel (1990); Malik (1992);
D'Aveni (1994); Bruhn (1997); Böning (1997); Brown, Eisenhardt (1998) und Beljean (1999).
Auch eine im Auftrag des BMBF 1998 durchgeführte Studie zur globalen Entwicklung von Wissen-
schaft und Technik unterstützt in wesentlichen Punkten die These der sich beschleunigenden
Veränderung des Umfeldes (vgl. BMBF (1998)).

[191] vgl. Ansoff (1979), S. 5

[192] vgl. Ulrich (1994), S. 6

„Today, in the tumultuous sweep of technological and social change, one would be hard put to find any placid status quo. The solutions of today will be out of date tomorrow. The system that is in equilibrium today will be thrown off balance tomorrow. Innovation is continuously needed to cope with such altered circumstances"[193]

Gleichzeitig gab es jedoch auch immer schon Vertreter der These, daß zwar jede Generation neue Herausforderungen und tiefgreifende Wandelprozesse bewältigen muß, die Radikalität dieses Wandels mit der Zeit aber nicht unbedingt zunimmt. Der amerikanische Philosoph und Systemtheoretiker CHURCHMAN hat dazu bemerkt:

„Natürlich sollten wir uns um die dringendsten Probleme kümmern; wir sollten aber auch erkennen, daß wir als Individuen zwischen zweierlei stehen: einer Vergangenheit mit all ihrer Fülle und einer Zukunft mit all ihrer Fülle. Wir sollten nicht mehr sagen: zum ersten Mal in der Geschichte stehen wir vor bisher nie dagewesenen Wandlungen und Verflechtungen. Der Mensch steht eben nicht zum ersten Mal in seiner Geschichte vor nie dagewesenen Wandlungen und Verflechtungen. ... Auch andere Zeitalter haben ihre Probleme gehabt, auch jene Probleme waren in ihrer Verflechtung und Wandlung noch nie dagewesen."[194]

Die in der Literatur so häufig vertretene These, daß sich der Wandel immer breiter, tiefgreifender und vor allem immer schneller vollzieht, ist also zumindest fragwürdig.[195] Gegen diese Vorstellung spricht unter anderem die Überlegung, daß jede stetige Beschleunigung irgendwann zu einer absurden Geschwindigkeit führen muß.[196] MINTZBERG verneint daher die These der zunehmenden Radikalität des Wandels mit der Feststellung, daß seit den 60er Jahren die Umweltentwicklung zunächst immer wieder als turbulent, in der Retrospektive aber als relativ stabil gekennzeichnet wurde:

„Go back and read all those books and articles about thirty years of turbulence and you discover something very interesting. While 'now' has always been turbulent, 'before' had someone always magically stabilized, the very same 'be-

---

[193] Gardner (1964), S. 145

[194] Churchman (1973), S. 28

[195] vgl. Knyphausen-Aufsess (1995), S. 147 und Mintzberg (1995), S. 246

[196] vgl. Weidler (1996), S. 8

fore' that used to be 'turbulent'. So first the Sixties were turbulent, and then the Seventies became turbulent (not like those stable Sixties) until the energy crisis hit, and in retrospect the early Seventies suddenly became stable. Then the Eighties came along, rendering all the Seventies stable, and now the Nineties have done the same thing to the Eighties."[197]

Dies widerspricht im übrigen keineswegs der Beobachtung sich verkürzender Produktlebenszyklen oder tiefgreifender, nicht vorhersehbarer Veränderungen in einzelnen Umfeldern, die nach REIß in die Kategorie „radikaler Wandel" einzuordnen sind. Es impliziert aber das gleichzeitige Vorliegen inkrementalen Wandels in anderen Umfeldern sowie einen zyklischen Wechsel zwischen relativer Stabilität und relativer Dynamik der Entwicklungen.[198]

Folgt man dieser Auffassung, so muß die Umwelt als ein Gebilde verstanden werden, das sich immer in einigen Dimensionen verändert während es zugleich in anderen stabil bleibt.[199] Lediglich die Anzahl der Dimensionen, die sich zeitgleich verändern (Breite des Wandels), das Ausmaß dieser Veränderungen (Tiefe des Wandels) sowie die Geschwindigkeit, mit der sich die Änderungen vollziehen, determinieren die Radikalität des Wandels.

KUHN führt die seiner Meinung nach unzutreffende Annahme ständig wachsender Radikalität der Wandelprozesse darauf zurück, daß die Vertreter dieser These eine fortlaufende Akkumulation der Veränderungen einzelner Dimensionen unterstellen, anstatt die in der Realität zu beobachtende Substitution von Veränderungsprozessen wahrzunehmen.[200] Zwar steigen absolut gesehen die Anforderungen in einigen Dimensionen durchaus an, gleichzeitig entstehen aber durch permanente Innovationen immer neue Möglichkeiten und Fähigkeiten, die den gestiegenen Anforderungen dennoch gerecht werden können. Sein Bild entspricht somit – mathematisch gesehen - der Vorstellung einer mit der Zeit anwachsenden Funktion, bei der jedoch nicht die absolute Höhe, sondern die jeweilige Steigung – also die Ableitung der Funktion – Anhaltspunkte für die Radikalität des Wandels liefert.

---

[197] Mintzberg (1994), S. 7 und Mintzberg (1995), S. 246

[198] vgl. Weidler (1996), S. 8

[199] vgl. Mintzberg (1995), S. 249

[200] vgl. Kuhn (1967), S. 3ff.

Vieles spricht nun dafür, daß auch bei der Beurteilung der historischen Entwicklung von Veränderungsprozessen die subjektive Wahrnehmung des Wandels eine entscheidende Rolle spielt. Ein Element, das die subjektiv wahrgenommene Radikalität von Wandel in großem Maße beeinflußt, ist Unsicherheit.[201] PERICH geht sogar so weit zu behaupten, daß „Unsicherheit .. das am häufigsten verwendete Konzept zur Charakterisierung turbulenter Situationen ist"[202]. Es steht außer Frage, daß das Empfinden von Unsicherheit eine überaus subjektive Prägung besitzt, die von individueller Risikobereitschaft bzw. von individuellen Sicherheitsbedürfnissen abhängt.

Betrachtet man einen Zeitstrahl, so wird deutlich, daß Unsicherheit grundsätzlich nur in der Zukunft bestehen kann. Retrospektiv lassen sich Wandlungsprozesse eindeutig beschreiben und spezifische Entwicklungspfade sind nachträglich als das notwendige Ergebnis der jeweiligen Umstände meist logisch erklärbar.[203] Demgegenüber ist eine Vorhersage konkreter Ereignisschritte oder Entwicklungspfade in der Zukunft kaum möglich (vgl. Abbildung 3-8).

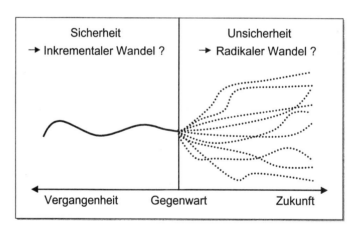

Abbildung 3-8: Die Gegenwart als Übergangspunkt von Sicherheit zu Unsicherheit

---

[201] vgl. hierzu auch Courtney, Kirkland, Viguerie (1999), S. 5ff.
Sie unterscheiden vier Stufen der Unsicherheit: „A Clear-Enough Future", „Alternate Futures", „A Range of Futures" und „True Ambiguity".

[202] Perich (1992), S. 78

[203] Vgl. hierzu auch das Konzept des „Retrospective Sensemaking" von Weick (1979).

Dies führt zu der Neigung, selbst radikalen Wandel, der in der Zeit seiner Entstehung als unvorhersehbar und revolutionär eingestuft wurde, rückblickend als logische und absehbare Weiterentwicklung von erst im Nachhinein erkannten Evolutionspfaden und somit als vergleichsweise sicheren, kontinuierlichen oder inkrementalen Wandel zu beurteilen.

Zusammenfassend bleibt festzuhalten, daß es zwar in der heutigen Zeit durchaus Entwicklungen gibt, die in die Kategorie des radikalen Wandels eingestuft werden können. Verallgemeinerungen, die generell von einer Radikalisierung des Wandels sprechen und die großen Unterschiede zwischen den einzelnen Branchen und Märkten übersehen, sind indes wenig hilfreich.[204]

Beachtet man, daß es im Grunde genommen in jeder Epoche der Menschheit Beispiele für umbruchartige, radikale Wandlungsprozesse gab, so wird deutlich, wie überheblich es wäre zu behaupten, ausgerechnet das eigene Zeitalter sei besonders herausfordernd und die Veränderungsprozesse verliefen ungewöhnlich radikal.[205]

3.1.6 Wandel als Ursache für Turbulenz

Die bisherigen Ausführungen behandelten die Grundlagen zum Begriff des Wandels, die Subjektivität seiner Wahrnehmung, verschiedene Erklärungsansätze für die Entstehung sowie unterschiedliche Formen von Wandel. In der Literatur finden sich jedoch auch Autoren, die ähnliche Sachverhalte nicht unter dem Begriff des Wandels sondern unter mehr oder weniger starker „Turbulenz" subsumieren.[206]

In diesem Kapitel erfolgt zunächst eine Darstellung des Phänomens der Turbulenz. Daran schließt sich eine Beschreibung der Unschärfen zwischen den in der Literatur verwendeten Begriffen „Wandel" und „Turbulenz" an. Zuletzt werden beide Phänomene voneinander abgegrenzt.

---

[204] vgl. Schreyögg (1984), S. 74

[205] vgl. Mintzberg (1995), S. 251

[206] vgl. u.a. Chakravarthy (1997), S. 69 und Volberda (1998), S. 191

Das Phänomen der Turbulenz

Der Terminus „Turbulenz" kann aus dem lateinischen Wort „turbulentia" abgeleitet werden und bedeutet soviel wie Verwirrung oder Unruhe.[207] Folglich ist Turbulenz ein komplexes, nicht-lineares, chaotisches Geschehen, für das es bisher nicht möglich ist, Gesetzmäßigkeiten abzuleiten.[208] Ursprünglich stammt der Begriff aus der Physik und umschreibt das „Auftreten von Wirbeln in einem Luft-, Gas- oder Flüssigkeitsstrom"[209]. Der Übergang von einer laminaren zu einer turbulenten Strömung bedeutet somit den Übergang von einer geordneten Bewegung der Teilchen in eine chaotische.[210] Die Betriebswirtschaftslehre hat den Begriff der Turbulenz vergleichsweise spät für sich entdeckt. Er dient hier im weitesten Sinne dazu, ein Stadium der Veränderung zu beschreiben, in dem die Beziehungen zwischen Ursache und Wirkung nicht mehr nachvollziehbar sind.[211] In der betriebswirtschaftlichen Theorie und Praxis wird allerdings noch kontrovers über das Phänomen Turbulenz diskutiert, wobei sich im wesentlichen drei Strömungen identifizieren lassen:[212]

1. Vertreter der ersten Strömung sind der Auffassung, Turbulenz sei lediglich eine „Modeerscheinung", die dazu dient, von anderen Problemen abzulenken oder aktuelle Zustände als ungewöhnlich dramatisch und herausfordernd zu beschreiben.[213]
2. Vertreter der zweiten Strömung besitzen die Vorstellung, Turbulenz sei ein subjektiv wahrgenommenes Phänomen und somit ausschließlich individuell geprägt.[214]
3. Vertreter der dritten Strömung verstehen Turbulenz als objektiven und meßbaren Umweltzustand, der sich mit adäquaten Maßgrößen operationalisieren läßt.[215]

---

[207] vgl. Buchner (1998), S. 21

[208] vgl. Brockhaus (1993), S. 483f.

[209] Duden (1996), S. 757

[210] vgl. Wiendahl, Rempp, Schanz (2000), S. 40

[211] vgl. Warnecke (1993); Reinhart u.a. (1999a) und Westkämper (1999)

[212] vgl. Buchner (1998), S. 21

[213] vgl. u.a. Kieser (1996b), S. 21f. und Mintzberg (1995), S. 251

[214] vgl. u.a. Mintzberg (1994), S. 7ff.

[215] vgl. u.a. McCann (1984), S. 460f. und Ansoff (1991), S. 15ff.

Jede der genannten Sichtweisen hat ihre Berechtigung. Die erste Auffassung darf dabei nicht in der Weise verstanden werden, daß es zu keinem Zeitpunkt Turbulenz gegeben hat, sondern daß es „in Mode gekommen ist", jeweils die aktuellen Zustände als besonders turbulent zu beschreiben, um die eigene Leistung, mit dieser Turbulenz zurechtzukommen, hervorzuheben.[216] Dies führt zu der Schlußfolgerung, daß auch in der Vergangenheit vergleichbare Turbulenzgrade existierten und es sich somit beim Thema Turbulenz um kein neuartiges und außergewöhnliches Phänomen handelt.

Die beschriebene Auffassung steht dabei nicht im Widerspruch zu den anderen beiden Strömungen, die lediglich Aussagen über die Subjektivität oder Objektivität der Wahrnehmung bzw. Meßbarkeit von Turbulenz machen. Während Vertreter der zweiten Strömung Turbulenz als ein ausschließlich subjektiv wahrgenommenes Phänomen betrachten, steht die dritte Strömung für die Überzeugung objektiv meßbarer Turbulenz.

Im Rahmen dieser Arbeit werden sowohl Aspekte der zweiten als auch der dritten Strömung berücksichtigt. Allerdings wird im folgenden zwischen tatsächlich auftretender Turbulenz und einer lediglich vorhandenen „Turbulenzneigung"[217] unterschieden:

Turbulenz im hier verstandenen Sinne tritt in einem System immer dann auf, wenn die an das System gestellten Anforderungen die im System vorhandenen Fähigkeiten übersteigen. Damit erklärt sich, warum dieselben Phänomene von verschiedenen Systemen unterschiedlich turbulent wahrgenommen werden. Jedes System stellt seine spezifischen Fähigkeiten den gegenwärtigen Anforderungen gegenüber. Die Frage, ob im System Turbulenz entsteht oder nicht, hängt somit nicht nur von der Qualität und Quantität der Anforderungen, sondern in gleichem Maße von den systemspezifischen Fähigkeiten ab. Da nach Ansicht von Vertretern der zweiten Strömung die eigenen Fähigkeiten subjektiver Einschätzung unterliegen und die Schwelle, ab der Veränderungen als turbulent empfunden werden, systemspezifisch zu bestimmen ist, erfährt die Einstufung von Umweltereignissen auf einer Turbulenzskala grundsätzlich eine subjektive Prägung.

---

[216] vgl. Mintzberg (1995), S. 251
Vgl. hierzu auch die Diskussion der Frage zunehmender Radikalität des Wandels in Kapitel 3.1.5.

[217] Wiehndahl, Rempp, Schanz (2000), S. 42

Gleichzeitig lassen sich aber die an das System gestellten Anforderungen zumindest qualitativ beschreiben und häufig auch quantifizieren. Damit sind Vergleiche von aktuell an ein System gestellte Anforderungen mit denen früherer Zeiten sowie das Nachvollziehen von Entwicklungen möglich – so zumindest die Sichtweise der Vertreter der dritten Strömung.

Allerdings bedeutet ein qualitatives oder quantitatives Anwachsen der Anforderungen an ein System nicht zwangsläufig auch ein Anwachsen der im System auftretenden Turbulenz. Lediglich die *Turbulenzneigung*, d.h. die Wahrscheinlichkeit bzw. die Gefahr von Turbulenz im System wächst. Steigt nämlich mit dem Niveau der Anforderungen auch das der Fähigkeiten, so entsteht keine Turbulenz, sondern vielmehr eine „Stabilität auf höherem Niveau".

Begriffliche Unschärfen zwischen Turbulenz und Wandel

Setzt man dieses Verständnis voraus, muß die von einem der bekanntesten Vertretern der dritten Strömung begründete und inzwischen in der Literatur weit verbreitete Definition von Turbulenz überprüft werden: CHAKRAVARTHY definiert „*Turbulenz*" als das gesamthafte Auftreten von „*Komplexität*" und „*Dynamik*".[218] In dem von ihm beschriebenen Zusammenhang wächst somit die Turbulenz mit steigender Komplexität bzw. steigender Dynamik an.[219] Bezieht man nun obige Überlegungen mit ein, so wird deutlich, daß allein aufgrund höherer Komplexität und Dynamik im Umsystem nicht zwangsläufig auch die Turbulenz in einem System steigen muß. Zwar hat sich die Turbulenzneigung erhöht, doch ob tatsächlich Turbulenz entsteht, hängt nun vom Niveau der systemspezifischen Fähigkeiten ab.

In ähnlicher Weise muß auch VOLBERDAS Definition des Begriffs der „*Turbulenz*" hinterfragt werden.[220] Er führt neben den Variablen „*Dynamik*" und „*Komplexität*" die „*Unvorhersehbarkeit*" als wesentliche Größe an. Hier liegt jedoch die Vermutung nahe, daß die von ihm verwendete dritte Variable (Unvorhersehbarkeit) nicht unabhängig von den beiden anderen Variablen ist, d.h. daß mit steigender Dynamik und Komplexität auch die Unvorhersehbarkeit von Veränderungsprozessen steigt.

---

[218] vgl. Chakravarthy (1997), S. 69

[219] vgl. hierzu auch Ausführungen sowie die graphische Darstellung des beschriebenen Zusammenhangs von Tilebein, Schindera, Schwarz (1998), S. 219; Buchner, Krause, Weigand (1998), S. 453 und Buchner (1998), S. 22

[220] vgl. Volberda (1998), S. 191

Entsprechend kann die Definition wieder auf die beiden – bereits von CHAKRAVARTHY genannten – Variablen Dynamik und Komplexität reduziert werden.

Bei einer weiteren Analyse des in der Literatur verwendeten Begriffs der Turbulenz wird zudem erkennbar, daß CHAKRAVARTHYS und VOLBERDAS Definitionen von Turbulenz große Parallelen zu der von REIß formulierten Definition von Wandel aufweisen: Sie alle beziehen den Faktor „Zeit" als wesentliche Variable mit ein. Während CHAKRAVARTHY und VOLBERDA die Zeit über die „Dynamik" berücksichtigen, fließt sie bei REIß in Form von „Geschwindigkeit" mit ein.[221] Ähnlich verhält es sich bei den Variablen „Komplexität" (CHAKRAVARTHY und VOLBERDA) bzw. „Breite" und „Tiefe" (REIß) des Wandels. Je „breiter" und „tiefer" eine Veränderung ist, d.h. je mehr Elemente und Beziehungen sie umfaßt, desto „komplexer" wird sie letztlich auch. Somit beschreiben die drei Autoren vergleichbare Sachverhalte; Unterschiede sind hauptsächlich in den verwendeten Begrifflichkeiten zu finden. Inhaltlich besteht aber Einigkeit darin, daß mit steigender Komplexität / Breite und Tiefe sowie mit steigender Dynamik / Geschwindigkeit von Veränderungen die Radikalität des Wandels steigt.[222] Dies führt – wie oben beschrieben – nicht notwendigerweise zu steigender Turbulenz, sondern zunächst zu höherer Turbulenzneigung. Trifft radikaler Wandel auf ein System mit außergewöhnlichen Fähigkeiten im Umgang mit Wandel, also auf ein sehr wandlungsfähiges System, werden mithin keine nennenswerten Turbulenzen auftreten.

Abgrenzung der Phänomene Turbulenz und Wandel

Nach der zu Beginn dieses Kapitels formulierten Definition sowie der Darstellung der begrifflichen Unschärfen zwischen Turbulenz und Wandel in der Literatur, stellt sich nun die Frage nach der inhaltlichen Abgrenzung der beiden Phänomene. Da das Phänomen des Wandels in den vorangegangenen Kapiteln bereits ausführlich erörtert wurde, steht im Mittelpunkt des Interesses im folgenden das dieser Arbeit zugrundeliegende Verständnis von Turbulenz.

---

[221] vgl. Reiß (1997d), S. 19

[222] Vgl. hierzu auch Hillig (1997), S. 37, der Komplexität und Dynamik als Dimensionen von Wandel versteht und nicht wie Chakravarthy als Dimensionen von Turbulenz. Auch hier wird deutlich, daß prinzipiell der gleiche Sachverhalt mit den beiden Dimensionen beschrieben wird.

In untenstehender Abbildung sind Wandlungsprozesse in einem System und seinem Umsystem mit Hilfe einer stark vereinfachten Darstellung veranschaulicht. Beide Systeme (System und Umsystem) weisen gelegentliche Berührungspunkte auf, die durch ein Aufeinandertreffen der Anforderungen des Umsystems und der Fähigkeiten des Systems entstehen. Solch ein Berührungspunkt kann beispielsweise dann entstehen, wenn ein Unternehmen mit einem neuen Konkurrenzprodukt konfrontiert wird oder Kunden neue Anforderungen an ein Unternehmen definieren. Ob und in welchem der Systeme Turbulenz entsteht, hängt von der Breite, der Tiefe und der Geschwindigkeit des Wandels in den beiden Systemen ab, die sich unter Umständen signifikant voneinander unterscheiden können. Entsprechend sind drei grundsätzlich verschiedene Situationen zu unterscheiden (vgl. Abbildung 3-9).

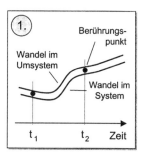 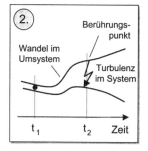 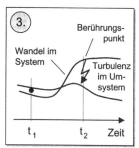

Abbildung 3-9: Entstehung von Turbulenz im System oder im Umsystem

1. Findet der Wandel von System und Umsystem gewissermaßen „im Gleichschritt" statt (*Konvergenz*), d.h. sowohl die Geschwindigkeit, als auch das Niveau des Wandels stimmen größtenteils überein, so wird es an einem eventuell auftretenden Berührungspunkt beider Systeme zu keiner Turbulenz kommen – die Anforderungen und Fähigkeiten entsprechen einander. Voraussetzung hierfür ist eine ständige gegenseitige Beobachtung von System und Umsystem, wobei der Fokus auf der Wahrnehmung von Veränderungen liegt. Ziel ist es, durch die laufende Anpassung des Systems unmittelbar auf neue Anforderungen zu reagieren.[223]

2. Wandeln sich System und Umsystem jedoch nicht in gleicher Weise (*Divergenz*), d.h. die Wandlungsprozesse unterscheiden sich hinsichtlich ihrer Breite, Tiefe oder Geschwindigkeit, wird bei einem Kontakt beider Systeme Turbulenz entste-

---

[223] vgl. Reinhart u.a. (1999b), S. 23

hen, da das zurückgebliebene System die „Lücke" zum anderen System möglichst schnell zu schließen versucht. Wandelt sich das Umsystem schneller, d.h. bleibt das System in seiner Entwicklung zurück, hängt es vom Ausmaß des Zurückbleibens ab, ob das System noch in der Lage ist, die entstandene Lücke zu schließen und die damit einher gehende Turbulenz zu bewältigen oder nicht. Ursachen für ein solches Zurückbleiben können mangelnde Aktivitäten, Fehleinschätzungen von Entwicklungen oder andere interne Störungen sein. Je größer solch eine Störung und damit die entstandene Lücke zwischen den Entwicklungen beider Systeme ist, d.h. je weiter das System gegenüber der Entwicklung seines Umsystems zurückgeblieben ist, desto stärkere Turbulenzen treten beim Versuch des „Aufholen" der versäumten Entwicklung auf. Als Beispiel können hier unerwartet auftretende Anforderungen in Form von Veränderungen in den Kundenaufträgen (etwa hinsichtlich Art oder Terminierung) genannt werden, die im Unternehmen – als „zurückgebliebenem System" – zu Turbulenzen führen.[224] Die verschieden starken Turbulenzen lassen sich in Form mehrerer „Turbulenzgrade"[225] unterscheiden.

3. Als dritte mögliche Konstellation ist ein proaktives, richtungsweisendes Verhalten des Systems anzunehmen.[226] Dabei übernimmt das System eine Führungsrolle und profitiert von seinen herausragenden Fähigkeiten. Unter diesen Umständen können im zurückgebliebenen Umsystem Turbulenzen entstehen, da es seinerseits versucht, die entstandene Lücke wieder zu schließen.[227]

---

[224] vgl. Westkämper (1996), S. 5 und Westkämper (1999), S. 131

[225] Einige Autoren haben den Versuch unternommen, auftretende Turbulenzen nach verschiedenen Turbulenzgraden einzustufen. Die Klassifizierungen reichen von „stable, dispersed – stable, concentrated – unstable, concentrated – unstable, concentrated, and turbulent" (vgl. Aldrich (1979), S. 73) über „niedrig – mittel – hoch" (vgl. Tilebein, Schindera, Schwarz (1998), S. 219) und „stabil – expandierend – wechselnd – diskontinuierlich – chaotisch" (vgl. Buchner, Krause, Weigand (1998), S. 451) bis hin zu numerischen Einteilungen (vgl. Perich (1992), S. 75 oder Ansoff, Sullivan (1993), S. 13). Sehr anschauliche Differenzierungen stammen von D´Aveni, der Turbulenz in vier Typen untergliedert: „stable and low", „fluidly changing", „occasional upheaval" und „chaotic" (vgl. D´Aveni (1999), S. 131) sowie von Floyd und Lane, die „stable competition", "emergent competition", "mature competition" und "hypercompetition" unterscheiden (vgl. Floyd, Lane (2000), S. 168ff.).

[226] Der beschriebene Sachverhalt geht von der Annahme aus, daß das Unternehmen versucht, seine überlegenen Fähigkeiten im Sinne eines Innovationsmanagements zu nutzen und daraus Vorteile zu ziehen (vgl. hierzu auch die Ausführungen in Kapitel 4.3.1).

[227] Reinhart, Dürrschmidt, Hirschberg und Selke (1999a), S. 24 sind dabei der Auffassung, daß ein System, welches den Umgang mit der Turbulenz beherrscht, als Sonderform Turbulenzen im Umsystem gezielt induzieren kann. Dieser Weg verfolgt als eigentliches Ziel die Erhöhung der Turbulenz für die Konkurrenz, führt letztlich aber auch zu einem Anstieg der Turbulenz im eigenen Umfeld. Somit kann dieser Weg nur gewählt werden, wenn das System selbst die erhöhte Turbulenz bewältigen kann. Die eigenen Fähigkeiten zum Wandel werden somit zur „Waffe".

Turbulenz kann somit grundsätzlich als „Schnittstellenphänomen" zwischen zwei unterschiedlich entwickelten Systemen verstanden werden. Sie tritt immer dann auf, wenn in einem System neue Entwicklungen entstehen, die Auswirkungen auf ein anderes System haben, aufgrund unvollständiger Information aber von diesem nicht oder erst erheblich verzögert wahrgenommen werden. Insofern erscheint Turbulenz aus Sicht eines Systems grundsätzlich als ein von außen induziertes Phänomen. Die Frage, ob es nicht auch intern induzierte Turbulenz geben kann,[228] hängt wiederum von der Wahl der Systemgrenze ab. Bei genauerer Betrachtung wird jede innerhalb eines Systems identifizierte Turbulenz ihren Ursprung an der Schnittstelle zweier unterschiedlich entwickelter Subsysteme haben.

Die Wahrscheinlichkeit bzw. die Gefahr, daß es durch den Kontakt zweier Systeme zu Turbulenz kommt, wird nun um so größer, je radikaler sich die Systeme wandeln. Bei radikalem Wandel reichen bereits kürzere Phasen der „Abkopplung" beider Systeme voneinander aus, um größere Turbulenzen auszulösen. Die Erklärung liegt in der hohen Geschwindigkeit der Wandlungsprozesse, die dazu führt, daß in einem System größere Veränderungen in verhältnismäßig kurzer Zeit vollzogen werden können, ohne vom anderen System wahrgenommen zu werden. Erst beim erneuten Ankoppeln treten die unterschiedlichen Entwicklungsstadien in Erscheinung und lösen Turbulenzen aus. Insofern bestätigt sich die These, daß radikaler Wandel die Turbulenzneigung erhöht. Ob und wie starke Turbulenzen sich aus dem Wandel tatsächlich ergeben, hängt von der Wandlungsfähigkeit des zurückgebliebenen Systems ab.

Fest steht indes, daß es ohne Wandel der Systeme keine Turbulenz geben kann, da sich die Systeme nicht getrennt voneinander in unterschiedliche Richtungen entwickeln können. Somit kann Wandel als notwendige, nicht jedoch als hinreichende Bedingung für Turbulenz verstanden werden.

---

[228] Vgl. hierzu auch die Ausführungen in Kapitel 4.2.1. Dort wird in einem Portfolio zur Positionierung von Unternehmen von „intern induzierter Turbulenz" gesprochen. Der Fokus liegt an dieser Stelle aber auf den Prozessen auf der Ebene des Gesamtunternehmens. Die dort unterstellten Turbulenzen entstehen also durch unterschiedliche Entwicklungen verschiedener Unternehmensbereiche, die aber alle innerhalb der Unternehmensgrenzen stattfinden.

3.2 Wandel in Unternehmen

Ein besonderes Leistungsmerkmal der Systemtheorie ist, daß sie prinzipiell für alle Systeme Gültigkeit besitzt. Unabhängig von den konkreten Rahmenbedingungen eines Systems, seinen Aufgaben, seiner Struktur, seinem Verhalten oder den betrachteten Ebenen eines Systems gelten dieselben systemtheoretischen Grundsätze und Regeln.

Der Fokus der Überlegungen lag im letzten Kapitel auf dynamischen, soziotechnischen Systemen. Ihnen ist gemein, daß sie sich im Zeitverlauf verändern und Wandlungsprozesse durchlaufen. Um diese abstrakte Sichtweise zu konkretisieren, wird der Schwerpunkt in diesem Kapitel auf die Betrachtung der Wandlungsprozesse in Unternehmen gelegt. Dabei sind bei vertikaler Betrachtungsweise eines Unternehmens verschiedene Ebenen (Kapitel 3.2.1), aus horizontaler Sicht mehrere Felder (Kapitel 3.2.2) zu unterscheiden, auf denen bzw. innerhalb derer Wandel stattfinden kann. An die Beschreibung beider Betrachtungsweisen schließt sich in Kapitel 3.2.3 eine Darstellung von unternehmensintern auftretenden Kräften an, die Wandel vorantreiben oder hemmen können.

3.2.1 Ebenen des Wandels in Unternehmen

Das System „Unternehmen" ist mehrstufig aufgebaut. Damit ist in diesem Zusammenhang gemeint, daß es sich in vertikaler Hinsicht aus mehreren Ebenen zusammensetzt, die jeweils aus verschiedenen Elementen bestehen. Diese „Zergliederung" läßt sich bis zum einzelnen Mitarbeiter fortsetzen. Jede der so entstehenden Ebenen weist spezifische Eigenschaften auf.[229] Eigenschaften auf höheren Ebenen entstehen dabei erst durch die Integration der Eigenschaften auf den darunterliegenden Ebenen.[230]

Legt man dieses Verständnis zugrunde, sind mindestens vier Ebenen in aufsteigender Folge zu unterscheiden, die bei der Auseinandersetzung mit Wandlungsprozessen eine differenzierte Betrachtung erfordern: Wandel des Einzelnen, einer Gruppe,

---

[229] vgl. Klimecki, Probst, Gmür (1993), S. 36 und Ulrich, Probst (1995), S. 28

[230] vgl. Krüger (2000b), S. 21

eines Unternehmensbereiches und schließlich Wandel der Gesamtunternehmung (vgl. Abbildung 3-10).[231]

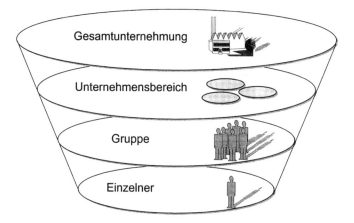

Abbildung 3-10: Ebenen des Wandels in Unternehmen

Ebene des Einzelnen

Auf der Ebene des Einzelnen rücken einerseits verhaltenswissenschaftlich geprägte Aspekte von Individuen ins Zentrum der Betrachtung. Dazu zählen insbesondere die persönliche Eigenschaften, Fähigkeiten, Verhaltensweisen, Perzeptionen sowie die Motivation, das Wissen und die individuellen Präferenzen der einzelnen Mitarbeiter im Unternehmen.[232] Andererseits werden funktionale Aspekte der Arbeits- und Führungsorganisation wie Arbeitsinhalte oder Kompetenzen beleuchtet.[233] Wandel auf dieser Ebene äußert sich beispielsweise in Modifikationen von individuellen Verhaltensweisen oder Einstellungen, in Veränderungen des persönlichen Wertesystems oder in Weiterentwicklungen den eigenen Fähigkeiten und Fertigkeiten. Zudem können sich Veränderungen hinsichtlich der Arbeitsweise, der Kompetenzen und der Verantwortlichkeiten infolge der Bearbeitung neuer Aufgaben ergeben.[234] Wandel auf der Ebene des Einzelnen kann allerdings auch außerhalb der

---

[231] vgl. Bleicher (1991), S. 37 und Berktold (1999), S. 39

[232] vgl. Veil (1999), S. 55

[233] vgl. Bleicher (1991), S. 37 und Berktold (1999), S. 39

[234] vgl. Perich (1992), S. 125

Unternehmensgrenzen stattfinden. Er vollzieht sich möglicherweise in Form von Veränderungen des Familienstandes, Übergängen zwischen Lebensabschnitten (Ausbildung, Arbeit oder Ruhestand), Änderung von tief verwurzelten Gewohnheiten oder persönlichen Krisen.[235] Solche individuellen Wandlungsprozesse prägen zweifellos die Menschen unabhängig von ihrer jeweilig zu erfüllenden Rolle und werden dementsprechend von den Mitarbeitern in das Unternehmen, in dem sie arbeiten, hineingetragen. Besonders bemerkenswert ist, daß jeder Wandel auf den vier genannten Ebenen des Unternehmens letztlich in diesem individuellen Wandel eines Einzelnen wurzelt.[236] Der Wandel im Denken und Handeln des Einzelnen bestimmt die Wandlungsprozesse auf sämtlichen darüber liegenden Ebenen.

Ebene der Gruppe

Eine Gruppe setzt sich aus mehreren Mitarbeitern zusammen. Im Mittelpunkt des Interesses stehen auf dieser Ebene intersubjektive Beziehungsstrukturen und Verhaltensweisen.[237] Betrachtet werden dabei aus einer psychologisch-verhaltensorientierten Perspektive z.B. mikropolitische Prozesse innerhalb einer einzelnen Gruppe.[238]

Dementsprechend bezieht sich der Gegenstandsbereich von Wandel auf dieser Ebene vor allem auf die Veränderungen der Interessen und Ziele, der Zusammensetzung, der Beziehungsmuster sowie der Funktionsweise (z.B. des Entscheidungsverhaltens) einzelner Gruppen innerhalb des Unternehmens.[239]

Ebene des Unternehmensbereiches

Ein Unternehmensbereich setzt sich in der Regel wiederum aus einzelnen Mitarbeitern und verschiedenen Gruppen zusammen, die auf direkte oder indirekte Weise aneinander gekoppelt sind und untereinander kooperative oder kompetitive Beziehungen unterhalten. Ähnlich wie bei den Gruppen stehen hier Beziehungsparameter und Verhaltensweisen der einzelnen Elemente des Unternehmensbereiches im Mittelpunkt. Der Analysefokus liegt dabei auf den Strukturen und Prozessen inner-

---

[235] vgl. Reiß (1997d), S. 7

[236] vgl. Kobi (1996), S. 39

[237] vgl. Veil (1999), S. 55

[238] vgl. Berktold (1999), S. 39

[239] vgl. Perich (1992), S. 125

halb einzelner Funktionsbereiche, Abteilungen, strategischer Geschäftseinheiten oder auf nach anderen Kriterien abgrenzbaren funktionalen Komponenten eines Unternehmens.[240]

Hinsichtlich des Wandels stehen hier Verschiebungen und Neugestaltung von Austauschbeziehungen zwischen den verschiedenen Unternehmensbereichen sowie das Entstehen oder Vergehen einzelner Elemente innerhalb eines Unternehmensbereiches im Vordergrund. Wandel kann sich dabei in zeitlicher, räumlicher, quantitativer oder qualitativer Veränderung der Elemente oder ihrer Beziehungen vollziehen.[241]

Ebene des Gesamtunternehmens

Auf dieser Ebene wird ein Unternehmen in seiner Gesamtheit und als Einheit betrachtet und tritt als mehr oder weniger homogener Handlungsträger auf.[242] Insbesondere die Wesensmerkmale und Verhaltensweisen des Gesamtunternehmens stehen im Zentrum der Interesses. Untersucht werden vor allem die strukturelle Konfiguration, das strategische Verhalten in seiner Umwelt, kulturell geprägte Eigenarten und kollektive Denkweisen des Unternehmens.

Der Gegenstandsbereich von Wandel auf dieser Ebene umfaßt somit formale Regelungen, Verhaltensweisen und im Unternehmen verankerte Bewußtseinsstrukturen.[243]

Die Unterscheidung verschiedener Ebenen beinhaltet eine gedankliche Aufgliederung des Unternehmens. Der gedankliche Wechsel auf eine tieferliegende Ebene bedeutet die Analyse der aktuell betrachteten Ebene, die Wahl höherer Ebenen stellt die Integration in ein umfassenderes Gefüge dar.[244]

Die Wahl der Betrachtungsebene in Unternehmen hat grundlegende Auswirkungen auf die Untersuchung von Wandlungsprozessen. Zwar weisen die Prozesse des Wandels elementare Gemeinsamkeiten auf, doch kann nicht davon ausgegangen werden, daß auf jeder Ebene dieselben Wandelinhalte anzutreffen sind, unabhängig

---

[240] vgl. Perich (1992), S. 125

[241] vgl. Klimecki, Probst, Gmür (1993), S. 26

[242] vgl. Berktold (1999), S. 39

[243] vgl. Perich (1992), S. 125

[244] vgl. Ulrich, Probst (1995), S. 33

davon, ob es sich um den Wandel eines Einzelnen oder den des Gesamtunterneh-mens handelt.[245]

Für eine nähere Untersuchung von Wandlungsprozessen in Unternehmen greift daher eine Einebenenanalyse zu kurz. Mit ihr gelingt es nicht, der Vielschichtigkeit der ablaufenden Veränderungsprozesse gerecht zu werden und ebenenübergreifen-de Kausalzusammenhänge angemessen zu erfassen und darzustellen. Die Ebenen sind miteinander verkoppelt, d.h. Wandlungsprozesse, die auf einer Ebene entste-hen, haben oft direkte oder indirekte Auswirkungen auf darüber- oder darunterlie-gende Ebenen.[246]

Unabhängig von der beschriebenen Möglichkeit der vertikalen Strukturierung eines Unternehmens läßt es sich auch horizontal – also gewissermaßen über alle Ebenen hinweg – in mehrere Felder untergliedern. Das nachstehende Kapitel gibt einen Überblick über die einzelnen Felder, innerhalb derer sich Wandel in Unternehmen vollziehen kann.

3.2.2 Felder des Wandels in Unternehmen

In der Literatur bestehen zahllose unterschiedliche Ansätze zur Gliederung eines Unternehmens in einzelne Subsysteme oder Felder.[247] Trotz der Vielzahl der Sche-mata decken diese sich jedoch in weiten Bereichen. So finden sich in nahezu allen Einteilungen Begriffe wie „Struktur" oder „Strategie" wieder. Ferner befassen sich die Ansätze in der Regel mit den Themenfeldern „Ressourcen", „Aufgaben" und „Tech-nologien" des Unternehmens sowie dem „Verhalten" oder der „Kultur" seiner Mitar-beiter. Im weitesten Sinne der Begriffe lassen sich somit aus der Fülle der in der Literatur dargestellten Einteilungen vier interdependente Felder herausarbeiten, mit

---

[245] vgl. Perich (1992), S. 128

[246] vgl. Perich (1992), S. 129

[247] Je nach Zweck und Schwerpunkt der Untergliederung werden von den Autoren andere Felder unterschieden. Einige der bekanntesten Einteilungen stammen von Leavitt (1964); Tichy (1983); French, Bell jr. (1990); Peters, Waterman (1990); Bleicher (1992b); Connor, Lake (1994); Jacobi (1996) und Hahn (1999).
Während Themen wie „Strukturen", „Strategien", „Aufgaben", „Technologien" oder „Ressourcen" zum techno-strukturellen Ansatz („Technical-Structural Approach") zusammengefaßt werden, bilden die „Menschen" oder „Mitarbeiter" den zentralen Ausgangspunkt beim human-prozessualen Ansatz („People's Approach"). Die in der Literatur intensiv geführte Diskussion bezieht sich daher insbesondere auf die Frage, ob zur nachhaltigen Veränderung eines Unternehmens das Verhalten der Mitarbeiter oder die Unternehmensstruktur und -strategie verändert werden muß.

Hilfe derer sich ein Unternehmen im wesentlichen beschreiben läßt: *Struktur,*
Strategie, Ressourcen und *Mitarbeiter.* Da die Mitarbeiter des soziotechnischen
Systems „Unternehmen" als soziales System zweifellos eine Sonderrolle einnehmen,
stehen sie in nachfolgender Abbildung im Mittelpunkt (vgl. Abbildung 3-11).

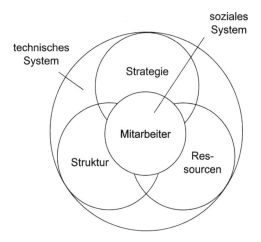

Abbildung 3-11: Felder des Wandels in Unternehmen

Diese vier Felder stellen somit mögliche Quellen für Wandel im Unternehmen dar.
Aufgrund der hohen Interdependenz der Felder führt Wandel in einem Feld gewöhnlich zu gegenläufigen oder sich verstärkenden Wandlungsprozessen in den anderen.[248]

- *Strukturwandel* umfaßt tiefgreifende Veränderungen in der Aufbau- und Ablaufstruktur eines Unternehmens. Das Spektrum reicht dabei von Hierarchieabfla-
chungen, Organisationsverschlankungen, Downsizing und Outsourcing über Ge-
schäftsprozeßumstrukturierungen bis zur Einführung unterschiedlich ausgepräg-
ter Formen der Selbstorganisation.[249] REIß nennt als Beispiele für Strukturwandel
die Einführung einer Prozeßorganisation, die Durchführung von Akquisitionsvor-

---

[248] vgl. Staehle (1999), S. 900ff.

[249] vgl. Zahn (1997), S. 6
Systemtheoretisch wird von Selbstorganisation gesprochen, wenn alle Prozesse, die ein System
erhalten, ordnen oder verbessern, aus dem System selbst heraus entstehen (vgl. Probst (1992b),
Sp. 2255).

haben oder die Etablierung struktureller Vernetzungen über strategische Allianzen. Auch die klassische Divisionalisierung bisher funktional gegliederter Unternehmen oder die Segmentierung bzw. Modularisierung von Unternehmen können als Auslöser von Wandel auftreten.[250]

- Demgegenüber bezeichnet *Strategiewandel* Veränderungen in der strategischen Ausrichtung eines Unternehmens.

    „Strategic change refers to nonroutine ... change which alters the overall orientation and/or components of the organization."[251]

    Beispiele für derartigen Strategiewandel sind die Aufgabe alter und Entwicklung neuer Geschäftsfelder, das Eingehen strategischer Partnerschaften, die Erneuerung des Produktionsprogramms oder die Entwicklung neuer Wettbewerbsvorteile.[252] Ferner sind zu solchen Veränderungen in der strategischen Ausrichtung etwa Strategien der Internationalisierung, der verstärkten Kundenorientierung oder der Konzentration auf das Kerngeschäft zu zählen.[253] Durch bestimmte Mechanismen und Beziehungen zu anderen Feldern schlagen sich Veränderungen der Strategie unter anderem auch auf die Struktur des Unternehmens nieder oder umgekehrt.[254]

- Da im vorliegenden Schema die Humanressourcen unter dem Begriff der Mitarbeiter subsumiert werden, bilden den Ausgangspunkt beim *Ressourcenwandel* ausschließlich Veränderungen der technischen und ökologischen Ressourcen.

---

[250] vgl. Reiß (1997d), S. 8

[251] Tichy (1983), S. 17

[252] vgl. Krüger (1994), S. 210

[253] vgl. Reiß (1997d), S. 7

[254] Auf den Zusammenhang zwischen Strategie- und Strukturwandel hat bereits Chandler (1962) in einer viel beachteten Arbeit hingewiesen. Aufgrund von Fallstudien bei vier ausgewählten amerikanischen Großunternehmen (Du Pont de Nemours, General Motors, Standard Oil Company of New Jersey, Sears Roebuck & Cie.) versuchte er den Beweis zu erbringen, daß die Strategie eines Unternehmens die Struktur bestimmt, mit der dieses Unternehmen arbeitet. Entsprechend bekannt wurde auch sein Postulat: „Structure follows Strategy". Eine andere Sichtweise unterstellte später eine ebenso einseitige Abhängigkeit der Strategie von der gewählten Struktur: „Strategy follows Structure" (vgl. u.a. Bower (1970)). Bei Gabele (1978) stand schließlich nicht mehr das Abhängigkeitsverhältnis von Struktur und Strategie im Mittelpunkt des Interesses. Entscheidend für den Erfolg eines Unternehmens war seiner Meinung nach das Zueinanderpassen (der „Fit") von Strategie und Struktur.
Die heute in der Literatur am weitesten verbreitete Ansicht ist die der Dualität von Strategie und Struktur: Auf der einen Seite rekurrieren Strategieveränderungen immer auf bestehenden Strukturen und reproduzieren diese bzw. führen zu deren Modifikation. Strukturen sind auf der anderen Seite aber immer auch das Produkt von Strategien (vgl. Zahn (1997)).
Umfassende Ausführungen zu dieser Thematik finden sich auch in Schewe (1999), S. 63ff.

Heute steht der technologieinduzierte Wandel im Zeichen der Informations- und Kommunikationstechnologien. Dank der informationstechnischen Vernetzung können sich Unternehmen zunehmend von physischen Restriktionen der Zeit und des Raums befreien.[255] Veränderungen der ökologischen Ressourcen ziehen gewöhnlich andere Umgangsformen mit den natürlichen Ressourcen nach sich. Die sich dabei ergebenden Auswirkungen bleiben indes nicht auf dieses Feld beschränkt. Auch Ressourcenwandel diffundiert in aller Regel in andere Felder des Unternehmens, etwa wenn die ökologische Orientierung als strategischer Wettbewerbsvorteil genutzt wird.[256]

- Eine Sonderrolle als der eigentliche „Kern des Wandels" nehmen die Menschen innerhalb des Unternehmens – die Mitarbeiter – ein. Entsprechend überlagern sie als zentrales soziales Subsystem auch die drei beschriebenen Felder in Abbildung 3-11. Veränderungen des Denkens und Handelns der Mitarbeiter prägen letztlich alle anderen Felder des Unternehmens. Umstrukturierungen oder Strategieänderungen sind stets zugleich Veränderungen des Erlebens und Verhaltens von Menschen.[257] *Mitarbeiterwandel* umfaßt somit Veränderungen im Denken, Wahrnehmen und Erleben im Sinne von veränderten Wertvorstellungen und Normen. Gleichsam ist darunter als Folge dieses Bewußtseinswandels ein Wandel ihres Verhaltens und Handelns durch neu entstandenes Wissen sowie Veränderungen ihrer Fertigkeiten und Fähigkeiten einzuordnen.

Folgt man diesem Verständnis, sind letztlich sämtliche Wandelprozesse Ergebnisse von veränderten Denkweisen, oder, wie ULRICH es formuliert, der geistige Wandel in den Köpfen der Menschen determiniert den materiellen Wandel in den Unternehmen und ihrer Umwelt.[258] Diese Verknüpfung von geistigem mit materiellem Wandel führt dazu, daß Wandel nur dann von allen Mitarbeitern im Unternehmen akzeptiert und getragen wird, wenn die Prozesse des geistigen Wandels zeitlich vor oder zumindest parallel zu denen des materiellen Wandels verlaufen (vgl. Abbildung 3-12).[259]

---

[255] vgl. Reiß (1997d), S. 8

[256] vgl. Reiß (1997d), S. 8

[257] vgl. von Rosenstiel (1997), S. 192

[258] vgl. Ulrich (1994), S. 15

[259] vgl. Vahs (1997), S. 23

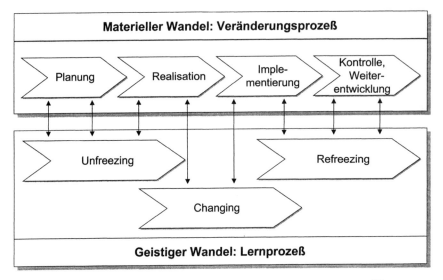

Abbildung 3-12: Verknüpfung von geistigem und materiellem Wandel[260]

Da eine Übereinstimmung der Denkweisen aller Mitarbeiter sowie die Gleichzeitigkeit individueller geistiger Veränderungsprozesse – also ein „Simultaneous Reframing"[261] – nur in Ausnahmefällen angenommen werden kann, stehen sich im Unternehmen gewöhnlich Mitarbeiter mit unterschiedlichen Ansichten und Einstellungen gegenüber. Hierin liegt der Grund für das Entstehen von gegensätzlichen Kräften in Unternehmen, die je nach Stärke und Richtung weiteren geistigen und letztlich auch materiellen Wandel auslösen können.

3.2.3 Kräfte des Wandels in Unternehmen

Bereits in Kapitel 3.1.3 wurde betont, daß Wandel durch das Zusammenspiel gegensätzlicher Kräfte zustande kommt. Die drei dort vorgestellten Erklärungsansätze der Entwicklung, der Selektion und der Adaption berücksichtigen systemexterne und systeminterne Kräfte in unterschiedlichem Ausmaß. Im folgenden Kapitel liegt

---

[260] In Anlehnung an Vahs (1997), S. 23 und Beriger, Wyssen (1998), S. 46

[261] Zum Begriff des „Reframing" vgl. auch Gouillart, Kelly (1995), S. 42

der Fokus auf den Kräften, die innerhalb eines Unternehmens Wandel determinieren und auf die die Unternehmensführung somit gegebenenfalls einwirken kann.[262]

Unternehmensinterne Kräfte können einerseits den Wandel in und von Unternehmen vorantreiben („*Driving Forces*"), andererseits aber diesen Wandel auch behindern („*Restraining Forces*").[263] Sind die Restraining Forces im Übergewicht, so ist der Widerstand gegenüber Wandlungsprozessen zu stark – notwendige Veränderungen des Unternehmens bleiben aus oder erfolgen zu spät. Überwiegen dagegen die Driving Forces und führen zu einem permanenten Prozeß des Wandels, so kommt das Unternehmen nicht zur Ruhe – innere Unsicherheit verhindert die notwendige Systemstabilität.[264]

Jedes Unternehmen, das dauerhaft überleben will, muß daher für einen kontextorientierten Ausgleich zwischen solchen Kräften sorgen. Der Ausgleich ist dabei nicht in der Weise zu verstehen, daß das Kräftepaar zu jeder Zeit im Gleichgewicht ist. Vielmehr muß ein sinnvoller und angemessener Wechsel zwischen Phasen der Veränderung und denen der Bewahrung gefunden werden. Vollziehen sich in einem Unternehmen zu einem bestimmten Zeitpunkt Wandlungsprozesse, ist dies ein Hinweis darauf, daß in den betroffenen Bereichen die Driving Forces überwiegen und somit ein Ungleichgewichtsverhältnis der Kräfte vorliegt. Der Wandlungsprozeß wird dort so lange andauern, bis die Restraining Forces und die Driving Forces ein Gleichgewicht gefunden haben. Da es sich bei beiden Kräften um dynamische und sich im Zeitverlauf ändernde Größen handelt, sind die Gleichgewichtsphasen in der Regel nur von kurzer Dauer. Je länger jedoch eine Gleichgewichtsphase besteht, desto stärker werden die Restraining Forces und desto mühsamer und aufwendiger wird es, Veränderungsprozesse anzustoßen – es entstehen „Verkrustungen".[265] Um solchen Verkrustungen vorzubeugen und gezielt auf die sie verhindernden Kräfte

---

[262] vgl. hierzu u.a. Krüger (2000a), S. 59

[263] vgl. Connor, Lake (1994), S. 103 und Perich (1994), S. 34

[264] vgl. Staehle (1999), S. 591

[265] Die meisten Autoren sind sich über die Schwierigkeit einig, die bei Veränderungen in Unternehmen entstehen, wenn sich bereits „Defensive Routines" gebildet haben, die es höchst unwahrscheinlich erscheinen lassen, daß Mitarbeiter, Gruppen oder Unternehmensbereiche ihre Routinen oder auch Fehler entdecken. Dies folgt daraus, daß (auch potentielle) Veränderungen Verunsicherungen mit sich bringen und deshalb bestehende Strukturen begünstigen (vgl. Probst (1994), S. 308). Krüger (1994), S. 362 führt weiter dazu aus, daß Werte und Überzeugungen, die den Charakter von Glaubenssätzen angenommen haben (Belief Systems), das tägliche Verhalten in allen seinen Verästelungen prägen, unterstützt durch Mythen, Legenden und vielfältige Symbole".

68

einwirken zu können, ist es gleichwohl notwendig, die Ursachen der Kräfte zu kennen. Im folgenden werden mögliche Gründe für das Entstehen von Restraining und von Driving Forces beleuchtet:

Die *Restraining Forces* führen dazu, daß jede bedeutenden Verschiebung des Status Quo verhindert oder zumindest verlangsamt wird. Für die Entstehung der Kräfte können drei verschiedene Ursachenkomplexe identifiziert werden (vgl. Abbildung 3-13):[266]

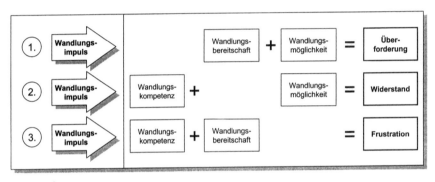

Abbildung 3-13: Mögliche Gründe für die Entstehung von Restraining Forces

- Erforderlicher und allgemein akzeptierter Wandel kommt aufgrund mangelnder Fähigkeiten und Fertigkeiten bei den Akteuren nicht zustande,[267] d.h. es bestehen *Defizite hinsichtlich der Wandlungskompetenz.*

- Aus verschiedenen Gründen sind einige Akteure nicht gewillt, den von anderen angestrebten Wandel mitzutragen.[268] *Mangelnde Wandlungsbereitschaft* bildet den Ausgangspunkt für die behindernden Kräfte.

- Die Struktur, die Strategie oder die Ressourcen des Unternehmens geben Rahmenbedingungen vor, die mit dem angestrebten Wandel unvereinbar sind.[269]

---

[266] Vgl. hierzu auch das sogenannte „Veränderungsdreieck" von Beriger und Wyssen (1998), S. 48, das zwischen „Können", „Wollen" und „Dürfen" unterscheidet.

[267] vgl. Reiß (1997d), S. 17; Rohe (1998), S. 17 und Krüger (2000a), S. 89

[268] vgl. Kobi (1996), S. 34 und Rohe (1998), S. 17

[269] Beispiele für wandelbehindernde Rahmenbedingungen sieht Krüger (1994), S. 361f. in defensiven Strategien im Sinne schwacher Innovationsorientierung und eher reaktivem Verhalten („Follower"). Sie werden seiner Ansicht immer dann zum Problem, wenn die Wandlungsbedarfe darüber hinausgehen. Ferner sieht er in Zeiten tiefgreifenden Wandels Gefahren durch träge Strukturen. Sie

Unzureichende Wandlungsmöglichkeiten verhindern in diesem Sinne den Wandel.

1. *Defizite hinsichtlich der Wandlungskompetenz* können sich auf unterschiedliche Weise äußern. Fehlendes Wissen oder unzureichende Fertigkeiten und Fähigkeiten führen bei den Betroffenen gemeinhin zu einem Gefühl der *Überforderung*. Die Folge sind häufig Unsicherheit und Angst vor notwendigem Wandel.[270] Tatsächlich behindernde Defizite bestehen dabei häufig weniger hinsichtlich plötzlich erforderlicher Fach- und Methodenkompetenz, da spezifische Kompetenzen von Mitarbeitern in der Regel vor und während umfassender Veränderungsprozesse zielgerichtet gestärkt werden können. Wesentlich problematischer ist es, bestimmte Fähigkeiten, wie die zum vernetzten und zukunftsoffenen Denken, zu entwickeln.[271] Sind diese Fähigkeiten nicht in ausreichendem Maße vorhanden, erkennen die Betroffenen die Ziele, Hintergründe und Motive von umfassenden und langfristigen Veränderungsvorhaben nicht, und es besteht die Gefahr, daß sie ihre Unterstützung verweigern.

2. Selbstverständlich sind die genannten Kompetenzen und Fähigkeiten der Mitarbeiter wesentliche Voraussetzung für erfolgreichen Wandel in Unternehmen. Doch aus diesem „Können" allein ist eine nachhaltige Verhaltensänderung kaum zu erwarten, wenn das entsprechende „Wollen" fehlt.[272] *Mangelnde Wandlungsbereitschaft* äußert sich gewöhnlich in *Widerstand*, der vielerlei Gründe haben und in verschiedenen Formen auftreten kann.[273] Die am häufigsten angeführten Gründe für Widerstand reichen von Besitzstandsdenken über Trägheit, Bequemlichkeit und Selbstzufriedenheit bis hin zu mangelndem Leidensdruck und dem Unwillen, Gewohnheiten aufzugeben.[274] Ähnlich vielseitig wie die Gründe für Wi-

---

lassen sich gewöhnlich über die Größe einer Struktur sowie der darin verankerte Regelungsdichte bestimmen. Je träger eine Struktur ist, desto stärker werden Informationen verzögert und gefiltert, getroffene Entscheidungen und Impulse versickern aufgrund der langen Wege und zahlreicher Schnittstellen.

[270] vgl. Krebsbach-Gnath (1992b) S. 49f.; Kobi (1996), S. 35; Steinmann, Schreyögg (1997), S. 442; Nadler, Tushman (1997), S. 598; Heintel, Krainz (1998), S. 202 und Doppler, Lauterburg (2000), S. 294

[271] von Rosenstiel (1997), S. 201

[272] von Rosenstiel (1997), S. 201 und Veil (2000), S. 51

[273] vgl. Tichy (1995), S. 63 und Krüger (2000b), S. 20

[274] vgl. Burke (1982), S. 51; Reiß, Zeyer (1994a), S. 87f.; Kobi (1996), S. 36 und Steinmann, Schreyögg (1997), S. 442

derstand sind die Formen des Widerstands in Unternehmen. DOPPLER und LAUTERBURG unterscheiden dabei zwei Dimensionen: Die erste Dimension differenziert, ob der Widerstand in aktiver Form oder eher passiv erfolgt, während die zweite Dimension sich damit befaßt, inwiefern die Betroffenen lediglich verbal gegen den Wandel vorgehen oder auch ihr Verhalten gegen ihn richten.[275] Das durch diese Einteilung entstehende Spektrum reicht von „Abwartenden" über „Untergrundkämpfer" und „aufrechte Gegner" bis hin zu „Emigranten".[276]

3. Die dritte Quelle der Restraining Forces sind *unzureichende Wandlungsmöglichkeiten* innerhalb des Unternehmens. Strukturelle, strategische oder ressourcenbedingte Restriktionen führen dann zu *Frustration*, wenn die Mitarbeiter eigentlich zu erforderlichem Wandel fähig und bereit wären, aufgrund der vorgegebenen Rahmenbedingungen aber an Veränderungsvorhaben gehindert werden.[277]

- So mögen starre Strukturen zwar unter stabilen Umweltbedingungen effektiv sein, nicht indes bei hoher Veränderungsdynamik. Solche „Strukturelle Trägheit"[278] entsteht beispielsweise durch ungerechtfertigte Hierarchieebenen, die nach KOBI lediglich die Funktion von „Durchlauferhitzern"[279] haben und in erster Linie den Informationsfluß bremsen. Weniger Hierarchieebenen und damit flachere Strukturen bedeuten kürzere Entscheidungswege und eine schnellere Umsetzung von Veränderungen.[280] Andere Beispiele für wandel-

---

[275] vgl. Doppler, Lauterburg (2000), S. 296

[276] vgl. Krebsbach-Gnath (1992b), S. 39

[277] vgl. Krüger (2000a), S. 64

[278] Der Begriff der „Strukturellen Trägheit" („Structural Inertia") von Unternehmen stammt bereits aus dem Jahre 1977 von Hannan und Freeman. Sie zählen eine ganze Reihe verschiedener Gründe auf, aus denen Unternehmen strukturell träge sein können (vgl. Hannan, Freeman (1977), S. 931f.):
1. Investitionen in Ressourcen (spezialisierte Maschinen, Anlagen) binden Kapital und begrenzen die Wandlungsmöglichkeiten.
2. Die in das Unternehmen dringenden Informationen stehen in engem Zusammenhang mit den bestehenden Aktivitäten. „Neue" Informationen finden weniger Beachtung.
3. Mikropolitische Interessenlagen, die für die Beibehaltung des status quo sprechen. Jede Veränderung birgt in sich ein Potential für Konflikte, die vermieden werden.
4. Das Unternehmen ist nach außen hin in ein Legitimations- und Legalgefüge eingebunden, das Veränderungen oft nicht ohne weiteres erlaubt (stabile Erwartungshaltungen Externer (z.B. Kunden) und Interner (z.B. Unternehmensführung)).

[279] Kobi (1996), S. 85

[280] vgl. Doppler, Lauterburg (2000), S. 32

behindernde Faktoren sind besonders dauerhafte oder zentralisierte Struktu-ren.[281]

- Ähnlich hemmend kann sich auch strategische Unbeweglichkeit des Unter-nehmens bzw. der Unternehmensführung auswirken. Die Strategie eines Un-ternehmens fußt in aller Regel auf mehreren Erfolgsfaktoren. Wenn nicht Be-weglichkeit und Elastizität eine eigenständige Eigenschaft dieser Faktoren ist, werden Erfolge der Vergangenheit zum Hemmschuh für die Zukunft.[282]

  „The trajectory of change has carried us past a point where our knowl-edge and experience in building organizations is useful, to a new place where learning and flexibility are of utmost importance, and our knowl-edge of the past is actually a hindrance to our progress because it blinds us to new ideas and possibilities in organizing."[283]

  Gerade das Festhalten an früheren Strategien und Erfolgsmustern ist ein Grund dafür, daß auch exzellent aufgestellte Unternehmen oft nicht länger-fristig erfolgreich bleiben.[284] Insbesondere dann, wenn Mitarbeiter bereits dro-hende Probleme veralteter Strategien erkennen, durch die Entscheidungsträ-ger aber nur unzureichend in die Strategieentwicklungsprozesse eingebunden werden, entsteht bei ihnen das Gefühl von Ohnmacht und Frustration.

- Substantieller Wandel verlangt vielfach auch wandelbare Ressourcen, wobei hier der Begriff Ressource im weitesten Sinne nach BARNEY zu interpretieren ist. Er subsumiert darunter

  „all assets, capabilities, organizational processes, firm attributes, infor-mation, .. , etc. controlled by a firm that enable the firm to conceive of and implement strategies that improve its efficiency and effective-ness."[285]

---

[281] vgl. Bleicher (1992b), S. 232; Perich (1992), S. 355 und Picot, Reichwald, Wigand (1998), S. 205

[282] vgl. Krüger (1994a), S. 361 und Reiß (1997d), S. 18

[283] Pasmore (1994), S. 202

[284] Vgl. hierzu die Studie von Peters und Waterman (1982): Von 43 herausragenden Unternehmen waren nach nur fünf Jahren lediglich noch 14 excellent. 19 dieser ehemals herausragenden Unter-nehmen waren stark geschwächt oder hatten massive Probleme.

[285] Barney (1991), S. 101

Erst wenn Mitarbeiter die von ihnen in Anspruch genommenen Ressourcen an sich ändernde Bedingungen anpassen können, erfahren sie Verständnis und spürbare Unterstützung im oft mühsamen Wandlungsprozeß.

Die drei beschriebenen Gründe, aus denen sich Restraining Forces im Unternehmen entwickeln können, decken sich naturgemäß mit den Ansatzpunkten der *Driving Forces*. Nur wenn die für Wandel erforderlichen Elemente im Unternehmen gleichzeitig vorhanden sind, wird sich bei einem Wandlungsimpuls auch tatsächlich Wandel ergeben (vgl. Abbildung 3-14).[286]

Abbildung 3-14: Notwendige Elemente für das Zustandekommen von Wandel

1. Driving Forces können zum einen in Form von Fachpromotoren[287] (Forschungsinstitutionen, Experten oder Beratern) bewußt eingesetzt werden. Sie greifen in der Regel am Element der *Wandlungskompetenz* an und beschleunigen Veränderungsprozesse mit Hilfe fachlicher Unterstützung. Zusätzliche Qualifikations- und Weiterbildungsmaßnahmen sind weitere Beispiele, um Wandlungsprozesse über die Verbesserung der Kompetenzen von darin eingebundenen Mitarbeitern zu forcieren.[288]
2. Daneben entwickeln sich häufig Kräfte aus einer wachsenden *Wandlungsbereitschaft* heraus. Die Erkenntnis sich verändernder Rahmenbedingungen, Einsichten in die Notwendigkeit von Veränderungsmaßnahmen und steigender Leidensdruck senken meist das Potential für Widerstände.[289] Zusätzliche Anreizmaßnahmen, Informations- und Aufklärungsarbeit sowie die Ausübung einer Vorbild-

---

[286] vgl. Krüger (2000a), S. 90ff. und Becker (2000), S. 293

[287] vgl. Reiß (1997c), S. 104

[288] vgl. Krüger (2000a), S. 89

[289] vgl. Krüger (2000b), S. 20

funktion durch die Entscheidungsträger besitzen darüber hinaus gewissermaßen eine katalytische Wirkung.[290]

3. Driving Forces können aber auch von sogenannten „Change Agents"[291] im Sinne von Katalysatoren, Moderatoren, Motivatoren sowie Konfliktmanagern oder von Macht- und Prozeßpromotoren ausgehen.[292] Sie haben in erster Linie die Aufgabe, die Rahmenbedingungen für Veränderungsprozesse zu verbessern und wirken somit nicht nur auf das Element der Wandlungsbereitschaft, sondern auch auf das Element der *Wandlungsmöglichkeit* ein. Indem sie unter anderem versuchen, strukturelle, strategische und ressourcenbedingte Barrieren[293] des Wandels zu minimieren, verhelfen sie den Driving Forces zur vollen Entfaltung.[294]

Betrachtet man Wandel nun als einen Prozeß, der durch Driving Forces ermöglicht bzw. beschleunigt und durch Restraining Forces gehemmt bzw. verzögert wird, so sind die Restraining Forces im physikalischen Sinne eher als „reactio" Kräfte zu verstehen. Sie treten nur dann auf, wenn Driving Forces auf einen Status Quo wirken und stellen sich damit den auf Veränderung drängenden Kräften entgegen (vgl. Abbildung 3-15).

---

[290] vgl. Scharfenberg (1998), S. 32 und Becker (2000), S. 302

[291] Jones (1969), S. 19ff.; Dienstbach (1972), S. 10; Zahn (1979), S. 154; Reiß, Zeyer (1994a), S. 87; Connor, Lake (1994), S. 123; Kirsch (1997), S. 123; Gelinas u.a. (1998), S. 61.; Seebacher (1999), S. 65; Staehle (1999), S. 921 und Lenhard, Haas (1999), S. 49

[292] vgl. Reiß (1997c), S. 104
Das Modell der Promotoren geht auf Witte (1973) zurück. Es bezieht sich zwar eigentlich auf den Innovationsprozeß, kann aber dennoch als grundlegende Basis für das Voranbringen von Veränderungsprozessen dienen.

[293] Barrieren des Wandels sind Ausprägungen von Gestaltungsfeldern, die Veränderungen und damit Wandel hemmen oder verhindern. Wer Wandel bewirken will, muß die gegebene Konfiguration der Gestaltungsfelder ändern, also z.B. die Strategie, die Struktur und die Ressourcen neu konfigurieren bzw. das Verhalten der Mitarbeiter stimulieren.

[294] vgl. Krüger (2000a), S. 85f.

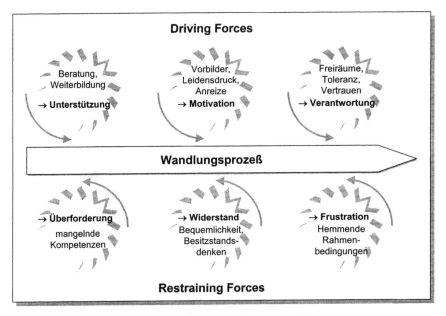

Driving Forces

Beratung,
Weiterbildung
→ **Unterstützung**

Vorbilder,
Leidensdruck,
Anreize
→ **Motivation**

Freiräume,
Toleranz,
Vertrauen
→ **Verantwortung**

Wandlungsprozeß

→ **Überforderung**
mangelnde
Kompetenzen

→ **Widerstand**
Bequemlichkeit,
Besitzstands-
denken

→ **Frustration**
Hemmende
Rahmen-
bedingungen

Restraining Forces

Abbildung 3-15: Kräfte des Wandels[295]

Soll in einem Unternehmen nun ein Wandlungsprozeß vorangetrieben werden, sind grundsätzlich drei Möglichkeiten der Unterstützung zu unterscheiden:[296]

- Verstärkung der Driving Forces
- Verminderung der Restraining Forces
- Umkehr der Richtung von Restraining Forces

Der Ansatz, die Driving Forces zu verstärken, ist mit großer Sorgfalt und Rücksicht anzuwenden. Hierbei besteht bekanntermaßen die Gefahr, schwerwiegende retardierende Interessen zu übergehen und dadurch einen fruchtbaren Problemlösungsprozeß zu erschweren. Aus diesem Grund sollte nach STAEHLE der Hauptansatzpunkt für Wandlungsprozesse in der zweiten Alternative – der Verminderung der Restraining Forces – liegen.[297] Oben genannte Maßnahmen wie Qualifikation, Aufklärung

---

[295] In Anlehnung an Scharfenberg (1998), S. 33

[296] Connor und Lake (1994), S. 104 führen eine vierte Möglichkeit an: Einbringen neuer Driving Forces. Diese Option ist jedoch in Staehles Ansatz (1999), S. 592 unter der Option „Verstärkung der Driving Forces" subsumiert.

[297] vgl. Staehle (1999), S. 592

und Motivation oder das Schaffen geeigneter Rahmenbedingungen sind hier von besonderer Bedeutung. Die dritte Option – die Umkehr der Richtung von Restraining Forces – ist mit dem Überzeugen von Gegnern einer angestrebten Veränderung verbunden. Gekennzeichnet ist diese Vorgehensweise dadurch, daß mit Hilfe einer gewissenhaften Analyse der Restraining Forces versucht wird, Abwehrreaktionen als solche zu entlarven und das Engagement positiv in Driving Forces umzuwandeln.[298]

Vorangegangene Überlegungen verdeutlichen, daß das Management von Kräften ein wesentliches Element bei der Realisierung und Durchsetzung von Wandlungsprozessen darstellt. Eine zentrale Frage beim Management von Wandlungsprozessen beschäftigt sich aus diesem Grund damit, in welcher Situation und in welcher Form auf die im Unternehmen vorhandenen Kräfte einzuwirken ist und wie neue Kräfte zielorientiert generiert werden können. Dabei ist unter anderem zu unterscheiden, auf welcher der in Kapitel 3.2.1 beschriebenen Ebenen des Unternehmens der Wandel erfolgt und wie stark andere Ebenen von diesem Wandel betroffen sind. Ferner spielen die in Kapitel 3.2.2 dargestellten Felder des Wandels und ihre Wechselwirkungen untereinander eine wichtige Rolle.

In der Vergangenheit wurden viele theoretische Ansätze und praktische Konzepte entworfen, um auf diese Fragen Antworten zu geben. Im folgenden werden zunächst die grundlegenden theoretischen Ansätze zum Management des Wandels vorgestellt, die im Laufe der Zeit immer wieder erweitert und um neue Perspektiven ergänzt wurden. Im Anschluß daran sind die bekanntesten praktischen Konzepte zum Management des Wandels Gegenstand weiterer Ausführungen. An die Analyse ihrer wichtigsten Grundprinzipien schließt sich zunächst die Ermittlung gemeinsamer Bausteine an, bevor sie im einzelnen auf ihre Stärken und Schwächen hin untersucht werden.

---

[298] vgl. Staehle (1999), S. 592

3.3 Bestehende Ansätze zum Management des Wandels

Es steht seit langem außer Zweifel, daß sich Unternehmen permanent in Bewegung befinden. Sie wachsen, schrumpfen, durchlaufen immer wieder Perioden der Stabilisierung und der Veränderung. So postuliert auch KIMBERLY den ständigen Wandel von Unternehmen:

„Organizations are fluid and dynamic: they move in time and space; they act and react."[299]

Unterschiedliche Ansichten gibt es aber darüber, ob dieser Wandel von der Unternehmensführung bewußt initiiert, geplant und kontrolliert werden kann oder ob er sich „aus sich selbst heraus" vollzieht. Im Zentrum steht damit die Frage nach dem Verhältnis zwischen den durch die Unternehmensführung manipulierbaren Kräften („Voluntarismus"[300]) und den unbeeinflußbaren Kräften („Determinismus"[301]) im Unternehmen.[302]

3.3.1 Theoretische Ansätze zum Management des Wandels

Bei den zahlreichen Versuchen, diese Frage aus wissenschaftstheoretischer Sicht zu beantworten und geeignete Interventionsvariablen für die Unternehmensführung zu identifizieren, wurden in der Vergangenheit drei grundsätzlich verschiedene Blickrichtungen eingenommen. Während zunächst viele Autoren das Unternehmen als technisch-ökonomisches Instrument verstanden,[303] mehrten sich später die Vertreter

---

[299] Kimberly (1980), S. 2

[300] Das voluntaristische Paradigma führt die Struktur und das Verhalten eines Unternehmens auf den Willen und die Fähigkeiten seiner Unternehmensführung zurück. Es betont die Bedeutung einzelner Führungskräfte für den Wandel in Unternehmen. Im Extremfall wird das Unternehmen zum verlängerten Arm („Visible Hand Explanations") der Unternehmensführung (vgl. Chandler (1977).

[301] Aus deterministischer Sichtweise vollzieht sich Wandel in Unternehmen gewissermaßen aus sich selbst heraus durch unsichtbare Kräfte („Invisible Hand Explanations") und in vorbestimmten Bahnen (vgl. Smith (1937)). Aus Sicht der Unternehmensführung sind dabei Umweltdeterminismus („Gesetze des Marktes") und Inweltdeterminismus („Gesetze des Unternehmens") zu unterscheiden (vgl. hierzu Müller-Stewens, Lechner (2001), S. 381).

[302] vgl. Perich (1992), S. 184

[303] Zu den wichtigsten Autoren, die Beiträge zu dieser Betrachtungsweise erbracht haben, zählen u.a. Taylor (1911); Blau (1955); Penrose (1959); Chandler (1962); Ansoff (1965); Weber (1972); Galbraith (1973) und Porter (1980).

des Unternehmensmodells als politisch-behavioristische Arena.[304] Seit Beginn der 80er Jahre werden Unternehmen häufiger auch als kulturell-kognitives System betrachtet.[305]

Die drei unterschiedlichen Perspektiven beleuchten in dieser Hinsicht jeweils nur einen Teil der Unternehmenszusammenhänge und gehen entsprechend von unterschiedlichen Interventionsvariablen für die Unternehmensführung aus. Die ihnen zugrundeliegenden Annahmen und Schwerpunkte sind Gegenstand der folgenden drei Kapitel.

3.3.1.1 Ansätze der technisch-ökonomischen Perspektive

Die technisch-ökonomische Sichtweise fußt auf einem tayloristischen Bild von Unternehmen,[306] welches diese als funktionale, zweckrationale Gebilde beschreibt.[307] Ein Unternehmen verkörpert demnach ein produktives System, in dessen Zentrum Input-Throughput-Output-Prozesse stattfinden.[308] Sämtliche Kausalbeziehungen innerhalb der Unternehmensgrenzen werden als bekannt angenommen, wobei im Vordergrund mechanistische Zusammenhänge zwischen den Unternehmensstrukturen und -ressourcen stehen (vgl. Abbildung 3-16).

---

[304] Die Liste der Autoren, die diese Perspektive vertreten, umfaßt u.a. Dahrendorf (1959); March (1962); Mintzberg (1985); Greiner, Schein (1988) und Kanter (1989a).

[305] Autoren, welche die kulturell-kognitive Sicht beschreiben, sind u.a. Weick (1979); Waterman, Peters, Phillips (1980); Schein (1985); Senge (1990) und Argyris (1990).

[306] Das Bild Taylors (1911), S. 41 betont besonders die strikte horizontale und vertikale Arbeitsteilung: „Die zu leistende Arbeit eines jeden Arbeiters ist von der Leitung wenigstens einen Tag vorher aufs genaueste ausgedacht und festgelegt. Der Arbeiter erhält gewöhnlich eine ausführliche schriftliche Anleitung, die ihm bereits bis ins Detail seine Aufgabe, seine Werkzeuge und ihre Handhabung erklärt. Die so im voraus festgelegte Arbeit stellt somit ein Pensum, eine festumrissene Aufgabe dar, die also nicht mehr von den Arbeitern allein, sondern durch die gemeinsame Tätigkeit der Arbeiter und der Leitung zu lösen ist. Dieses Pensum bestimmt nicht nur, was, sondern auch wie es getan werden soll und setzt die genaue Zeit fest, die zur Vollbringung der Arbeit gestattet ist."

[307] vgl. Hillig (1997), S. 39

[308] vgl. Berktold (1999), S. 35

78

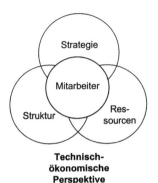

Interventionsvariablen

Ressourcen:
- Anzahl der Mitarbeiter
- verfügbare Mittel
- eingesetzte Maschinen

Struktur:
- Aufbaustruktur (Aufgabenverteilung, formale Regelungen)
- Ablaufstruktur (Auftragsabwicklung, Produktionsprozeß, Beschaffung)

Abbildung 3-16: Die technisch-ökonomische Perspektive

Mit Hilfe verhaltensnormierender formaler Regeln wird eine personenunabhängige Aufgabenerfüllung gewährleistet, die Unternehmen vor menschlichen Unzulänglichkeiten schützt.[309] MILES und SNOW bezeichnen Unternehmen in diesem Zusammenhang auch als nach formalen Regeln konzipierte Zielerreichungssysteme, die gemäß der Prinzipien von Effizienz und Effektivität strukturiert sind.[310] Die Unternehmensführung wird damit in erster Linie als ein technisches Regelungsproblem verstanden. Gleichzeitig begründet sich die technisch-ökonomische Perspektive auf der Annahme vollkommener Transparenz hinsichtlich der zur Verfügung stehenden Interventionsvariablen. Kardinale Aufgabe der Unternehmensführung besteht darin, im Hinblick auf situativ auftretende Umweltkonstellationen sowie auf die aktuelle Zielsetzung, Informationen zu verarbeiten und optimale Strukturalternativen und Ressourcenkombinationen auszuwählen.

Aus dieser Perspektive erscheint ein Management des Wandel technisch-konstruktivistischer Natur[311], bei dem die Frage nach der optimalen Konfiguration isoliert beeinflußbarer und in ihrer Wirkungsweise abschätzbarer Unternehmensvariablen dominiert.

---

[309] Das diesem Ansatz zugrunde liegende pessimistische Menschenbild geht davon aus, daß Menschen eine angeborene Abneigung gegen Arbeit haben, sich vor Verantwortung drücken und wenig Ehrgeiz entwickeln. Deshalb bedarf es ihrer Anleitung und Kontrolle (Menschenbild X nach McGregor (1973), S. 47f.).

[310] vgl. Miles, Snow (1978), S. 3

[311] vgl. Krüger (1994a), S. 364 und Perich (1992), S. 137

„The viewpoint is instrumental and rational ... the focus is upon the acquisition and application of the knowledge useful for effective performance of organizational tasks, and the organizational world is conceived as fundamentally knowable through scientific method."[312]

Aufgrund der vergleichsweise langen Tradition der technisch-ökonomischen Sichtweise, ist die Liste der damit verbundenen bzw. daraus hervorgehenden Theorien umfangreich:

- „Scientific Management"[313]
- „Theory of the Firm"[314]
- Strategische Planung[315]
- Kontingenztheoretische Ansätze[316]
- Strukturalistische Ansätze[317]
- Transaktionskostenansatz[318]

3.3.1.2 Ansätze der politisch-behavioristischen Perspektive

Demgegenüber besteht die grundlegende Annahme der politisch-behavioristischen Sichtweise darin, daß die Ordnung in Unternehmen weniger durch rational technisch-ökonomische Überlegungen bestimmt wird, sondern vielmehr als das Ergebnis politischer Interaktionsprozesse von Individuen und sozialen Gruppen zu betrachten ist.[319] Als einer der ersten Vertreter dieser Auffassung stellt MARCH fest:

„A business firm is a political coalition. ... The composition of the firm is not given; it is negotiable. The goals of the firm are not given; they are bargained".[320]

---

[312] Argyris, Schön (1978), S. 323

[313] vgl. Taylor (1911)
Taylor gilt gemeinhin als Vater der wissenschaftlichen Betriebsführung („Scientific Management").

[314] vgl. Penrose (1959)

[315] vgl. u.a. Ansoff (1965); Lawrence, Lorsch (1969) und Ansoff, Declerck, Hayes (1976)

[316] vgl. u.a. Thompson (1967)

[317] vgl. u.a. Nordsieck (1934) und Kosiol (1959)

[318] vgl. Williamson (1975)

[319] vgl. Tichy (1983), S. 7; Berktold (1999), S. 38 und Hillig (1997), S. 39

[320] March (1962), 672

Vor dieser Aussage stellen sich Unternehmen als widerspruchsvolle, konfliktbelade-
ne politische Gebilde dar, in denen um begrenzte Ressourcen und unterschiedliche
Zielsetzungen gerungen wird. Sie erscheinen damit nicht als mechanistische Input-
Throughput-Output-Systeme, bei denen jederzeit effiziente Strukturen und optimale
Ressourcenkombinationen vorliegen, sondern vielmehr als „Arena" interessensge-
leiteter Interventionen, laufender Aushandlungs- und Konfliktlösungsprozesse mit
temporärem Charakter.[321] Unternehmensstrategien und -strukturen sind das Ergebnis permanenter Verhandlungs- und Kommunikationsprozesse.[322] Im Gegensatz zur
technisch-ökonomischen Perspektive unterstellt das hier zugrunde liegende Menschenbild den Mitarbeitern eigene Interessen, opportunistisches und allenfalls
subjektiv rationales Verhalten.

Erfolgreiches Management des Wandels verlangt aus politisch-behavioristischer
Sicht interessens- und machtpolitisches Fingerspitzengefühl, Überzeugungskraft und
Beharrlichkeit.[323] Im Vordergrund stehen der Ausgleich von Interessenskonflikten
sowie die Machtverteilung zwischen Koalitionen – sowohl innerhalb des Unternehmens als auch unternehmensübergreifend.

Die Schwierigkeit für die Unternehmensführung liegt hier weniger in der Konzeption
als vielmehr in der Implementierung geplanter Wandlungsprozesse gegen teilweise
konträre Positionen und vorhandene Widerstände. Um sie zu überwinden, kommen
für die Unternehmensführung aus dieser Perspektive nur wenige greifbare Interventionsvariablen in Frage. Der Fokus liegt – unternehmensintern wie auch unternehmensübergreifend – auf dem Management von Kooperationen, der Aushandlung von
Vereinbarungen und damit verbunden dem Management von Konflikten. Wandlungsmanagement in diesem Sinne ist somit Einflußmanagement (vgl. Abbildung 3-
17).[324]

---

[321] vgl. Perich (1992), S. 139

[322] vgl. Schreyögg (1999), S. 397 und Berktold (1999), S. 38

[323] vgl. Perich (1992), S. 140

[324] vgl. Krüger (1994a), S. 364

Politisch-
behavioristische
Perspektive

Strategie

Mitarbeiter

Struktur

Res-
sourcen

Interventionsvariablen

Mitarbeiter:
- Kommunikationsbeziehungen
- Machtverteilung zwischen Koalitionen
- Konfliktmanagement

Strategie:
- Kooperationsbeziehungen
- Verhandlungsprozesse
  (Strategieentwicklung, Zielfindung)
- Implementierungsmanagement

Abbildung 3-17: Die politisch-behavioristische Perspektive

Die Grundaussagen der beschriebenen Perspektive sind in vielfältigen Ansätzen wiederzufinden. Aus folgenden wissenschaftlichen Strömungen sind Modelle mit politisch-behavioristischer Sichtweise hervorgegangen:[325]

- Macht- und Konflikttheorien[326]
- „Strategic Choice"[327]
- behavioristische Schule[328]
- „Resource Dependence"[329]
- Entscheidungstheorie[330]
- Kommunikationstheorien[331]

---

[325] vgl. Perich (1992), S. 137

[326] vgl. u.a. Dahrendorf (1959); March (1962); Allison (1971) und Pfeffer, Salancik (1978)

[327] vgl. Child (1972)

[328] vgl. u.a. Cyert, March (1963) und March, Olsen (1976)

[329] vgl. u.a. Bower (1970) und Wernerfelt (1984)

[330] Beim entscheidungstheoretischen Ansatz können zwei Strömungen unterschieden werden. Marschak (1955) und Hax (1965) sind Vertreter des entscheidungslogischen Ansatzes, Simon (1945) und Cyert, March (1963) stehen für den entscheidungsprozeßorientierten Ansatz.

[331] vgl. u.a. Pettigrew (1972)

3.3.1.3 Ansätze der kulturell-kognitiven Perspektive

Die neueste und derzeit am stärksten beachtete Sicht auf Unternehmen ist die kulturell-kognitive Perspektive.[332] In Modellansätzen mit dieser Sichtweise werden Unternehmen als wertbeladene Institutionen und kognitive Systeme interpretiert:[333]

„Organizations are cultural systems of values with shared symbols and shared cognitive schemes which tie people together and form a common organizational culture."[334]

Sie sind damit ein Produkt sozialer Bedürfnisse und Anforderungen und reflektieren in erster Linie die verinnerlichten Werthaltungen der darin denkenden und handeln-den Menschen. Nach dem kognitiven Ansatz ist ein gemeinsames System grundle-gender Annahmen und Werthaltungen notwendig, um überhaupt koordiniert inter-agieren zu können und um das Unternehmen auf immaterieller Ebene zusammen-halten.[335]

Die Ordnung in Unternehmen ist aus dieser Sicht demnach das Ergebnis von Reflexionsprozessen in sozialen Gruppen, die sich an Wert- und Glaubensvorstel-lungen orientieren.[336] Obwohl laufend einzelne Mitarbeiter hinzukommen und andere ausscheiden, vermag das Unternehmen Wissen, Verhaltensrepertoires, Denkmuster, symbolische Interpretationsschlüssel, Normen und Werte zu speichern. Diese „Gedächtnisfunktion" hilft dem Unternehmen, Handlungen vor dem Hintergrund vergangener Entscheidungen und Verhaltensweisen zu reflektieren.[337] Gerade im Lichte radikaler Wandlungsprozesse ermöglicht diese Fähigkeit der kritischen Selbstreflexion Uminterpretationen von Deutungsmustern und das Schaffen neuer Symbole („organisationales Lernen" und „Verlernen").

Aus kulturell-kognitiver Perspektive bedeutet Management des Wandels zunächst das Erkennen und Bewußtmachen eines Veränderungsbedarfs, das Aufzeigen neuer Operationspfade sowie die Beeinflussung von Einstellungen, Werten und Normen der Mitarbeiter.

---

[332] vgl. Schreyögg (1999), S. 397

[333] vgl. Perich (1992), S. 141

[334] Tichy (1983), S. 7

[335] vgl. Katz, Kahn (1978), S. 348 und Hillig (1997), S. 39

[336] vgl. Berktold (1999), S. 41

[337] vgl. Perich (1992), S. 142

„Change comes about by altering the norms and cognitive schemes of the members of the organization."[338]

Die der Unternehmensführung hierfür zur Verfügung stehenden Interventionsvariablen beziehen sich auf implizite, im Unternehmensalltag gewöhnlich wenig diskutierte Tatbestände (vgl. Abbildung 3-18). Sie umfassen etwa eine Änderung des Führungsstils hin zu partizipativem Verhalten sowie den Einsatz von Symbolen bei der Mitarbeiterführung. Das dabei unterstellte Menschenbild geht davon aus, daß sich die Mitarbeiter aktiv an Entscheidungsfindungsprozessen beteiligen wollen und bei entsprechender Motivation bereit sind, ihr Bestes zu geben.[339]

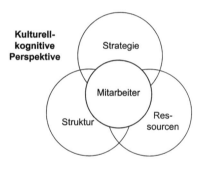

Kulturell-kognitive Perspektive

Strategie

Mitarbeiter

Struktur

Res-sourcen

Interventionsvariablen

Mitarbeiter:
- Beeinflussung von Einstellungen, Werten und Normen
- Führungsstil (z.B. partizipatives Verhalten)
- Artefakte gestalten (Umgangston, Mythen, Riten)
- Unternehmenskultur
- symbolisches Management (u.a. Visionen entwerfen)

Abbildung 3-18: Die kulturell-kognitive Perspektive

Die kulturell-kognitive Perspektive ist die jüngste der drei beschriebenen. Dennoch wurden bereits eine Reihe bekannter Ansätze entwickelt, die insgesamt ihr theoretisches Fundament bilden:

---

[338] Tichy (1983), S. 7

[339] In diesem optimistischen Menschenbild (Theory Y nach McGregor) wird unterstellt, daß Menschen einen natürlichen Drang zu körperlicher und geistiger Verausgabung haben. Sie entwickeln gegenüber Zielen, denen sie sich verpflichtet fühlen, Selbstdisziplin und Selbstkontrolle und lernen, Verantwortung zu übernehmen. Für den Menschen der Y-Theorie können die Identifikation mit dem Unternehmen und die Suche nach Selbstverwirklichung in der Arbeit wichtige Triebfedern der Arbeitsleistung sein (vgl. McGregor (1973), S. 33ff. und 47f.).

- „Human-Resources"-Ansatz[340]
- Organisationales Lernen[341]
- Organisationsentwicklung[342]
- „Human-Relations"-Schule[343]
- Phänomenologische Ansätze[344]

Die drei dargestellten Perspektiven sind – historisch betrachtet – eine schrittweise Weiterentwicklung von Modellen, in denen zunächst vorwiegend Variablen der technisch-ökonomischen Sichtweise berücksichtigt wurden. Nach und nach fanden immer mehr politisch-behavioristische Elemente Eingang in die Modelle. Aktuelle Managementansätze gehen davon aus, daß alle drei Sichtweisen, also vor allem auch die kulturell-kognitive, beim Management des Wandels Beachtung finden müssen.

3.3.2 Praktische Konzepte zum Management des Wandels

Abhängig davon, auf welcher der drei beschriebenen Perspektiven der Schwerpunkt bei der Entwicklung praktischer Konzepte zum Management des Wandels lag, differieren die im Laufe der Zeit entwickelten Konzepte.[345] Stark vereinfacht lassen sich zwei Extrempositionen gegenüberstellen:

Eine Extremposition wird von *Transformationsansätzen* gebildet, bei denen der Fokus auf der technisch-ökonomischen Perspektive liegt und das Modell des Unternehmens einem Maschinenmodell gleicht.[346] Managen ist bei solchen transformativen Ansätzen mit einem Einstellen von Stellschrauben gleichzusetzen. Im Vorder-

---

[340] vgl. u.a. Selznick (1957)

[341] vgl. Argyris, Schön (1978)

[342] vgl. u.a. Lewin (1946) und Whyte, Hamilton (1964)

[343] vgl. u.a. Mayo (1933) und Roethlisberger, Dickson (1939)

[344] vgl. u.a. Watzlawick (1976) und Weick (1979)

[345] Die Konzepte werden häufig unter dem Begriff „Change Management" zusammengefaßt. Change Management subsumiert dabei alle geplanten, gesteuerten und kontrollierten Veränderungen bei den Strukturen, Strategien, Ressourcen und bei den Mitarbeitern von Unternehmen (vgl. Thom (1995), S. 870 und Gattermeyer, Al-Ani (2000), S. 14).

[346] vgl. Reiß (1997d), S. 15

grund steht die funktionale Aufgabenstellung des Managements, einen Veränderungsbedarf des Unternehmens zu diagnostizieren und einzuleiten.[347]

Die andere Extremposition stellen *Evolutionsansätze* dar. Vertreter evolutionstheoretischer Ansätze sind der Meinung, daß Unternehmen zu komplex sind, um durch geplante Eingriffe in berechenbarer Weise in einen gewünschten Zustand überführt werden zu können.[348] Sie betonen die kulturell-kognitive Perspektive und verstehen Unternehmen als lebende Organismen. Wandel vollzieht sich vornehmlich nach den Gesetzen der natürlichen Evolution und mündet in Ordnungen, die nicht gemacht wurden, sondern gewachsen sind.[349] Evolutionärer Wandel kann von der Unternehmensführung bestenfalls kultiviert werden; massive Eingriffe in das natürliche, selbstorganisatorisch entwickelte Gefüge sind nicht möglich.[350]

Zwischen diesen beiden Extrempositionen existieren vielfältige Hybridmodelle, die Aspekte beider Pole bzw. der drei Perspektiven mehr oder weniger stark berücksichtigen.[351] Hybridmodelle distanzieren sich einerseits von der Wissensanmaßung und Machbarkeitsideologie der Transformationsansätze, weil diese die Komplexität sozialer Gebilde unterschätzen. Andererseits enthalten sie aber auch eine Absage an den „Fatalismus" von Evolutionsansätzen. Sie beruhen vielmehr auf spezifischen Kombinationen von Fremdorganisation und Selbstorganisation, innerhalb derer die Fremdorganisation erste Impulse beisteuert, die Formierung selbstorganisatorischer Veränderungsvorhaben anstößt, einen groben Rahmen oder eine Veränderungsrichtung vorgibt u.ä.[352]

Wenngleich in der Literatur die verschiedenen Konzepte häufig nicht eindeutig voneinander abgegrenzt werden und einzelne Ansätze auch hinsichtlich ihres Umfangs und ihrer Reichweite teilweise stark differieren, ist es das Ziel des folgenden Kapitels, einen Überblick über die wichtigsten praktischen Konzepte für ein

---

[347] vgl. Perich (1992), S. 190

[348] vgl. Kieser, Woywode (1999), S. 253

[349] vgl. Reiß (1997d), S. 12

[350] vgl. Reiß (1997d), S. 15

[351] Hier haben sich unter den Etiketten „evolutionäres Management", „gemäßigter Voluntarismus", „geplante Evolution", „logischer Inkrementalismus", „kontrolliertes Chaos" oder „organisierte Anarchie" diverse Ansätze herauskristallisiert (vgl. Reiß (1997d), S. 15).

[352] vgl. Reiß (1997d), S. 15

Management des Wandels in Unternehmen zu geben.[353] Eine grobe Einordnung der verschiedenen Konzepte entlang der beschriebenen Achse zwischen den beiden Extrempositionen „Transformation" und „Evolution" ist in Abbildung 3-19 veranschaulicht. Das Spektrum reicht hier von harten, eher revolutionären Ansätzen mit mechanistischen Unternehmensmodellen, wie sie beispielsweise dem Modell des Business Reengineering zugrunde liegen[354], bis hin zu weichen, eher ungeplanten und evolutionären Ansätzen der Organisationsentwicklung oder des organisationalen Lernens.

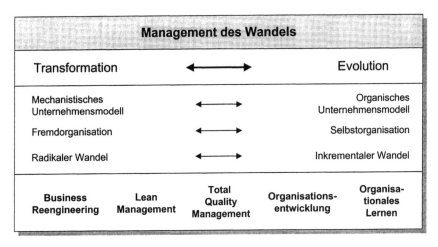

Abbildung 3-19: Einordnung praktischer Konzepte zum Management des Wandels

---

[353] Bronner und Röder (1999), S. 92ff. versuchen in ihrem Beitrag, die Konzepte Lean Management, Total Quality Management, Business Reengineering, Lernende Organisation und Virtuelle Unternehmen voneinander abzugrenzen.

[354] vgl. Christen, Dürsteler (1999), S. 68

3.3.2.1 Business Reengineering – eine fremdbestimmte Transformation von Denken und Handeln

Das Konzept des Business Reengineering wurde 1993 in seinen wesentlichen Komponenten von HAMMER und CHAMPY formuliert bzw. postuliert.[355] Sie definieren Business Reengineering als fundamentales Überdenken und radikales Redesign von Unternehmen oder wesentlichen Unternehmensprozessen.[356]

„Das Resultat sind Verbesserungen um Größenordnungen in entscheidenden, heute wichtigen und meßbaren Leistungsgrößen in den Bereichen Kosten, Qualität, Service und Zeit."[357]

Damit sind bereits einige Komponenten dieses Konzeptes genannt (vgl. Abbildung 3-20).

Abbildung 3-20: Komponenten des Business Reengineering

---

[355] 1984 wurde vom Massachusetts Institute of Technology das „Management in the 1990s Research Program" initiiert. Dessen Ergebnisse deuteten an, daß der große Nutzen der Informationstechnik nur dann realisierbar ist, wenn diese nicht zur Automatisierung der Unternehmensprozesse, sondern zu deren Neugestaltung eingesetzt wird. In diesem Kontext wurden verschiedene Ansätze entwickelt, unter denen sich vor allem die Arbeit von Michael Hammer und James Champy (1993) durchsetzte. Diese konzentrierte sich auf die radikale Neugestaltung, auf die Prozeßorientierung und auf das Potential der Informationstechnik.

[356] vgl. Krüger (1995), S. 179

[357] Hammer, Champy (1996), S. 48

Die erste Komponente – *fundamentales Überdenken* – verdeutlicht die Notwendig-keit, nicht von einem bestehenden Ist-Zustand, sondern von einem möglichen Soll-Zustand auszugehen.[358] Sämtliche bisherigen Prämissen werden somit in Frage gestellt und neu überdacht.

Die Tatsache, daß in dem Konzept des Business Reengineering von radikalem Wandel die Rede ist, verdeutlicht die zweite Komponente – *radikales Redesign*. Es geht hierbei um eine „völlige Neugestaltung" eines Unternehmens bzw. seiner wesentlichen Prozesse „...unter Mißachtung aller bestehenden Strukturen und Verfahrensweisen"[359]. Diese Radikalität in der Betrachtungsweise hat dazu geführt, daß Business Reengineering häufig mit einer Transformation von Unternehmen gleichgesetzt wird.[360]

Als dritte Komponente weist der Terminus *Prozeßorientierung* darauf hin, daß es sich um ein primär auf die Unternehmensprozesse ausgerichtetes Konzept handelt.[361] Durch die Konzentration auf die Kernprozesse eines Unternehmens wird die Fokus-sierung auf diejenigen Prozesse sichergestellt, die zur Wertschöpfung und damit zu Wettbewerbsvorteilen beitragen.[362] JOHANSSON spricht in diesem Zusammenhang sogar von „Business Process Reengineering".[363]

Die vierte wichtige Komponente des Business Reengineering ist die *Verbesserung um Größenordnungen*. Die Radikalität der Veränderung, die damit verbundenen Widerstände, das enorm hohe Fehlschlagrisiko und die daraus resultierende Unruhe im Unternehmen lassen sich nur dann rechtfertigen, wenn mit dem Veränderungs-konzept grundsätzliche und nicht nur inkrementale Verbesserungen verbunden sind.

Neben den vier genannten Komponenten des Business Reengineering ist anzumer-ken, daß das Konzept ausschließlich als „Top-down-Approach", d.h. Top-down initiiert und Top-down getrieben, erfolgversprechend umgesetzt werden kann.[364] Die Umsetzung der neuen Lösungen soll bewußt undemokratisch erfolgen; sie liegt in

---

[358] Thom (1995), S. 872 und Som (1998), S. 166

[359] Hammer, Champy (1996), S. 48; Reiß (1994c), S. 10 und Bronner, Röder (1999), S. 92

[360] vgl. Reiß (1997b), S. 36

[361] vgl. Drumm (1996), S. 8 und Al-Ani (1996), S. 15

[362] vgl. Reiß (1994a), S. 38 und Thom (1995), S. 873

[363] vgl. Johansson (1993), S. 15

[364] vgl. Mentzel (1997), S. 33; Thom (1995), S. 873; Schuh (1998), S. 11 und Krüger (2000a), S. 55

der Hand weniger Rollenträger, denen die notwendige Macht verliehen wurde, um in kurzer Zeit radikalen Wandel zu vollziehen.[365] Selbstorganisatorische Kräfte spielen nur innerhalb von Teams eine Rolle, die zur Prozeßoptimierung eingerichtet werden.[366] Ansonsten überwiegt die technisch-ökonomische Sichtweise, die u.a. die herausragende Bedeutung der Informationstechnologie betont.

Das Konzept des Business Reengineering wurde von zahlreichen Unternehmen als Denkansatz für interne Wandlungsprozesse aufgegriffen.[367] Umfangreich angelegte empirische Studien[368] förderten neben einigen Beispielen erfolgreicher Reengineering-Projekte jedoch auch vielfältige Abbrüche und Fehlschläge zutage, die Hinweise auf verschiedene Schwächen des Konzeptes geben.[369] So hat sich beispielsweise die Einsicht gefestigt, daß die mangelnde Einbindung von Mitarbeitern in Veränderungsprozesse häufig zu deren Scheitern führt. Eine andere Erkenntnis war, daß sich die Informationstechnologie nicht als dominanter Treiber für Restrukturierungen, sondern lediglich als „Enabler" für effizientere Prozesse eignet.[370]

3.3.2.2 Lean Management – Wandel durch kontinuierliche Verbesserungen

Lean Management galt einige Zeit als Inbegriff für die Stärken des japanischen Managements.[371] Die Bezeichnung „lean" stammte jedoch offenkundig nicht aus dem Herkunftsland Japan, sondern wurde durch eine viel beachtete Studie des Massachusetts Institute of Technology (MIT) über die Weltautomobilproduktion geprägt.[372] Während zunächst der Begriff „lean" häufig fälschlicherweise mit „mager" gleichge-

---

[365] vgl. Thom (1997), S. 204

[366] vgl. Reiß (1997b), S. 36

[367] Beispiele für erfolgreiche Veränderungsprozesse in den von Business Reengineering geforderten Größenordnungen sind sowohl in Deutschland (vgl. Demmer, Gloger, Hoerner (1996)), als auch in der Schweiz (Osterloh, Frost (1996)) in Fallstudien dokumentiert.

[368] vgl. hierzu die Studie von Bullinger, Wiedmann, Niemeier (1995).

[369] vgl. Schuh (1998), S. 10; Bronner, Röder (1999), S. 96; Veil (2000), S. 48 und Eversheim, Breit (2000), S. 18

[370] vgl. Reiß (1997b), S. 43

[371] Reiß (1997b), S. 48

[372] Dabei lieferte das 1984 angelaufene „International Motor Vehicle Program" eine Analyse und Rekonstruktion des Managementkonzepts, das für den Wettbewerbsvorsprung der japanischen Automobilhersteller gegenüber ihren amerikanischen und europäischen Konkurrenten sorgte und nannte es „Lean Production" (vgl. Womack, Jones, Roos (1990)).

90

setzt wurde, entwickelte sich später eine Interpretation, nach der „lean" eher im Sinne von „schlank" oder „fit" verstanden wurde.[373]

Wenn im folgenden auf die einzelnen Bausteine des Konzepts eingegangen wird, so ist darauf hinzuweisen, daß mit Lean Management kein völlig neuartiges Konzept vorliegt,[374] sondern vielmehr ein eklektisches Zusammenfügen (alt-)bewährter Denkprinzipien, Methoden und Verfahrensweisen, wie z.b. konsequente Kundenorientierung, Hierarchieabbau, Optimierung der Fertigungstiefe, Prozeßorientierung, Gemeinkostenmanagement, Lean Supplying oder die Besinnung auf das Human Capital, erfolgt.[375] Die eigentliche Stärke des Konzeptes ist allerdings weniger in den einzelnen Bausteinen zu sehen, als vielmehr in der kombinierten und vor allem konsequenten Nutzung ihrer Potentiale.[376] Im Mittelpunkt steht somit nicht – wie beim Business Reengineering – die Erneuerung, sondern in erster Linie die kontinuierliche Verbesserung bzw. Perfektionierung und Verschlankung bestehender Wertschöpfungsaktivitäten.[377]

Abbildung 3-21: Bausteine des Lean Managements

---

[373] vgl. Reiß (1992a), S. 38 und Zahn (1993), S. 10

[374] vgl. Runkle (1991), S. 68

[375] vgl. Foschiani (1995), 19

[376] vgl. Zahn (1992), S. 14

[377] vgl. Droege, Hüsch (1994), S. 326 und Krüger (1995), S. 179

Wie aus Abbildung 3-21 ersichtlich, ist ein wesentlicher Baustein im Lean Management die ausgeprägte *Kundenorientierung*.[378] Unternehmen können langfristig nur überleben, wenn sie gezielt auf die Wünsche ihrer Kunden eingehen.[379] Im Gegensatz zu klassischen Massenproduzenten, die nur wenige Produkttypen herstellen, verfolgen Vertreter des Lean Managements in der Regel Differenzierungsstrategien.[380]

Als probates Mittel zur Erzielung von Kundenorientierung sieht das Konzept in einem zweiten Baustein eine Entbürokratisierung über den *Abbau von Hierarchie* vor.[381] Erreicht werden soll damit eine Verkürzung der Informationswege, eine stärkere Dezentralisierung von Aufgaben und Verantwortung, ein höheres Maß an Engagement und Selbstorganisation der Mitarbeiter und damit letztlich eine bessere Reagibilität des Unternehmens.[382]

Der dritte Baustein des Lean Managements bezieht sich auf die *Optimierung der Fertigungstiefe*. Der Fokus liegt in der Wertschöpfungskette auf denjenigen Aktivitäten, die mit den eigenen Kernkompetenzen optimal korrespondieren.[383] Sämtliche darüber hinaus gehenden Aufgaben werden outgesourced bzw. fremdbezogen.[384]

Ferner zeichnet sich das Lean Management – wie andere Managementkonzepte auch – durch eine Betonung der *Prozeßorientierung* aus.[385] Ziel dieses vierten Bausteins ist letztlich die verstärkte Konzentration auf die kritischen Erfolgsfaktoren Zeit, Qualität und Kosten.[386]

Wie schon die anderen ist auch der fünfte Baustein keineswegs neu. Hier liegt das Bestreben darin, jene Aktivitäten zu minimieren oder zu eliminieren, die – ohne daß ihnen ein entsprechender Nutzen gegenübersteht – lediglich Gemeinkosten verursachen und damit zu Wettbewerbsnachteilen führen. Erreicht werden soll dieses

---

[378] vgl. Mentzel (1997), S. 34

[379] vgl. Grant u.a. (1991), S. 51

[380] vgl. Macharzina (1993), S. 754

[381] vgl. Drumm (1996), S. 9 und Mentzel (1997), S. 34

[382] vgl. Streitferdt (1994), S. 485

[383] vgl. Schanz, Döring (1998), S. 915

[384] vgl. Reiß (1992b), S. 61

[385] vgl. Reiß (1997b), S. 50

[386] vgl. Zahn (1992), S. 10

Downsizing der Gemeinkostenbereiche in erster Linie durch die Aufhebung der Trennung zwischen direkten und indirekten Bereichen.[387] Der sechste und letzte wesentliche Baustein des Lean Managements betrifft die Beziehungen zwischen dem Unternehmen und seinen Lieferanten. Im Gegensatz zum klassischen Marktmodell, bei dem die Lieferanten je nach Bedarf und Angebot schnell und häufig gewechselt werden können, empfiehlt die Lean-Management-Konzeption den Aufbau zeitstabiler Beziehungen zu einer überschaubaren Anzahl an Lieferanten (*Lean Supplying*). Die enge Zusammenarbeit führt im Idealfall dazu, daß die Entwicklung von ganzheitlichen Lösungsansätzen gemeinsam vorgenommen wird.

Im Gegensatz zum Business Reengineering, das vornehmlich auf eine einmalige, transformative Neuordnung eines Unternehmens abzielt, muß das Lean Management als Konzept verstanden werden, dessen Bestreben eine langfristige Aufrechterhaltung von Verbesserungsbemühungen im Unternehmen ist. Hierfür ist die Partizipation der Mitarbeiter notwendig, weswegen das Lean Management häufig auch zu den human-zentrierten Managementkonzepten gezählt wird. Diese Humanzentrierung fußt allerdings nicht auf einer tatsächlich kulturell-kognitiven Perspektive, sondern auf einer ausschließlich instrumentellen Sichtweise, bei der der Mensch lediglich als geeignetes Mittel zur Bewältigung komplexer Unternehmensprozesse fungiert.[388] Einer der schwerwiegendsten Kritikpunkte am Konzept des Lean Managements ist jedoch, daß die Verschlankung der Unternehmensstrukturen keine strategische Neuausrichtung mit einschließt und das Konzept somit ein strategisches „Weiter-wie-bisher" impliziert.[389]

---

[387] vgl. Tomasko (1987), S. 32ff.
[388] vgl. Reiß (1997b), S. 49
[389] vgl. Zahn, Tilebein (1998), S. 49

3.3.2.3 Total Quality Management – Veränderungsimpulse durch Kulturwandel

In Analogie zum Konzept „Lean Management" ist auch das „Total Quality Management" als ein ursprünglich aus Japan stammendes Managementkonzept einzuordnen.[390] Sein ganzheitlicher Anspruch läßt sich durch die einzelnen Bestandteile des Konzeptnamens verdeutlichen:[391]

- „Total" bedeutet, „daß alle Unternehmensbereiche und Mitarbeiter einbezogen werden, präventive Maßnahmen das gleiche Gewicht aufweisen wie kurative und ein Überschreiten der Unternehmensgrenzen erfolgt"[392].

- „Quality" weist auf die im Mittelpunkt stehende starke Qualitäts- und Kundenorientierung auf allen Unternehmensebenen hin.[393] Qualität wird zu einem Fundament der Unternehmenskultur. Der in diesem Zusammenhang verwendete Qualitätsbegriff ist mithin sehr weit gefaßt.[394] Er beinhaltet die Arbeitsqualität jedes einzelnen, die Prozeßqualität und die Unternehmensqualität, woraus letztlich die Produktqualität entsteht.[395] Dieses Verständnis von Qualität legt offen, daß das Konzept weit über die technisch-ökonomische Perspektive hinaus geht und Bausteine der kulturell-kognitiven Sichtweise mit einbezieht.

- Der Begriff „Management" schließlich verdeutlicht, daß eine Verknüpfung mit anderen Managementkonzepten angestrebt wird und eine Neustrukturierung des Unternehmens u.a. auf der Grundlage von Partizipation und Delegation erfolgen soll.[396]

Abbildung 3-22 gibt einen Überblick über die Fülle der in dem Konzept enthaltenen Bausteine und Grundprinzipien.[397]

---

[390] vgl. Oess (1993), S. 89

[391] vgl. Zink (1989), S. 22ff. und Kamiske, Malorny (1992), S. 274ff.

[392] Corsten (1994), S. 15

[393] vgl. Oess (1993), S. 90 und Corsten (1994), S. 15

[394] vgl. Schildknecht (1992), S. 119ff.

[395] vgl. Kamiske, Malorny (1994), S. 971 und Zink (1995a), S. 5

[396] vgl. Corsten (1994), S. 16

[397] Vgl. hierzu Ausführungen über Bausteine und Grundprinzipien von Zink (1989); Kamiske, Malorny (1992); Schildknecht (1992) und Oess (1993).

Abbildung 3-22: Bausteine des Total Quality Managements

Gemäß der kulturell-kognitiven Sichtweise bedeutet Total Quality Management immer auch einen *Kulturwandel* im Unternehmen, weswegen im Rahmen des Konzeptes häufig von „Total Quality Culture" die Rede ist.[398] Um einen solchen, von der Basis getragenen Kulturwandel überhaupt bewerkstelligen zu können, ist die *Einbindung der Mitarbeiter* in Verbesserungs- und Erneuerungsprozesse unumgänglich.[399] Dementsprechend stellt die *Partizipation aller Mitarbeiter* im Unternehmen neben der Kulturorientierung einen weiteren wesentlichen Baustein des Total Quality Managements dar.[400] Erst durch intensivere Mitarbeiterbeteiligung findet der Übergang zu verstärkter *Selbstorganisation* und damit verbunden zu mehr Verantwortung statt, wodurch neue Veränderungsimpulse nach dem „Bottom-up"-Prinzip entstehen. Daraus hervorgehende Verbesserungen fördern nicht nur die Kohäsion im Unternehmen, sondern kommen vor allem auch den Kunden zugute. Als Kunde fungieren neben den externen Kunden gleichsam auch die im Wertschöpfungsprozeß jeweils intern nachgelagerten Unternehmenseinheiten.[401] Die *Orientierung am Kunden* spielt im Total Quality Management eine bedeutende Rolle, die dazu führt, daß die Beziehungen zu den Kunden von Grund auf geändert werden. An die Stelle einer anony-

---

[398] vgl. Kamiske, Malorny (1994), S. 981 und Reiß (1997b), S. 59

[399] vgl. Urban (1994), S. 280

[400] vgl. Bronner, Röder (1999), S. 94 und Simon (2000), S. 101

[401] vgl. Reiß (1997b), S. 59

men Transaktionsbeziehung tritt ein Beziehungsmanagement, über das individuelle Kundeninformationen erlangt und gespeichert werden.[402] Total Quality Management ist somit ein Managementkonzept, das aufbauend auf einer ausgeprägten Mitarbeiter-, Kunden- und *Prozeßorientierung* Möglichkeiten beinhaltet, die es dem Unternehmen erlauben, auf die vielfältigen Anforderungen der Umwelt flexibel zu reagieren.[403] Ausgangspunkt dafür ist die Implementierung und Entwicklung der erwähnten, qualitätsorientierten Unternehmenskultur im Sinne eines mentalen Orientierungsrahmen.[404]

Da sich Wandlungsprozesse – insbesondere in kultureller Hinsicht – gewöhnlich nur sehr langsam vollziehen, muß auch das Total Quality Managements als ein auf lange Sicht angelegtes, grundlegendes Erneuerungskonzept verstanden werden.[405] Im Gegensatz zum Business Reengineering – das eine einmalige und radikale Restrukturierung der Unternehmensprozesse vorsieht – baut das Total Quality Management auf bestehenden Prozessen und Strukturen auf und strebt wie das Lean Management stufenweise *kontinuierliche Verbesserungen* an.[406] Als problematisches Spannungsfeld hat sich der Anspruch der *Ganzheitlichkeit* bzw. der Flächendeckung auf der einen Seite sowie die verstärkte Delegation von Verantwortung und Entscheidungskompetenz auf der anderen Seite erwiesen. Flächendeckung kann effizient nur über eine zentrale Top-down-Koordination erreicht werden, wohingegen das Anliegen des Total Quality Managements in der Realisierung eines breiten, von den Mitarbeitern getragenen, kontinuierlichen Bottom-up-Verbesserungsprozesses liegt.[407]

---

[402] vgl. Reiß (1997b), S. 61

[403] vgl. Kamiske, Malorny (1994), S. 976

[404] vgl. Kamiske, Malorny (1994), S. 980

[405] vgl. Malorny, Kassebohm (1994), S. 75

[406] vgl. Runge (1994), S. 3ff. und Zahn, Tilebein (2000), S. 119

[407] vgl. Reiß (1997b), S. 68

3.3.2.4 Organisationsentwicklung – Wandel in Menschenbild und Unternehmenspolitik

Eine noch stärkere Betonung kultureller Aspekte im Vergleich zum Total Quality Management findet beim Konzept der Organisationsentwicklung statt. Die klassische Organisationsentwicklung ist ein verhaltenswissenschaftlich geprägtes Konzept,[408] das in erster Linie die kulturell-kognitive wie auch die politisch-behavioristische Perspektive des Wandels in Unternehmen berücksichtigt.

Die Vertreter der Organisationsentwicklung gehen davon aus, daß sich erst die Einstellungen, Werte und Verhaltensweisen der Mitarbeiter eines Unternehmens ändern müssen, bevor sich das Unternehmen selbst ändern kann.[409] Als unabhängiges Forum für den Austausch und die Weiterentwicklung von Theorie und Praxis der Organisationsentwicklung charakterisiert die deutsche Gesellschaft für Organisationsentwicklung e.V. (GOE) das Konzept als

„... einen längerfristig angelegten, nachhaltigen Entwicklungs- und Veränderungsprozeß einer Organisation und der in ihr tätigen Menschen. Die Wirkung dieses Prozesses beruht auf dem gemeinsamen Lernen aller beteiligten Personen durch direkte Mitwirkung bei der Bearbeitung und Lösung betrieblicher und unternehmerischer Probleme ... . Die Verbesserung der Leistungsfähigkeit der Organisation und der Qualität des Arbeitslebens sind gleichrangig und interdependent. Effizienz und Humanität sind die beiden Seiten gelingender Organisationsentwicklungsprozesse."[410]

---

[408] vgl. Schwaninger (1995), S. 145 und Staehle (1999), S. 922
Arbeiten zur klassischen Organisationsentwicklung stammen beispielsweise von Bennis, Benne, Chin (1969); Bennis (1972); Lippit (1974); French, Bell (1990); Sievers (1977); Bartölke (1980); Huse (1985); Lauterburg (1980) und Trebesch (1980). Ursprünglich zählten zur Organisationsentwicklung zahlreiche Ansätze, wie z.B. der Action-Research-Ansatz (Lewin (1946); Whyte, Hamilton (1964)), die Survey-Feedback-Schule (Likert (1961) u.a.), die Quality of Work-Life-Initiativen (Emery, Trist (1965) u.a.).

[409] vgl. Thom (1995), S. 873; Rieckmann (1996), S. 127 und Thompson (1997), S. 683

[410] Gesellschaft für Organisationsentwicklung (1996), http://www.goe.org/leitlini.htm; Stand 05.06.2001
Eine etwas vereinfachte Definition stammt von Bea und Göbel (1999), S. 417, die Organisationsentwicklung als einen „langfristigen Prozeß zur Verbesserung der Problemlösungs- und Erneuerungsfähigkeit einer Organisation, vor allem durch Veränderung der Organisationskultur" bezeichnen.

Einen wichtigen Grundpfeiler dieser Definition stellt das hier zugrunde gelegte Menschenbild dar.[411] Es entspricht dem der kulturell-kognitiven Perspektive und impliziert das Bild eines entwicklungs- und lernfähigen sowie verantwortungsbereiten Menschen.[412]

Neben der stark verhaltenswissenschaftlich geprägten Basis der Organisationsentwicklung spielt das Harmoniepostulat zwischen den Zielsetzungen des Unternehmens (Effizienz) einerseits und denen der betroffenen Mitarbeiter (Humanität) andererseits eine herausragende Rolle.[413] Wesentliche Veränderungen sollten grundsätzlich von den Organisationsmitgliedern mitentschieden und -getragen werden.[414] Um dies zu unterstreichen, wurden von der GOE anwendungsorientierte Leitlinien entworfen, die das Konzept der Organisationsentwicklung prägen (vgl. Abbildung 3-23):[415]

Abbildung 3-23: Anwendungsorientierte Leitlinien der Organisationsentwicklung

---

[411] vgl. Thom (1997), S. 205

[412] vgl. Jung, Kleine (1993), S. 328
Das hier zugrunde liegende Menschenbild orientiert sich an der Theorie Y von McGregor (1973), S. 61f.

[413] vgl. Reiß (1997d), S. 10

[414] vgl. Wildemann (1997), S. 286 und Engelhardt, Graf, Schwarz (2000), S. 66

[415] vgl. Gesellschaft für Organisationsentwicklung (1996), http://www.goe.org/leitlini.htm; Stand 05.06.2001

In diesen Leitlinien manifestiert sich zum einen die Absicht der Organisationsentwicklung, zur Demokratisierung des Arbeitslebens und zum Abbau unnötiger hierarchischer Differenzierungen beizutragen (strukturaler Ansatz). Zum anderen sollen im Sinne dieses Konzeptes vorhandene Machtbeziehungen ausgeglichen und eine Kultur gegenseitigen Vertrauens angestrebt werden (personaler Ansatz). Beide Ansätze – sowohl die personalen als auch die strukturalen – sind im Konzept der Organisationsentwicklung enthalten.

- Im Mittelpunkt des *personalen Ansatzes* stehen die Mitarbeiter, deren Fähigkeiten zur Bewältigung und Unterstützung von Wandel durch Qualifizierungsmaßnahmen zu fördern sind.[416] Am individuellen Verhalten ansetzende Methoden der Organisationsentwicklung sind darauf ausgerichtet, internen Wandel in drei Phasen durch neue Verhaltensweisen auszulösen:[417] In einer ersten Phase wird versucht, die bisherigen Verhaltensweisen des Sozialsystems „aufzutauen" („unfreezing") und bei den Betroffenen Änderungsbereitschaft zu wecken, um anschließend in einer zweiten Phase („moving") die Neuerungen konzipieren und implementieren zu können. Jeder Veränderungsprozeß benötigt aber auch einen gewissen Abschluß. Daher müssen in einem dritten Schritt die geänderten Verhaltensweisen in der neuen Form „eingefroren" („refreezing"), d.h. längerfristig stabilisiert werden, womit jedoch keinesfalls ein definiertes Ende im Sinne verlorener Bewegungsfähigkeit gemeint ist.[418] Der beschriebene Prozeß kann methodisch durch Labortraining, Aus- und Weiterbildungsmaßnahmen, Konfrontationstreffen oder durch die Survey-Feedback-Methode unterstützt werden.[419]

- Da es gewöhnlich nicht ausreicht, die Mitarbeiter zur Änderung ihres Verhaltens anzuregen, sollte gleichzeitig die Möglichkeit geschaffen werden, die neuen Verhaltensweisen umzusetzen. Nur über eine Kombination des personalen und strukturalen Ansatzes lassen sich die Zieldimensionen der Organisationsentwicklung (Effizienz und Humanität) erreichen.[420] Dazu bedürfen die am Indivi-

---

[416] vgl. Heeg (1994), S. 924

[417] Die Einteilung eines erfolgreichen Wandlungsprozesses in drei Phasen geht ursprünglich auf Lewin zurück, der die Begriffe des „unfreezing", „moving" und „freezing" erstmals verwendete (vgl. Lewin (1947), S. 34f.). Bei Fischer finden sich Beispiele für Methoden, die geeignet sind, die einzelnen Phasen zu unterstützen (vgl. Fischer (1996), S. 229ff.).

[418] vgl. Steinmann, Schreyögg (1997), S. 443 und Thom (1997), S. 206

[419] vgl. French, Bell jr. (1990), S. 37ff.

[420] vgl. Thom (1997), S. 206

duum orientierten Methoden der Ergänzung durch Methoden des strukturalen Ansatzes. Dieser versucht, über die Veränderung der organisatorischen Regelungen günstige Rahmenbedingungen für das Erreichen der gesetzten Ziele zu schaffen. Entsprechend dem Selbstverständnis der Organisationsentwicklung werden hierfür Management by Objectives und Entscheidungsdelegation als geeignete Maßnahmen propagiert.

Kritisch anzumerken ist jedoch, daß das Konzept der Organisationsentwicklung grundsätzlich davon ausgeht, daß sich Wandelprozesse in einer kontinuierlichen und zeitlich gestreckten Weise vollziehen. Es wird versucht, den Wandel so weit zu strecken, daß er beherrschbar bleibt – die meisten Konzepte veranschlagen drei und mehr Jahre.[421] In der Realität verlangen interne oder externe Veränderungen aber oft einen raschen Umstellungsprozeß, um das Überleben eines Unternehmens zu sichern. Dem ist das Konzept der Organisationsentwicklung nicht gewachsen und damit für radikalen Wandel ungeeignet.

Ein weiterer Kritikpunkt, der im Hinblick auf die Organisationsentwicklung immer wieder geäußert wird, ist die zum Teil mangelnde theoretische Fundierung des Ansatzes. Allerdings ist bei der Diskussion des Theoriebezugs zu berücksichtigen, daß es der Organisationsentwicklung als angewandter Wissenschaft weniger um Theoriebildung als um die Unterstützung bei der Lösung praktischer Gestaltungsprobleme geht.[422]

3.3.2.5 Organisationales Lernen – eine selbstbestimmte Evolution von Denken und Handeln

Zwar weisen einige der bereits vorgestellten Konzepte zum Management des Wandels durchaus evolutionäre Elemente auf, doch besitzt keines davon einen solch ausgeprägten evolutionären Charakter wie das des „organisationalen Lernens"[423].

---

[421] vgl. Steinmann, Schreyögg (1997), S. 451

[422] vgl. Staehle (1999), S. 589

[423] Der wissenschaftliche Begriff des „Lernens" stammt ursprünglich aus einer behavioristischen Forschungstradition, in der er klassischerweise im Sinne des Stimulus-Response-Paradigmas verstanden wurde. March und Olsen (1976), S. 54ff. gehörten zu den ersten, die diesen Lernansatz auf Organisationen übertragen haben. Basierend auf einem nach der Stimulus-Response-Logik funktionierenden Lernzirkel entwickelten sie ein Konzept organisationalen Lernens.

Erste grundlegende Arbeiten zu diesem Konzept wurden Mitte der 60er Jahre in den USA veröffentlicht.[424] Seither erfolgten von verschiedenen Autoren eine Vielzahl von Definitionsversuchen hinsichtlich des organisationalen Lernens, wodurch der fragmentarische Charakter des Forschungsfeldes zum Ausdruck kommt.[425] Vergleichsweise umfassend beschreibt DIXON organisationales Lernen als

„intentional use of learning processes at the individual, group and system level to continuously transform the organization."[426]

Ebenso vielfältig wie die Definitionsversuche sind die theoretischen Ansätze zur Erklärung organisationaler Lernprozesse. KIM stellt fest: *„...,the theory of organizational learning is still in its embryonic stage."*[427]

Trotz der zahlreichen unterschiedlichen Auffassungen, wie organisationale Lernprozesse ablaufen, besteht weitgehende Einigkeit darin, daß Unternehmen zwar durch ihre Mitarbeiter lernen, organisationales Lernen aber mehr als nur kumuliertes individuales Lernen ist.[428] HEDBERG führt hierzu aus:

„Although organizational learning occurs through individuals, it would be a mistake to conclude that organizational learning is nothing but the cumulative result of their members' learning. Organizations do not have brains, but they have cognitive systems and memories. As individuals develop their personalities, personal habits, and beliefs over time, organizations develop world views and ideologies."[429]

---

[424] Cyert und March thematisierten bereits 1963 im Rahmen ihrer Untersuchungen zur Verhaltensanpassung von Unternehmen erstmals organisationales Lernen (vgl. Cyert, March (1963), S. 123ff.).

[425] vgl. hierzu Cyert, March (1963), S. 123; Argyris, Schön (1978), S. 29; Duncan, Weiss (1979), S. 84; Hedberg (1981), S. 3; Morgan, Ramirez (1983), S. 4; Fiol, Lyles (1985), S. 803; Pautzke (1989), S. 89; Senge (1990), S. 14; Dodgson (1991), S. 110; Reinhardt (1993), S. 300; Kim (1993), S. 43; Garvin (1994), S. 75; Geißler (1994), S. 10; Probst (1994), S. 301; Mumford (1995), S. 88; Greschner (1996), S. 107; Kleingarn (1997), S. 54; Probst, Büchel (1998), S. 17; Staehle (1999), S. 914 und Klimecki, Laßleben, Thomae (2000), S. 68

[426] Dixon (1994), S. 5

[427] Kim (1993), S. 37
Neben den Modellen von March und Olsen (1976) stellen die Arbeiten von Argyris und Schön (1978) die bekanntesten Versuche zur Erklärung organisationaler Lernprozesse dar. Bedeutende Modelle des organisationalen Lernprozesses stammen aber auch von Hedberg (1981); Senge (1990); Müller-Stewens, Pautzke (1991); Pawlowsky (1992); Perich (1992); Kim (1993); Dixon (1994) und Probst, Büchel (1998).

[428] vgl. Reber (1992), Sp. 1240; Krebsbach-Gnath (1992a), S. 10; Probst (1994), S. 301; Walz, Bertels (1995), S. 23; Geißler (1996), S. 82ff.; Mohr (1997), S. 57; Weidler (1996), S. 74; Probst, Büchel (1998), S. 18 und Veil (1999), S. 159

[429] Hedberg (1981), S. 6

Gemäß dieser Auffassung wird organisationales Lernen als Wandel von und in Unternehmen im Sinne ihrer Höher- oder Weiterentwicklung verstanden. Um dies zu erreichen, setzt organisationales Lernen jedoch verschiedene Bausteine voraus (vgl. Abbildung 3-24).

Abbildung 3-24: Bausteine zur Realisierung organisationalen Lernens

Im Gegensatz zu stark passiv-reaktiv geprägten Verhaltensweisen anderer Konzepte rückt beim organisationalen Lernen das aktive Lenkungs- und Gestaltungspotential des gesamten Unternehmens in den Mittelpunkt.[430] Indem sich das Unternehmen aktiv wandelt, gewinnt es neue Eigenschaften, Fähigkeiten und Verhaltensweisen hinzu („Organizational Behavior"[431]). Damit versetzt es sich in die Lage, seine eigenen Ziele selbst zu bestimmen.[432] Der Wandel verläuft von innen heraus in *kontinuierlichen Prozessen*, so daß er letztlich evolutionär aus Selbstorganisationsprozessen entsteht.[433] *Selbstorganisation* stellt damit eine notwendige Voraussetzung dar, da evolutionärer Wandel immer einer – durch Dritte nur bedingt beeinfluß-

---

[430] vgl. Kleingarn (1997), S. 66

[431] Zum Begriff des „Organizational Behavior" siehe z.B. Steers, Black (1996); George, Jones (1996); Hersey, Blanchard, Johnson (1997); Nelson, Quick (1997); Carrell, Jennings, Heavrin (1997); Adler (1997); Nicholson (1997) und Robbins (1998).

[432] vgl. Ulrich, Probst (1995), S. 90

[433] vgl. Probst (1992a), S. 20

baren – Selbstentwicklung gleichkommt.[434] Auf diese Weise sind Veränderungen im Unternehmen nach dem Konzept des organisationalen Lernens nicht mehr nur das Ergebnis reaktiver Anpassungen an die Umwelt, sondern sie resultieren aus aktiver Selbstbeobachtung und Selbstbewertung der Mitarbeiter untereinander.[435] Erst durch deren intensive Interaktion kann neues Wissen und neues Verhalten entstehen:

„The fine points of the new direction are developed through interactions among many people, each of whom has a piece of the knowledge needed to construct new routines."[436]

Als weitere wesentliche Bausteine zur Realisierung einer solchen „Lernorganisation" nennt GRESCHNER u.a. die *Abflachung von Hierarchien* sowie eine konsequente *Kunden- und Mitarbeiterorientierung.*[437] KLEINGARN weist zudem darauf hin, daß Lernen im Unternehmen nur dann erfolgen kann, wenn sich die Gelegenheit dazu bietet, d.h. wenn das Unternehmen über *„Organizational Slack"*[438] in Form freier Ressourcen wie bspw. Zeit, Geld oder Mitarbeiter verfügt.[439]

Einer der Kritikpunkte beim Konzept des organisationalen Lernens ist, daß aufgrund von Störungen, z.B. in Form von Informationsfilterung oder mangelnder Kommunikation, nicht das gesamte individuale Wissen auf organisationaler Ebene zur Verfügung steht und die Geschwindigkeit kollektiver Lernprozesse oft nur dem „kleinsten gemeinsamen Nenner" der Beteiligten entspricht.[440] Notwendige Wandlungsprozesse werden dadurch zeitlich verzögert oder gar verhindert.

---

[434] vgl. Klimecki, Probst, Eberl (1991), S. 116

[435] vgl. Kleingarn (1997), S. 67

[436] Floyd, Lane (2000), S. 157

[437] vgl. Greschner (1996), S. 143ff.

[438] Der Begriff des „Organizational Slack" geht auf Cyert und March (1963) zurück und beinhaltete ursprünglich unerwartete Zielbeiträge, die mehr Ressourcen verbrauchten, als zur eigentlichen Zielerreichung notwendig waren. Nach Klimecki, Probst und Eberl (1991), S. 118 umfaßt Organizational Slack „alle Aktivitäten und Fähigkeiten innerhalb eines sozialen Systems, die nicht auf den eigentlichen Arbeitszweck gerichtet sind und im Moment vom System nicht nachgefragt werden[,] aber für zukünftige Anforderungen eine wesentliche Ressource darstellen." Brehm und Jantzen-Homp (2000), S. 219 verstehen darunter „organisatorischen Ressourcenüberschuß".

[439] vgl. Kleingarn (1997), S. 62

[440] vgl. Geus (1989), S. 28ff.

3.3.2.6 „Denkmodelle" zur Bewältigung des Wandels

Neben Business Reengineering, Lean Management, Total Quality Management, Organisationsentwicklung und organisationalem Lernen gibt es weitere bedeutende Gedankengebäude zur Bewältigung des Wandels. Herauszuheben sind hierbei insbesondere das „Fraktale Unternehmen", „Bionic Manufacturing" und „Agile Manufacturing" sowie – mit anderen Schwerpunkten – das Konzept des „virtuellen Unternehmens". Im Gegensatz zu den bisher vorgestellten Konzepten weisen die folgenden zum Teil noch erhebliche Defizite hinsichtlich ihrer Konkretisierung auf und besitzen damit eher den Charakter von „Denkmodellen".

Die Idee des *Fraktalen Unternehmens* stammt von WARNECKE, der Anfang der 90er in Analogie zu natürlichen Systemen dynamische Organisationen skizzierte.[441] Seiner Vorstellung nach besteht ein fraktales Unternehmen aus autonomen, selbstähnlichen, zielbewußten, dynamischen Gebilden – den Fraktalen.[442] Sie verfügen über Freiräume zur Selbstorganisation, agieren somit weitgehend eigenständig und wirken aktiv an ihrer Entstehung, Veränderung und Auflösung mit.[443] Im Verbund mit anderen Fraktalen interagieren sie im Unternehmen unter intensiver Kommunikation nach Regeln des Wettbewerbs und der Kooperation.[444] Diese Grundprinzipien verleihen dem Fraktalen Unternehmen die Fähigkeit zum Wandel von innen heraus.[445] Fraktale Unternehmen haben damit nicht nur die Möglichkeit reaktiver Anpassung an ihre Umwelt, sondern können darüber hinaus aus eigener Kraft proaktiv agieren.[446]

Im Vergleich zum Konzept des Fraktalen Unternehmens ist die Vorstellung des *Bionic Manufacturing* weniger umfassend und weit weniger ausgereift. Der Schwerpunkt der Überlegungen liegt hier – noch stärker als beim Fraktalen Unternehmen – auf der Gestaltung der Produktionssysteme von Unternehmen. Die Grundidee des Konzeptes beruht auf der Annahme, daß Produktionssysteme in ähnlicher Weise

---

[441] vgl. Warnecke (1993); S. 2ff.

[442] vgl. Warnecke (1995a), S. 216

[443] vgl. Zahn (1995a), S. 156 und Warnecke (1996), S. 331ff.

[444] vgl. Zahn, Schmid (1996), S. 102f.

[445] vgl. Dillerup (1998), S. 170

[446] vgl. Warnecke (1995b), S. 25

funktionieren wie biologische Organismen.[447] Um ein effizientes Produktionssystem zu gestalten, sind demnach geeignete Basismerkmale biologischer Systeme, wie Vielseitigkeit, Offenheit oder Spontaneität, auszuwählen und zu übertragen.[448] Diese Merkmale sollen helfen, den in der Produktion auftretenden Turbulenzen erfolgreich zu begegnen. Als Grundvoraussetzungen werden auch hier in erster Linie Selbstorganisation der autonomen Einheiten sowie die Fähigkeit zur parallelen Bearbeitung von Prozessen angeführt.[449]

Während das Konzept des Bionic Manufacturing japanischen Ursprungs ist,[450] gehen die Grundlagen des *Agile Manufacturing* auf Arbeiten des amerikanischen Iacocca Institutes zurück.[451] Agilität wird dabei folgendermaßen interpretiert:

> *„Agility refers to the nimbleness of a company to quickly assemble it's technology, employees, and management via a sophisticated communication infrastructure in a deliberate, effective, and coordinated response to changing customer demands in a market environment of continuous and unanticipated change."*[452]

Diese Definition ist vergleichsweise weit gefaßt, wodurch auch ein Unterschied zum Bionic Manufacturing zum Ausdruck kommt: Im Gedankengebäude des Agile Manufacturing steht nicht allein die Agilität des Produktionssystems im Vordergrund.[453] Ausgangspunkt des Konzeptes bilden grundlegende Leistungsanforderungen an das Unternehmen als Ganzes, die im Hinblick auf deren Wettbewerbsfähigkeit von kardinaler Bedeutung sind.[454] Hierunter sind neben der Fähigkeit zu kontinuierlicher Verbesserung und einem schnellen Reaktionsvermögen vor allem eine konsequente Kundenorientierung zu zählen.[455] Defizite bestehen vor allem insofern,

---

[447] vgl. Dillerup (1998), S. 184

[448] vgl. Okino (1988), S. 66 und Ueda (1994), S. 1263

[449] vgl. Dillerup (1998), S. 185

[450] vgl. Engel (1990), S. 79ff.

[451] Vom Iacocca Institute wurden erstmals 1991 im Rahmen des Forschungsberichtes „21st Century Manufacturing Enterprise Strategy – an Industry-led View" Überlegungen zum Konzept des Agile Manufacturing vorgestellt (vgl. Iacocca Institute (1991)).

[452] Amos, Gibson, Kodish (1995), S. 73

[453] vgl. Dillerup (1998), S. 203

[454] vgl. Zahn, Dillerup, Foschiani (1997), S. 156

[455] vgl. Zahn (1996), S. 285

als im Konzept kaum konkrete Hinweise gegeben werden, mit welchen Maßnahmen die geforderte Agilität tatsächlich erreicht werden soll.

Grundlegend andere Überlegungen zur Schaffung von Wandlungsfähigkeit liegen dem Konzept des *Virtuellen Unternehmens*[456] zugrunde. Allenfalls noch vergleichbar mit dem Grundgedanken des Fraktalen Unternehmens, liegt die Bestrebung im Gegensatz zu den Konzepten des Bionic bzw. Agile Manufacturing nicht vordergründig darin, unternehmensintern Beweglichkeit herzustellen. Im Zentrum der Überlegungen steht vielmehr die Auflösung klassischer Unternehmensstrukturen und die Bildung temporärer, hierarchiefreier Netze aus selbständig agierenden Leistungseinheiten.[457] Damit soll eine unternehmensübergreifende, flexible Kombinierbarkeit komplementärer Teilleistungen erreicht werden. Die Zusammensetzung der virtuellen Unternehmen variiert auftragsbezogen unter Berücksichtigung der Kernkompetenzen der jeweiligen Partner. Auf diese Weise soll gewährleistet werden, daß sich ein virtuelles Unternehmen schnell kontext- und situationsspezifisch wandeln kann und zu jeder Zeit eine optimale Konfiguration aufweist.

Zwar wird den verschiedenen hier vorgestellten Konzepten häufig ein relativ geringer Theoriebezug hinsichtlich klarer Begrifflichkeiten und des jeweils zugrundeliegenden Organisationsverständnisses vorgeworfen.[458] So bleibt insbesondere oft ungeklärt, welche Zielsetzungen die einzelnen Konzepte jeweils verfolgen, d.h. ob sie im weiteren Sinne als Management des Wandels innerhalb des gesamten Unternehmens oder im engen Sinne als kurzfristige und begrenzte Veränderungsprojekte zu verstehen sind. Zudem ist festzustellen, daß nahezu alle Konzepte die Unternehmenssituation sehr stark verallgemeinern und versuchen, dem Unternehmen das neue, „beste" Organisationskonzept „überzustülpen". Unternehmensspezifische Besonderheiten werden dabei kaum berücksichtigt.

Dennoch kann den Gedanken grundsätzlich eine gewisse Eignung für Veränderungserfolge zugestanden werden,[459] d.h. jedes der Konzepte hat letztlich eine

---

[456] vgl. hierzu die Arbeiten von Jarillo (1988); Sydow (1991); Hedlund (1994); Davidow, Malone (1996); Müller-Stewens (1997); Schuh, Millarg, Göransson (1998) und Müller-Stewens, Lechner (2001).

[457] vgl. Drumm (1996), S. 8; Reiß (1997b), S. 73 und Bühner, Tuschke (1999), S. 449

[458] vgl. Meyer, Heimerl-Wagner (2000), S. 168

[459] vgl. Bronner, Röder (1999), S. 94

Steigerung der Wandlungsfähigkeit von Unternehmen zum Ziel. Obwohl sie teilweise recht unterschiedliches Gedankengut beinhalten, finden sich in den Konzepten immer wieder ähnliche Bausteine und Grundprinzipien, die häufig bereits Gegenstand traditioneller Managementkonzepte waren. Vielfach beinhalten die „neuen" Konzepte Erkenntnisse der kontingenztheoretischen Forschungen, die bereits in den sechziger Jahren ihren Ausgang nahmen.[460]

Dies wirft die Frage auf, was an der Fülle der aktuellen Konzepte tatsächlich im Sinne echter Neuerungen zu verstehen ist bzw. inwiefern es sich dabei um eine Rekombination bewährter Grundprinzipien handelt und ob sie den sich verändernden Bedingungen gerecht werden können.

Zu diesem Zweck sind im folgenden Kapitel zunächst gemeinsame Bausteine und Unterschiede der vorgestellten Konzepte zu identifizieren. In einem zweiten Schritt werden zu Tage getretene Vorzüge und Defizite der Konzepte erörtert, um daraus Anforderungen an ein effizientes Management des Wandels abzuleiten.

3.3.3 Vorzüge und Defizite der bestehenden Konzepte

Beim Vergleich der beschriebenen Konzepte müssen zwei Komponenten voneinander getrennt werden. Eine Komponente bezieht sich auf die *anzuwendenden Bausteine und Grundprinzipien*. Hier finden sich eine Reihe von Gemeinsamkeiten und Ähnlichkeiten, die somit das „Wurzelwerk" der unterschiedlichen Konzepte bilden (vgl. Abbildung 3-25).

Sowohl das Business Reengineering als auch das Lean Management betonen beispielsweise explizit die Bedeutung der Prozeßorientierung zur Steigerung der Effizienz. Damit einher gehen gewöhnlich Forderungen nach einem Hierarchieabbau und stärkerer Mitarbeiter- und Kundenorientierung. Auch das Postulat der Notwendigkeit einer ganzheitlichen Betrachtung von Unternehmenswandel findet sich in nahezu allen Konzepten wieder, wenngleich einige dennoch den Wandel des Produktionssystem in den Mittelpunkt ihres Konzeptes rücken. Ferner besteht bei den Konzepten weitgehend Einigkeit darüber, daß die Lernrate des Unternehmens größer sein muß als die Veränderungsrate der Umwelt.[461] Nur so kann eine dauer-

---

[460] vgl. Kieser (1996a), S. 182f.

[461] vgl. Böning (1997), S. 158

hafte Anpassung des Unternehmens an seine Umwelt erreicht werden. Lernen stellt somit eine der wichtigsten Voraussetzungen für Anpassungsfähigkeit dar.

Abbildung 3-25: Gemeinsamkeiten aktueller Konzepte zum Management des Wandels[462]

Insgesamt betrachtet stimmen die Konzepte also in einigen wesentlichen Bausteinen überein.[463] Trotz dieser Gemeinsamkeiten wäre es aber voreilig, in den Konzepten lediglich Varianten eines einzigen Grundkonzeptes zu sehen.[464] Unterschiede bestehen vor allem hinsichtlich der zweiten Komponente – nämlich in der *Art und Weise, wie die einzelnen Bausteine umgesetzt werden.* Hier sind drei Spannungsfelder zu unterscheiden, innerhalb derer sich die Umsetzung der Konzeptbausteine positionieren läßt (vgl. Abbildung 3-19).

- Ein Spannungsfeld kann in bezug auf die Unternehmensmodelle identifiziert werden, die den jeweiligen Konzepten zugrundeliegenden. Auf der einen Seite – wie beispielsweise beim Business Reengineering – findet sich die Vorstellung des Unternehmens als *mechanistisches System*, in das die Unternehmensführung in

---

[462] In Anlehung an Reiß (1997b), S. 85

[463] vgl. Stahl (2000), S. 136

[464] vgl. Reiß (1997b), S. 86

transformativer Weise manipulativ eingreifen kann. Bezüglich der in Kapitel 3.3.1 vorgestellten Sichtweisen dominiert damit die technisch-ökonomische Perspektive. Auf der anderen Seite gehen einige Konzepte – wie z.b. das organisationale Lernen oder das Bionic Manufacturing – von einem Unternehmensmodell mit *organischen Eigenschaften* aus. Wandel vollzieht sich hier weitgehend aus sich selbst heraus und kann allenfalls durch sanfte Eingriffe von der Unternehmensführung langfristig beeinflußt werden. Im Zentrum steht die kulturell-kognitive Perspektive. Zwischen den beiden gegensätzlichen Perspektiven lassen sich die übrigen Konzepte mit jeweils eigenen Schwerpunktsetzungen bezüglich der Betrachtungsweise von Unternehmen einordnen.

- Aus dem beschriebenen Sachverhalt leitet sich ein weiteres Spannungsfeld ab, das sich zwischen den Polen *Selbst-* und *Fremdorganisation* markieren läßt. Da sich bekanntermaßen beide Extrempole als nicht praktikabel erweisen,[465] liegt den verschiedenen Konzepten ein jeweils eigenes „Mischungsverhältnis" beider Prinzipien zugrunde. Während das Business Reengineering eine starke „Top-down"-Orientierung aufweist und die Umsetzung von Maßnahmen damit fremdorganisatorisches Übergewicht besitzt, finden sich beispielsweise bei den Konzepten des organisationalen Lernens und des Fraktalen Unternehmens überwiegend „Bottom-up" getriebene, selbstorganisatorische Strömungen wieder.

- Im dritten Spannungsfeld stehen sich die Gegensätze *„radikaler Wandel"* und *„inkrementaler Wandel"* gegenüber.[466] Zwar ähneln sich bei den vorgestellten Konzepten wesentliche Bausteine und zum Teil die angestrebten Ziele. Die Vorstellungen, in welcher Breite, Tiefe und Geschwindigkeit die Wandlungsvorhaben umzusetzen sind, divergieren hier jedoch erheblich. So findet sich auf der einen Seite z.B. das Konzept des organisationalen Lernens, welches von langwierigen Lernprozessen ausgeht, oder die Organisationsentwicklung, die diskussionsreiche, zeitaufwendige und auf Konsens ausgerichtete Mitarbeiterbeteiligung anstrebt und somit inkrementale, von den Mitarbeitern getragene Wandlungsprozesse präferiert. Auf der anderen Seite verfolgt das Business Reengineering die Absicht, undemokratisch und schnell tiefgreifenden Wandel durchzuführen.

---

[465] vgl. Zahn, Tilebein (1998), S. 51

[466] vgl. Reiß (1997b), S. 86
Vgl. zur Unterscheidung zwischen „radikalem" und „inkrementalem" Wandel die Ausführungen in Kapitel 3.1.4.

Aus der Beschreibung der drei Spannungsfelder wird ersichtlich, daß es – trotz vieler Ähnlichkeiten bei wesentlichen Bausteinen und Grundprinzipien – zum Teil erhebliche Differenzen in den Vorgehensweisen der aktuellen Konzepte beim Management des Wandels in Unternehmen gibt.

Unter anderem diese unterschiedlichen Vorgehensweisen führen dazu, daß die Eignung bzw. Leistungsfähigkeit der einzelnen Konzepte an bestimmte Einsatzbedingungen gebunden ist. So ergeben sich beispielsweise je nach Dringlichkeit der Wandelerfordernisse und in Abhängigkeit der vorherrschenden Unternehmenskonfigurationen für die Konzepte jeweils spezifische Stärken: Das organisationale Lernen eignet sich z.B. nicht für plötzlich auftretende Krisensituationen, während ein über längere Zeit aufrechterhaltenes Business Reengineering im Unternehmen für Instabilität und Unzufriedenheit sorgen kann. Verändern sich nun wesentliche Einsatzbedingungen, dann besteht die Gefahr, daß eine vermeintliche Stärke eines Konzeptes zu einer Schwäche wird. Die gewählte Vorgehensweise eignet sich nicht mehr für die neue Situation – das Konzept scheitert.

Insbesondere hierin liegt ein Defizit der vorgestellten Konzepte: Jedes von ihnen erhebt den Anspruch, ein ganzheitliches, in sich abgeschlossenes Konzept zu sein, dessen positive Effekte bei der Kombination mit anderen verwaschen. Um die Leistungsfähigkeit der Konzepte zur vollen Entfaltung zu bringen, müssen Teillösungen und Kompromisse vermieden werden.

Mit der Auswahl eines solchen, vermeintlich ganzheitlichen Konzeptes legt sich die Unternehmensführung aber gleichzeitig längerfristig auf relativ fixe „Mischungsverhältnisse" innerhalb der drei oben beschriebenen Spannungsfelder fest. Größere Variationen dieser Mischungsverhältnisse sind kaum möglich, d.h. die meisten Konzepte taugen nur für bestimmte, gleichbleibende Kontexte und sind bei deren Veränderung wenig wandelbar.[467]

Will die Unternehmensführung nun aber einen notwendigen Wechsel zu anderen, erfolgversprechenderen „Mischungsverhältnissen" vollziehen, ist sie folglich gezwungen, sich grundsätzliche auf ein anderes Konzept umzuorientieren. Ein solches kurzfristige Wechseln zwischen den Konzepten widerspricht aber nicht nur deren auf

---

[467] Zink hält hierzu fest, daß bei den genannten Konzepten – entgegen ihrer eigentlichen Ansprüche – der Eindruck entsteht, daß es sich doch um Partialkonzepte handelt, die in einen umfassenden Zusammenhang einzubetten sind, der die verschiedenen Bausteine unter Berücksichtigung der jeweiligen Umweltsituation enthält (vgl. Zink, (1995b), S. 23).

Dauer angelegten Grundprinzipien, sondern führt darüber hinaus zu Verwirrung und Unzufriedenheit im Unternehmen.

Signifikante Veränderungen in den Anforderungen an Unternehmen implizieren für die Unternehmensführung die Notwendigkeit, permanent die Balance zwischen transformativen und evolutiven Ansätzen neu zu definieren. Im einzelnen bedeutet dies, die Mischungsverhältnisse innerhalb der genannten Spannungsfelder, d.h. zwischen einem mechanistischen und organischen Unternehmensverständnis, zwischen Selbst- und Fremdorganisation sowie zwischen einem inkrementalen und einem radikalen Vorgehen, situativ zu verändern. Die zentrale Aufgabe der Führung stellt somit nicht mehr nur das Ermitteln und Umsetzen einer optimalen Unternehmenskonfiguration dar. Es geht vielmehr um ein dynamisches Manövrieren in den beschriebenen Spannungsfeldern zur permanenten Aufrechterhaltung von Wandlungsfähigkeit.[468] Neu ist dabei der Umstand, daß ein Konzept zum Management wandlungsfähiger Unternehmen künftig die Beherrschung einer parallelen Lösungsvielfalt innerhalb der Spannungsfelder erfordert. Die beschriebenen Pole dürfen nicht mehr als unvereinbare Gegensätze verstanden werden. Die Unternehmensführung muß Konfigurationen schaffen, welche das Nebeneinander verschiedener Ausprägungen bewerkstelligen. Ziel muß es sein, sich nicht auf eindimensionale Konzepte festzulegen und somit den unternehmensseitigen Handlungsspielraum von vornherein einzuschränken. Vielmehr ist es erforderlich, sich zum einen auf geeignete und vor allem modular austausch- sowie erweiterbare Bausteine und zum anderen auf erfolgversprechende, extrem variable Vorgehensweisen zu deren Umsetzung zu konzentrieren.

Ein geeignetes Konzept zum Management des Wandels hat daher die Aufgabe, mit Hilfe einer kontextgerechten Auswahl verschiedener Prinzipien und Elemente die Unternehmensführung in die Lage zu versetzen, situativ eine Balance zwischen Stabilität und Wandel finden zu können. Entscheidend ist dabei, daß ein solches Konzept nicht auf vordefinierte Mischungsverhältnisse innerhalb der Spannungsfelder zurückgreift, sondern in höchstem Maße individuell gestaltbar bleibt. Dazu gehört neben der Berücksichtigung der aktuellen Situation und des damit in Beziehung

---

[468] vgl. Zahn, Tilebein (1998), S. 52

stehenden Wandlungsdrucks die unternehmensseitig bereits vorhandene Wandlungsfähigkeit.

Die Bausteine eines solchen, individuell konfigurierbaren Konzeptes sowie Hinweise zu deren Zusammenführung in Abhängigkeit der aktuellen Unternehmenssituation sind Gegenstand des folgenden Kapitels.

4. Konzept für ein kontextgerechtes Management der Wandlungsfähigkeit von Unternehmen

„The circumstances of the ever-changing market
and ever-changing product are capable
of breaking any business organization
if that organization is unprepared for change."

- ALFRED P. SLOAN -

Wenngleich die in der Literatur weit verbreitete These, die Radikalität des Wandels würde permanent zunehmen, sich in dieser verallgemeinernden Form nicht bestätigen läßt,[469] gibt es einige Umfelder, von denen heute für viele Unternehmen hoher Wandlungsdruck ausgeht. Letztlich sind es eben diese Umfelder, welche die volle Aufmerksamkeit der Unternehmensführung erfordern, da in ihnen gleichsam die größten Gefahren, aber auch die größten Chancen liegen.

Die Problematik für die Unternehmensführung liegt jedoch darin, daß selbst sorgfältigstes Beobachten jener Umfelder nicht ausreicht. Allein das Erkennen und Nachvollziehen einzelner Entwicklungsstränge führt nicht zur nachhaltigen Sicherung von Wettbewerbsfähigkeit. Zu vieldeutig und verschwommen sind die frühen Signale, vorausgesetzt sie sind überhaupt wahrzunehmen.[470]

Als Folge derartiger Unsicherheit bezüglich externer Wandlungsprozesse ist die Unternehmensführung dazu gezwungen, umfangreiche Potentiale im Unternehmen vorzuhalten, ohne deren späteren Einsatzzweck tatsächlich zu kennen. Sie müssen ihre Strategien, Strukturen, Ressourcen und Mitarbeiter auf Zukünfte vorbereiten, die ihnen selbst unbekannt sind.

Um die Führung von Unternehmen bei dieser Aufgabe zu unterstützen, soll im folgenden Kapitel ein Konzept erarbeitet und vorgestellt werden, das die wichtigsten Gestaltungsfelder der Wandlungsfähigkeit beschreibt und Hinweise auf deren kontextgerechte Konfiguration gibt.

---

[469] vgl. hierzu die Ausführungen in Kapitel 3.1.5.

[470] vgl. Zahn, Foschiani, Tilebein (2000), S. 62

Zu diesem Zweck wird zunächst versucht, das Phänomen der Wandlungsfähigkeit zu umreißen. An die Definition und Abgrenzung des Begriffs der Wandlungsfähigkeit schließt sich dabei die Beschreibung verschiedener Charakteristika an. Bevor auf die Wandlungsfähigkeit eines Unternehmens jedoch in sinnvoller Weise Einfluß genommen werden kann, ist die Bestimmung der aktuellen Ausgangssituation notwendig. Erst wenn der tatsächliche externe Wandlungsdruck sowie das Ausmaß der bereits vorhandenen internen Wandlungsfähigkeit bekannt ist, läßt sich ein geeigneter Managementfokus ableiten. Aus diesem Grund wird im Anschluß an die Definition und Abgrenzung des Begriffs der Wandlungsfähigkeit ein Analyseinstrument in Form eines Portfolios vorgestellt, mit dessen Hilfe die Unternehmensführung Hinweise auf eine kontextspezifisch angemessene Wandlungsfähigkeit erhält. Die daraus gewonnenen Erkenntnisse bilden die Basis für eine kontextgerechte Gestaltung der Wandlungsfähigkeit.

Da die Einflußnahme auf die Wandlungsfähigkeit eines Unternehmens aber nur dann gezielt möglich ist, wenn ihre zentralen Determinanten bekannt sind, müssen diese ermittelt und auf ihre Beeinflußbarkeit hin analysieren werden. Von entscheidender Bedeutung sind dabei vor allem jene Determinanten, auf welche die Unternehmensführung in mehr oder weniger direkter Weise einwirken kann. Sie werden – im Gegensatz zu den nicht beeinflußbaren *„Einflußfaktoren"* – als *„Gestaltungsfelder"* bezeichnet und erfahren in den folgenden Ausführungen besondere Beachtung. Insgesamt stehen vier Gestaltungsfelder im Mittelpunkt des Interesses (Strategie, Struktur, Ressourcen und Mitarbeiter), deren Beitrag zur Wandlungsfähigkeit eines Unternehmens zu beleuchten ist. Dabei wird ein jeweils mehrstufiger Prozeß vorgestellt, der die kontextgerechte Konfiguration der vier Gestaltungsfelder zum Ziel hat. Abschließend findet die Zusammenführung der Gestaltungsfelder zu einem integrierten Konzept für das Management der Wandlungsfähigkeit von Unternehmen statt.

4.1 Definition und Abgrenzung des Begriffs der Wandlungsfähigkeit

Insbesondere in jüngerer Zeit häufen sich wieder Veröffentlichungen, die sich mit dem Phänomen permanenten Wandels und der dazu notwendigen Wandlungsfähigkeit von Unternehmen befassen.[471] In den Beiträgen werden allerdings unterschiedlichste Begrifflichkeiten verwendet. Neben dem Begriff der Wandlungsfähigkeit und der „Wandelbarkeit"[472] finden sich am häufigsten Schlagworte wie „Fortschrittsfähigkeit"[473], „Entwicklungsfähigkeit"[474], „Anpassungsfähigkeit"[475], „Lebensfähigkeit"[476] oder „Flexibilität"[477] wieder. Ziel dieses Kapitels ist es daher, den Begriff der Wandlungsfähigkeit eindeutig zu definieren und von anderen Begriffen abzugrenzen.

Zunächst ist der Begriff der Wandlungsfähigkeit gegen die bisher in der Managementliteratur dominierende Forderung nach Flexibilität abzugrenzen - nicht zuletzt, da Wandlungsfähigkeit von einigen Autoren auch als „neue Dimension der Flexibilität"[478] oder „Flexibilität zweiter Ordnung"[479] verstanden wird.

Im konventionellen Sinne ist mit *Flexibilität* die Anpassungsfähigkeit eines definierten Systems an veränderliche Aufgaben und Bedingungen gemeint, wobei die Anpassung durch einen – bezüglich seiner Anwendungsbedingungen bewerteten – Vorrat an Verhaltensweisen des Systems erfolgen soll.[480] Diese Betrachtungsweise verdeutlicht, daß das flexible System eine ausschließlich passiv-reaktive Rolle einnimmt, d.h. es reagiert erst nach einer wahrgenommenen Veränderung in seinen Aufgaben oder Bedingungen. Dies führt zu folgender Definition:

---

[471] vgl. hierzu u.a. Kirsch (1981); Klimecki, Probst, Gmür (1993); Thom (1994); Turnheim (1995); Malik (1996); Haas (1997); Zahn (1998); Westkämper u.a. (2000) und Zahn, Tilebein (2000), S. 119

[472] vgl. Westkämper u.a. (2000), S. 24

[473] Kirsch (1981), S. 659 und Zahn (1998), S. VII

[474] Klimecki, Probst, Gmür (1993), S. 25 und Haas (1997), S. 1

[475] Thom (1994), S. 322 und Turnheim (1995), S. 503

[476] Malik (1996), S. 80

[477] Der Begriff der Flexibilität ist in der Literatur sehr verbreitet. Allerdings unterscheiden sich die Auffassungen dessen, was unter diesem Begriff zu subsumieren ist, zum Teil erheblich (vgl. u.a. Volberda (1998), S. 203ff.).

[478] Reinhart (1997b), S. 176

[479] Klimecki, Probst, Gmür (1993), S. 25

[480] vgl. Müller (1992), S. 27

„Ein System wird als flexibel bezeichnet, wenn es im Rahmen eines prinzipiell vorgedachten Umfangs von Merkmalen sowie deren Ausprägungen an veränderte Gegebenheiten reversibel anpaßbar ist."[481]

Aus Sicht eines Unternehmens bedeutet Flexibilität somit das Agieren im Rahmen eines – über einen längeren Zeitraum festgelegten – Handlungsspielraumes. Sämtliche Handlungsoptionen innerhalb dieses Rahmens sind vorgedacht und werden zu jeder Zeit auch vorgehalten.[482] Allen flexiblen Systemen ist gemein, daß bereits bei ihrer Planung die Wirkrichtung sowie die Dimension der Flexibilität festgelegt wird.[483] Die Aufgabe des Systems besteht nun darin, in Abhängigkeit der eigenen Situation sowie der aktuellen Bedingungen geeignete Handlungsoptionen aus diesem im Vorhinein festgelegten Rahmen auszuwählen und umzusetzen.

Ein davon abweichendes Verständnis liegt dem Begriff der *Wandelbarkeit* zugrunde. Wandelbarkeit beinhaltet zwar auch den Sachverhalt der Flexibilität, geht aber wesentlich darüber hinaus. Wandelbare Systeme sind an zukünftige Anforderungen anpaßbar, die zum Zeitpunkt der Systemspezifikation noch nicht umfassend bekannt waren.[484] Der bei der Flexibilität noch fest vorgegebene, nicht veränderbare und begrenzende Handlungsspielraum läßt sich hier verändern. Allerdings können diese Veränderungen nicht aus eigener Kraft erfolgen – das System wandelt sich nicht, es wird gewandelt. Somit bezieht sich der Wandel nicht nur auf Veränderungen in der Ausprägung des Systems, sondern das System an sich ist einem Wandel unterworfen. Aus diesem Grund kann die Einschränkung der Reversibilität bei wandelbaren Systemen nicht aufrecht erhalten werden. Ein System wird somit dann als wandelbar bezeichnet,

..., wenn sein Verhaltensspektrum durch eine systemextern vorgenommene Anpassung des Umfangs an Merkmalen sowie deren Ausprägungen auch an zunächst unbekannte Gegebenheiten veränderbar ist.[485]

---

[481] Westkämper u.a. (2000), S. 24

[482] vgl. Goldman u.a. (1996), S. 282

[483] vgl. Suarez, Cusumano, Fine (1995), S. 38 und Reinhart u.a. (1999a), S. 21

[484] vgl. Westkämper u.a. (2000), S. 24

[485] vgl. Westkämper u.a. (2000), S. 24

Zum Erlangen von *Wandlungsfähigkeit*[486] bedarf es demgegenüber zusätzlich zu diesen passiv-reaktiven Eigenschaften unabdingbar des Menschen mit seiner Kreativität und seiner Innovationsfähigkeit.[487] Der Mensch ist es letztendlich, der Wandel initiiert und gestaltet.[488] Erst das Zusammenspiel von Kreativität und Innovationsfähigkeit ermöglicht es einem System, auch jenseits vorgedachter Dimensionen und Korridore zu agieren.[489] Ein System kann daher erst dann als wandlungsfähig bezeichnet werden,

> ..., wenn es aus sich selbst heraus in der Lage ist, eine Anpassung des Umfangs an Merkmalen sowie deren Ausprägungen vorzunehmen. Dabei geht sein Verhaltensspektrum über reaktive Anpassungen hinaus und schließt auch antizipative Eingriffe mit ein.[490]

Ein wandlungsfähiges Unternehmen erkennt somit rechtzeitig Veränderungen der Anforderung in seiner Umwelt, interpretiert deren Relevanz für sich selbst und ist aus sich selbst heraus in der Lage, neue Strategien, Strukturen, Ressourcenbasen und Verhaltensweisen zu entwickeln und umzusetzen.[491] Gleichwohl ist Wandlungsfähigkeit nicht als Zustand zu begreifen, der nach großen Anstrengungen am Ende eines Transformationsprozesses endlich erreicht ist. Der Begriff der Wandlungsfähigkeit umschreibt vielmehr Potentiale, d.h. „potentielle Vorteile"[492], die es mit Kreativität und unternehmerischer Initiative immer wieder zu erneuern und von neuem auszuschöpfen gilt.[493]

---

[486] Einige Autoren bezeichnen Sachverhalte, die in wesentlichen Aspekten denen entsprechen, die hier mit dem Begriff der Wandlungsfähigkeit beschrieben werden, teilweise mit anderen Begrifflichkeiten. Kirsch (1981), S. 659 spricht in diesem Zusammenhang von „Fortschrittsfähigkeit", Klimecki, Probst und Gmür (1993), S. 25 und Haas (1997), S. 1 sprechen von „Entwicklungsfähigkeit", Thom (1994), S. 322 als „Anpassungsfähigkeit", Malik (1996), S. 80 als „Lebensfähigkeit" und Volberda (1998), S. 203ff. schließlich als „Flexibilität".

[487] vgl. Kobi (1996), S. 28; Goldman u.a. (1996), S. 89; Reinhart (1997b), S. 190; Tilebein, Schwarz, Schindera (1998), S. 218; Picot, Reichwald, Wigand (1998), S. 447; Reinhart u.a. (1999a), S. 22; Reinhart u.a. (1999b), S. 22 und Westkämper u.a. (2000), S. 25

[488] vgl. Reinhard (1999), S. 14

[489] vgl. Reinhart u.a. (1999b), S. 22

[490] vgl. Westkämper u.a. (2000), S. 25

[491] vgl. Malik (1996), S. 80 und Westkämper u.a. (2000), S. 25

[492] Rüegg-Stürm, Achtenhagen (2000), S. 10

[493] vgl. Zahn, Tilebein (1998), S. 52

118

Die beschriebene Unterscheidung zwischen Flexibilität, Wandelbarkeit und Wandlungsfähigkeit ist in untenstehender Abbildung 4-1 veranschaulicht.

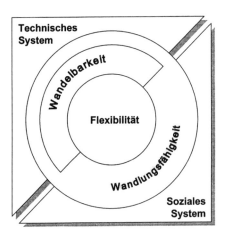

Abbildung 4-1: Abgrenzung von Flexibilität, Wandelbarkeit und Wandlungsfähigkeit[494]

Aus den bisherigen Ausführungen wurde deutlich, daß es sich bei Wandlungsfähigkeit nicht um einen erreichbaren „Endzustand", sondern um ein Potential handelt,
das für verschiedene Szenarien des Wandels genutzt werden kann.[495] Die besondere Schwierigkeit beim Aufbau und Erhalt eines solchen Potentials begründet sich in
seiner Ungerichtetheit. In Umfeldern sind – insbesondere dann, wenn radikaler
Wandel vorherrscht –, viele, teilweise signifikant unterschiedliche oder sogar konträr
verlaufende Szenarien denkbar. Die Unmöglichkeit zuverlässiger Prognosen verbie-
tet es, frühzeitig bestimmte Szenarien auszublenden oder zu favorisieren und die
Unternehmensaktivitäten danach auszurichten. Das Bestreben des Unternehmens
muß folglich darin liegen, zukünftige Handlungsräume zu öffnen, ohne im Vorhinein
konkret festzulegen, wie diese zu nutzen sind.[496] Erforderlich ist mithin ein langfristiges Aufrechterhalten ungerichteter Wandlungsfähigkeit im Sinne permanenter
Wahrnehmungs-, Denk- und Handlungsbereitschaft.

---

[494] In Anlehnung an Westkämper u.a. (2000), S. 25

[495] vgl. Reinhart u.a. (1999b), S. 22

[496] vgl. Ulrich (1994), S. 11

Obwohl in der aktuellen Diskussion der Wandelproblematik der Ruf nach hoher Wandlungsfähigkeit von Unternehmen immer lauter wird, wäre es sicherlich falsch, unreflektiert Maßnahmen zur Steigerung der Wandlungsfähigkeit zu ergreifen. Wesentlich zur Rechtfertigung des damit verbundenen hohen Aufwands ist das tatsächliche Vorliegen radikalen Wandels in den Unternehmensumfeldern. Es erweist sich als nicht zielführend, den Wandel als allumfassend und hohe Wandlungsfähigkeit für alle Unternehmen als existentiell notwendig zu betrachten.[497] Zwar wird heute in nahezu allen Branchen eine außergewöhnlich hohe Radikalität des Wandels und damit hoher externer Wandlungsdruck unterstellt, doch reicht diese Pauschalisierung der Veränderungsintensität nicht aus. Dies würde in vielen Fällen zu einem ungerechtfertigten und zeitaufwendigen Aufbau und Erhalt von Potentialen führen, die später nicht oder allenfalls zu kleinen Teilen nutzbar sind. Hohe Wandlungsfähigkeit bringt stets eine Reihe gefährlicher „Nebenwirkungen" mit sich, die in bestimmten Kontexten durchaus die großen Potentiale überwiegen können. Dazu zählen beispielsweise Ineffizienzen durch überflüssige und ungenutzte Redundanzen, unklare Verantwortlichkeiten, latente oder offene Konflikte, langwierige Entscheidungsprozesse oder permanente (unkonstruktive) Unruhe im Unternehmen. Darüber hinaus besteht die Gefahr, daß sich durch unbeabsichtigte und ungelenkte „Entladungen" der Potentiale destabilisierende Tendenzen und Fliehkräfte ergeben, die im Extremfall das Überleben des gesamten Unternehmens gefährden können.

4.2 Bestimmung des Handlungsbedarfes bezüglich der Wandlungsfähigkeit eines Unternehmens

Die Entscheidung, die ein Unternehmen im Hinblick auf die eigene Wandlungsfähigkeit zu treffen hat, läßt sich nicht auf die Frage für oder gegen das Vorhalten von Wandlungsfähigkeit reduzieren. Wandlungsfähigkeit ist nicht als Eigenschaft zu verstehen, über die ein Unternehmen verfügt oder nicht. Geeigneter ist vielmehr die Vorstellung eines Kontinuums mit fließenden Übergängen von geringer über mittlere bis hin zu hoher Wandlungsfähigkeit. Zu entscheiden ist folglich über das richtige Maß an Wandlungsfähigkeit.

Das Maß an Wandlungsfähigkeit eines Unternehmens sollte stets im Einklang mit den realen externen Anforderungen stehen. Unabdingbare Voraussetzung für das

---

[497] vgl. Reinhart u.a. (1999b), S. 22

Bestimmen des Handlungsbedarfes bezüglich der Wandlungsfähigkeit bildet aber die Kenntnis der eigenen Situation.[498] Sie setzt sich aus der Gegenüberstellung zweier Dimensionen zusammen: Zum einen aus dem aktuellen bzw. zukünftigen „umweltbedingten Wandlungsdruck"[499], zum anderen aus der bereits vorhandenen „unternehmensseitigen Wandlungsfähigkeit".[500] Zu beachten ist dabei, daß sowohl der externe Wandlungsdruck als auch die interne Wandlungsfähigkeit in der Regel nicht gleichmäßig verteilt sind.[501] Häufig existieren einerseits Umfelder, die höheren Wandlungsdruck erzeugen neben solchen, von denen geringerer Druck ausgeht. Andererseits bestehen auch unternehmensintern Bereiche höherer und geringerer Wandlungsfähigkeit gleichzeitig nebeneinander.

Im folgenden Kapitel 4.2.1 wird ein Portfolio vorgestellt, das die entsprechende Positionierung eines Unternehmens erleichtern soll. Anschließend befaßt sich Kapitel 4.2.2 mit dem Managementfokus, der sich aus den jeweiligen Positionen ableiten läßt. Es werden Hinweise gegeben, welche Handlungsalternativen ein Unternehmen in den verschiedenen Positionen grundsätzlich besitzt und welche davon unter bestimmten Bedingungen erfolgversprechend erscheinen.

4.2.1 Ermittlung der Ausgangsposition eines Unternehmens

Hektischer Aktionismus zur Steigerung der unternehmensinternen Wandlungsfähigkeit ist nicht zielführend. Vielmehr gilt es, die eigene Ausgangssituation sehr genau zu ermitteln und anschließend den Managementfokus situationsgerecht festzulegen.[502]

Doch schon die zuverlässige Bestimmung der Ausgangssituation entpuppt sich mehr und mehr als eine äußerst schwierige Aufgabe: Es bedarf einerseits einer tiefgründigen Analyse des Wandlungsdrucks der Unternehmensumwelt sowie andererseits der

---

[498] vgl. Reinhart u.a. (1999b), S. 22

[499] Das Konzept des „umweltbedingten Wandlungsdrucks" geht auf Khandwalla (1975), S. 140ff. sowie Starbuck (1976), S. 1082f. zurück und findet sich bei verschiedenen Vertretern des Kontingenzansatzes wieder.
Der „umweltbedingte Wandlungsdruck" hängt in hohem Maße von der Radikalität des Wandels in der Unternehmensumwelt ab. Ihre Konkretisierung war bereits Gegenstand des Kapitels 3.1.4.

[500] Die Determinanten der „unternehmensseitigen Wandlungsfähigkeit" werden in Kapitel 4.3 ausführlich erläutert.

[501] vgl. Pasmore (1994), S. 5

[502] vgl. Doppler, Lauterburg (2000), S. 94 und Krüger (2000a), S. 59

Untersuchung der aktuell vorhandenen Wandlungsfähigkeit des Unternehmens.[503] Die beiden genannten Aspekte stellen die Achsen des untenstehenden Portfolios dar, das eine Einordnung bzw. Positionierung von Unternehmen zuläßt (vgl. Abbildung 4-2).

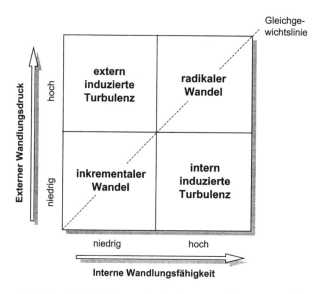

Abbildung 4-2: Portfolio zur Positionierung von Unternehmen[504]

Die vertikale Achse – der vorherrschende externe Wandlungsdruck – setzt sich zumindest aus den drei in Kapitel 3.1.4 beschriebenen Dimensionen zusammen, die jede für sich unterschiedliche Schwerpunktsetzungen bei der Auswahl der Unternehmensantworten verlangt. Dementsprechend sollte die Analyse externer Wandlungsprozesse differenzieren nach *Breite*, *Tiefe* und *Geschwindigkeit* des Wandels.[505] Über die drei Dimensionen läßt sich ein Quader aufspannen, dessen Volumen Hinweise auf die Radikalität dieses Wandels und damit verbunden auf den externen Wandlungsdruck gibt.[506]

---

[503] vgl. Homp (2000), S. 103

[504] vgl. Zahn, Gagsch, Herbst (2000), S. 24

[505] vgl. Reiß (1997d), S. 18ff.

[506] Vgl. hierzu die Ausführungen in Kapitel 3.1.4, insbesondere den dort abgebildeten und beschriebenen Quader.

Die horizontale Achse des Portfolios zur Bestimmung der aktuellen Unternehmens-position berücksichtigt hingegen dessen bereits vorhandene interne Wandlungsfä-higkeit. Als Determinanten dieser lassen sich zum einen *Einflußfaktoren* sowie zum anderen *Gestaltungsfelder* unterscheiden. Während die Einflußfaktoren die Wand-lungsfähigkeit des Unternehmens beeinflussen, ohne selbst von diesem gezielt verändert werden zu können, implizieren Gestaltungsfelder für das Unternehmen die Möglichkeit, Einfluß auf deren Konfiguration zu nehmen.[507]

Die beiden beschriebenen Achsen definieren ein Portfolio, dessen vier Quadranten grundsätzlich unterschiedliche Bedingungen zum Ausdruck bringen:

- Solange sich das Ausmaß des externen Wandlungsdrucks und der internen Wandlungsfähigkeit im Großen und Ganzen entsprechen, können die dabei im Unternehmen entstehenden bzw. bewußt eingeleiteten Veränderungsprozesse als „Wandel" bezeichnet werden (Quadrant links unten bzw. Quadrant rechts o-ben): Bei hohem externem Wandlungsdruck und entsprechend hoher interner Wandlungsfähigkeit werden zwar häufiger fundamentale Wandlungsprozesse im Unternehmen initiiert als bei geringerem Wandlungsdruck gepaart mit geringer interner Wandlungsfähigkeit. Dennoch laufen die Wandlungsprozesse gewöhn-lich weitestgehend geplant und kontrolliert ab – es entsteht gemäß der Definition aus Kapitel 3.1.6 keine Turbulenz, da sich Umweltanforderungen und Unterneh-mensfähigkeiten entsprechen. Je nachdem, wie hoch der externe Druck und wie wandlungsfähig das Unternehmen ist, reichen die Formen des Wandels demge-mäß von „inkrementalem Wandel" (Quadrant links unten) bis hin zu „radikalem Wandel" (Quadrant rechts oben).[508]
- Anders stellt sich die Situation in den beiden Quadranten dar, die abseits der Gleichgewichtslinie liegen (Quadrant rechts unten bzw. Quadrant links oben). Hier stimmen die Umweltanforderungen in quantitativer und/oder qualitativer Hin-sicht jeweils nicht mit den Unternehmensfähigkeiten überein. Dies führt zu Tur-

---

[507] Die vier wichtigsten Gestaltungsfelder stellen die Strategie, die Struktur, die Ressourcen sowie die Mitarbeiter eines Unternehmens dar. In welchem Ausmaß jedes der vier Felder zur Wandlungsfä-higkeit des gesamten Unternehmens beiträgt, hängt von ihrer jeweiligen Konfiguration ab. Ent-scheidende Elemente der Gestaltungsfelder bzw. wichtige Parameter ihrer Konfiguration werden in Kapitel 4.3 ausführlich erläutert.

[508] vgl. hierzu die Ausführungen in Kapitel 3.1.4.

bulenz im Unternehmen, welche aber auf unterschiedliche Ursachen zurückzuführen ist:

Ist die interne Wandlungsfähigkeit des Unternehmens höher als der externe
Wandlungsdruck, d.h. übersteigen die Fähigkeiten des Unternehmens die Umweltanforderungen (vgl. Quadrant rechts unten), ist die Konfiguration der Gestaltungsfelder grundsätzlich ungeeignet. Insbesondere vor dem Hintergrund, daß
Wandlungsfähigkeit vorzuhalten sehr aufwendig ist, kann eine ungerechtfertigt
hohe Wandlungsfähigkeit ein Unternehmen ebenso gefährden wie eine unzureichende. Aufwendigen Bemühungen steht kein entsprechender Mehrnutzen gegenüber, d.h. die oben bereits erwähnten Nebenwirkungen hoher Wandlungsfähigkeit beeinträchtigen die Effizienz und Produktivität des Unternehmens, ohne
durch wesentliche Vorteile kompensiert zu werden. Die Folge sind bspw. aufgrund vorgehaltener Redundanzen, paralleler Aktivitäten oder bewußt offen ge-
lassener Zuständigkeiten Turbulenzen, die letztendlich „intern induziert" sind und
dem Unternehmenserfolg schaden können.

Übersteigt demgegenüber der externe Wandlungsdruck die interne Wandlungsfähigkeit, d.h. liegen die Umweltanforderungen über den Fähigkeiten des Unternehmens (vgl. Quadrant links oben), werden Prozesse im Unternehmen ausge-
löst, die nicht mehr vollständig beherrschbar sind; die Wahrscheinlichkeit für das
Entstehen „nicht intendierter Handlungsfolgen"[509] steigt. Die auf diese Weise entstandene Turbulenz kann somit als „extern induziert" bezeichnet werden.

4.2.2 Festlegung des Managementfokusses in Abhängigkeit der Ausgangs-position

Je nach vorherrschendem externen Wandlungsdruck sowie interner Wandlungsfähigkeit des Unternehmens kann die Ausgangsposition also grundsätzlich in einem
der in Abbildung 4-2 dargestellten und oben beschriebenen vier Quadranten des
Portfolios liegen. In Abhängigkeit der jeweiligen Ausgangsposition lassen sich
unterschiedliche Managementfokusse festlegen. Eine Übersicht über die verschiedenen Alternativen gibt untenstehende Abbildung 4-3.

---

[509] Zimmer, Ortmann (1996), S. 91

124

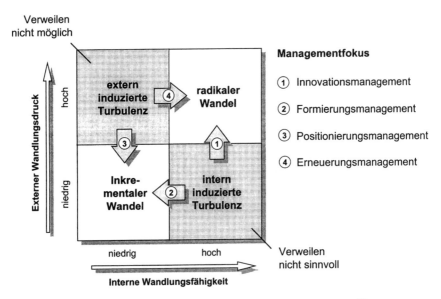

Abbildung 4-3: Bestimmung des Managementfokusses bei Wandel[510]

Relativ unproblematisch sind die beiden Quadranten, in denen der externe Wandlungsdruck und die im Unternehmen vorhandene interne Wandlungsfähigkeit harmonieren (Quadrant links unten bzw. Quadrant rechts oben). Es treten in der Regel keine Konstellationen auf, die den Erfolg des Unternehmens ernsthaft gefährden. Aufgrund seiner Wandlungsfähigkeit ist das Unternehmen den Anforderungen – unabhängig von deren absolutem Niveau – weitestgehend gewachsen; es gibt keinen Anlaß für die Unternehmensführung, den eingeschlagenen Operationspfad zu verlassen.

Anders ist die Situation in den beiden grau eingefärbten Quadranten (Quadrant rechts unten bzw. Quadrant links oben). Hier herrscht ein Ungleichgewicht zwischen den Anforderungen durch die Umwelt und der internen Wandlungsfähigkeit des Unternehmens. Die Wahrscheinlichkeit des Auftretens von Turbulenz – im Sinne nicht beherrschbarer Situationen und unkontrollierter Vorgänge – steigt.

Da sich die Ursachen für das Auftreten von Turbulenz im Quadrant rechts unten von denen im linken oberen Quadranten grundlegend unterscheiden, muß auch der

---

[510] vgl. Zahn, Gagsch, Herbst (2000), S. 25

Managementfokus jeweils ein anderer sein. Die unterschiedlichen Alternativen im Hinblick auf den Managementfokus in diesen beiden Quadranten werden im folgenden vorgestellt.

4.2.2.1 Alternative Managementfokusse bei intern induzierter Turbulenz

Der rechte untere Quadrant in Abbildung 4-3 beschreibt Situationen, in denen die interne Wandlungsfähigkeit den externen Wandlungsdruck übersteigt. In diesem Quadranten erscheint langfristig ein Verweilen nicht sinnvoll, da, wie bereits ausgeführt, dem aufwendigen Vorhalten hoher Wandlungsfähigkeit kein entsprechender Nutzen gegenübersteht. Auf den ersten Blick erscheint diese Situation für ein Unternehmen eher die Ausnahme als die Regel zu sein. Bei näherem Hinsehen fällt aber auf, daß in jeder Branche mindestens ein Unternehmen, meist sogar mehrere diese Rolle einnehmen. Denn schließlich entsteht der Wandlungsdruck in einer Branche nicht von selbst, sondern er wird gewissermaßen von den wandlungsfähigsten und schnellsten Akteuren vorgegeben.[511] Insofern sind all jene Unternehmen, die überdurchschnittliche Fähigkeiten im Umgang mit Wandel besitzen, in diesen Quadranten einzuordnen. Ihr Wettbewerbsvorteil erwächst paradoxerweise aber nicht aus der beschriebenen Positionierung als solcher (Vorhalten überdurchschnittlicher Wandlungsfähigkeit). Er tritt erst im Moment des Verlassens dieser Position in Erscheinung, und auch nur dann, wenn die überdurchschnittliche Wandlungsfähigkeit proaktiv genutzt und nicht unterdrückt wird.

Um den Quadranten zu verlassen, stehen einem Unternehmen grundsätzlich zwei Alternativen bei der Festlegung des Managementfokusses zur Verfügung, die im folgenden kurz beschrieben werden:[512] Innovationsmanagement oder Formierungsmanagement.

---

[511] Vgl. hierzu u.a. das Konzept des „Time Pacing", in dem davon ausgegangen wird, daß jeweils das schnellste Unternehmen den anderen in seiner Branche den Rhythmus der Veränderung vorgibt (vgl. Eisenhardt, Brown (1998), S. 65ff.). Dieser Sachverhalt wird auch im folgenden Kapitel 4.2.2.1.1 erläutert.

[512] vgl. Zahn, Gagsch, Herbst (2000), S. 26

4.2.2.1.1 Innovationsmanagement – Nutzung der Wandlungsfähigkeit

Beim Innovationsmanagement (vgl. Pfeil ① in Abbildung 4-3) richtet sich der Managementfokus auf das wirksame Umsetzen der im Unternehmen vorhandenen Wandlungsfähigkeit. Die Aufgabe der Unternehmensführung bezieht sich in erster Linie darauf, das unternehmensinterne Potential erfolgversprechend zu kanalisieren, ohne dabei die bewußt geförderten selbstorganisatorischen Elemente zu behindern. Auf diese Weise läßt sich Kreativität und Initiative innerhalb eines Unternehmens in Inventionen und diese anschließend in marktfähige Innovationen transformieren.[513] Erst Innovationen versetzen ein Unternehmen in die Lage, selbst Veränderungen in den Branchenbedingungen zu generieren.[514] Das Unternehmen übernimmt in diesem Sinne eine Pionierrolle und ist bemüht, seine Konkurrenten in Zugzwang zu bringen und aus dem Markt zu drängen. Besonders wandlungsfähige und innovative Unternehmen verstehen es sogar, ihrer Branche den „Rhythmus der Veränderung"[515] vorzugeben – sie erhöhen den Wandlungsdruck für ihre direkte Umwelt.[516] Um eine solche „Time Pacing"[517]-Strategie längerfristig aufrecht erhalten zu können bedarf es jedoch außergewöhnlicher Leistungen. Die Unternehmen müssen trotz (selbst erzeugtem) höherem Wandlungsdruck in der Branche eine überdurchschnittliche Wandlungsfähigkeit beibehalten. Da aber aufgrund ihrer Aktivitäten der Wandlungsdruck in der Branche weiter wächst, muß auch ihre interne Wandlungsfähigkeit permanent steigen. Dabei entsteht eine sich selbst beschleunigende „Innovationsspirale", die immer wieder zu Aussonderungsprozessen in der Branche führt und unter Umständen sogar die Existenz des Pionierunternehmens gefährden kann. Das Entstehen einer solchen Innovationsspirale ist in untenstehender Abbildung verdeutlicht (vgl. Abbildung 4-4).

---

[513] Während sich die Invention auf den Prozeß der Wissensgenerierung beschränkt, bezieht der umfassendere Begriff der Innovation das Marktverwertungsargument mit ein. Das Attribut „Innovation" kann somit immer erst nachträglich, d.h. nach einer erfolgreichen Markteinführung, vergeben werden.
Die Unterscheidung von Invention und Innovation ist insofern bedeutsam, als das betriebswirtschaftliche (im Gegensatz zum ingenieurwissenschaftlichen) Interesse nicht nur auf die Verbesserung der Wissensgenerierung, sondern auch auf die Optimierung der Wissensverwertung gerichtet sein muß (vgl. Macharzina (1993), S. 563).

[514] vgl. Zahn (1999), S. 17 und Schulz u.a. (2000), S. 57

[515] Eisenhardt, Brown (1998), S. 65

[516] vgl. Zahn, Gagsch, Herbst (2000), S. 26

[517] Eisenhardt, Brown (1998), S. 66

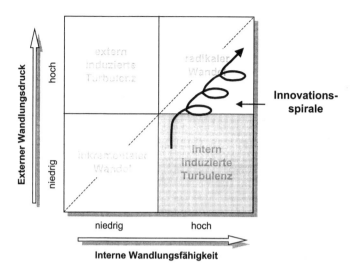

Abbildung 4-4: Entstehung einer Innovationsspirale

Für Unternehmen, die aus einer solchen Position heraus agieren, ist es somit entscheidend, das richtige Timing für ihre Innovationen zu finden. Einerseits müssen sie einen Zeittakt wählen, der ihnen gegenüber der Konkurrenz einen Vorsprung sichert, andererseits dürfen sie den Wandlungsdruck nicht ohne Zwang zu sehr erhöhen, um nicht selbst Opfer eines zu schnell gewählten Rhythmus zu werden.

4.2.2.1.2 Formierungsmanagement – Verminderung der Wandlungsfähigkeit

Demgegenüber besteht das Ziel der anderen strategischen Stoßrichtung bei der hier betrachteten Ausgangsposition (vgl. Pfeil ② in Abbildung 4-3) darin, durch zusätzliche fremdorganisatorische Elemente (z.B. engere Budget- und Zeitvorgaben, detailliertere Aufgabenverteilung, höhere formale Regelungsdichte oder eindeutige Verantwortlichkeiten) die Handlungsfreiräume der Akteure im Unternehmen einzuschränken. Durch ein solches „Formierungsmanagement" werden Quellen der Wandlungsfähigkeit, wie bewußt vorgehaltene Redundanzen, interne Widersprüche oder künstlich erzeugte Konkurrenzsituationen, unterbunden. Entstandene Ineffizienzen lassen sich somit aufgrund engerer Rahmenbedingungen beseitigen; übertriebene „kreative Unruhe" kann im Unternehmen ggf. gedämpft werden.

Wenngleich solches Verhalten in den wenigsten Fällen sinnvoll erscheint, muß es als eine grundsätzlich nutzbare Option betrachtet werden. Allerdings sind dazu zwei Anmerkungen zu machen. Zum einen darf diese Alternative nicht als dauerhaft sinnvoller Managementfokus verstanden werden. Sie unterbindet langfristig jede Wandlungsfähigkeit und führt zu Rigiditäten, die im Bedarfsfall kaum mehr aufzuweichen sind. Insofern kann der Ansatz allenfalls als kurzfristiges „Bremsmanöver" für eine zu schnell voranschreitende Innovationsspirale (vgl. Kapitel 4.2.2.1.1) taugen.

Zum anderen ist zu beachten, daß große Teile der vorhandenen Wandlungsfähigkeit rasch „verkümmern", wenn sie nicht permanent gefördert und genutzt werden. Dementsprechend entwickeln sich Verkrustungsprozesse, die zwangsläufig zu geringerer Wandlungsfähigkeit führen und damit zusätzliche fremdorganisatorische Eingriffe – im Sinne eines Formierungsmanagements – obsolet machen.

4.2.2.2 Alternative Managementfokusse bei extern induzierter Turbulenz

Eine gewöhnlich noch schwierigere Ausgangsposition innerhalb des oben beschriebenen Portfolios (vgl. Abbildung 4-3) befindet sich im linken oberen Quadranten. Hier herrscht in der Umwelt hoher Wandlungsdruck, der in dieser Form vom Unternehmen nicht bewältigt werden kann, da die vorhandene interne Wandlungsfähigkeit nicht ausreicht. Als Konsequenz daraus entsteht im Unternehmen extern induzierte Turbulenz, die ein Verweilen in diesem Quadranten über längere Zeit unmöglich macht. Um den Quadranten zu verlassen, kann das Unternehmen seine Anstrengungen auch hier wiederum auf zwei unterschiedliche, im folgenden beschriebene Schwerpunkte ausrichten.[518]

4.2.2.2.1 Positionierungsmanagement – Wechsel der Umwelt

Eine Möglichkeit, auf extern induzierte Turbulenz zu reagieren, liegt darin, den Wandlungsdruck der Unternehmensumwelt zu vermindern, d.h. die Position im Portfolio auf der vertikalen Achse zu verändern (vgl. Pfeil ③ in Abbildung 4-3). Weil jedoch hoher Wandlungsdruck in einer Branche oder einem Markt von einzelnen Unternehmen in der Regel nicht vermindert werden kann, bleibt lediglich das „Wech-

---

[518] vgl. Zahn, Gagsch, Herbst (2000), S. 26

seln" der Umwelt, indem eine weniger turbulente Nische bedient oder das Tätigkeitsfeld als Ganzes neu definiert wird.[519] ULRICH bezeichnet diesen Ansatz als
„Strategie der Veränderung der relevanten Umwelt"[520]. Da dies meist auf einer
grundlegenden Neupositionierung des gesamten Unternehmens fußt, läßt sich dieser
Gestaltungsansatz als „Positionierungsmanagement" umschreiben. Allerdings ist
hierbei zu berücksichtigen, daß insbesondere größere Unternehmen in der Regel
gleichzeitig in mehreren Märkten agieren und es sich daher auch nur um das Zurückweichen aus einzelnen Märkten handeln kann. Die Rechtfertigung solchen
Verhaltens kann zum einen in einer geringen Marktattraktivität, zum anderen in einer
ohnehin unterdurchschnittlichen Kompetenzstärke des Unternehmens liegen.[521] Das
Unternehmen wählt das Zurückweichen folglich als Form der Konfliktlösung, wobei
es ihm im besten Fall gelingt, einen maximalen Ressourcentransfer von der aufge-
gebenen Position in die neue Nische vorzunehmen.[522]

Wenngleich solches „Fluchtverhalten" den Vorteil hat, die eigene Wandlungsfähigkeit
nicht mit Hilfe aufwendiger Maßnahmen steigern zu müssen, darf bei diesem Managementfokus nicht übersehen werden, daß sich gewöhnlich das Tätigkeitsfeld
spürbar verändert. Hieraus ergeben sich wiederum Wandlungsbedarfe, die von ihrer
Qualität zwar vermutlich einfacher zu bewältigen sind, aber dennoch Unruhe ins
Unternehmen bringen können.

4.2.2.2.2 Erneuerungsmanagement – Steigerung der Wandlungsfähigkeit

Das Erneuerungsmanagement stellt die Alternative zu dem Fluchtverhalten im Sinne
des oben beschriebenen Positionierungsmanagements dar. Bezogen auf Abbildung 4-
3 besteht die Absicht des Unternehmens darin, seine Position auf der horizontalen
Achse zu verändern (vgl. Pfeil ④ in Abbildung 4-3). Obwohl der hierfür verwendete
Begriff „Erneuerungsmanagement" in der Literatur bereits vielfältige und uneinheitliche Anwendung findet, verdeutlicht er den darzulegenden Sachverhalt in anschauli-
cher Weise.

---

[519] vgl. Zahn, Gagsch, Herbst (2000), S. 26
Vgl. hierzu auch die Ausführungen in Kapitel 3.1.3.3 zum Konzept der „Strategic Choice" nach
Child (1972).

[520] Ulrich (1994), S. 25

[521] vgl. Homp (2000), S. 110

[522] vgl. Homp (2000), S. 110

ZAHN und TILEBEIN betonen, daß Unternehmen – wollen sie unter hohem externem Wandlungsdruck weiterhin wettbewerbsfähig bleiben – dem externen Wandel eigene Wandlungsfähigkeit entgegensetzen müssen.[523] Wenngleich dieser Ansatz nicht überrascht, verkörpert er die wohl anspruchsvollste der vorgestellten Verhaltensweisen. Das Unternehmen verfolgt eine offensive Strategie und sucht bewußt die Konfrontation mit den neuen Herausforderungen. Sein Bestreben ist es, die eigenen Schwächen hinsichtlich der Wandlungsfähigkeit bzw. die unternehmensintern vorhandenen Rigiditäten zu erkennen und zu beseitigen.

Diese Anstrengungen sind jedoch nicht nur so lange aufrecht zu erhalten, bis das Niveau der internen Wandlungsfähigkeit dem des externen Wandlungsdrucks entspricht. Auch das anschließende Aufrechterhalten hoher Wandlungsfähigkeit erfordert permanente Bemühungen, um den sich weiter wandelnden Anforderungen immer wieder von neuem gerecht werden zu können.

4.2.2.3 Auswahl eines geeigneten Managementfokusses

Das Vorstellen der vier Alternativen hinsichtlich des Managementfokusses sollte zum Ausdruck bringen, daß es notwendig ist, die interne und externe Situation eines Unternehmens sorgfältig zu prüfen, ehe ein Managementfokus festgelegt werden kann.

Wie aus den Ausführungen deutlich wurde, sind vielfältige Situationen denkbar, in denen Bemühungen zur Steigerung der Wandlungsfähigkeit nicht zielführend sein können. Es hängt maßgeblich von der aktuellen Marktposition und der damit verbundenen Zielsetzung eines Unternehmens ab, ob eher offensive Strategien (Innovationsmanagement / Erneuerungsmanagement) oder eher defensive Strategien (Formierungsmanagement / Positionierungsmanagement) zu bevorzugen sind.

Der Schwerpunkt in dieser Arbeit wird im folgenden – insbesondere vor dem Hintergrund der im Sonderforschungsbereich 467[524] bearbeiteten Problemstellung – auf das Erneuerungsmanagement gelegt. Dort stehen diejenigen Unternehmen im Mittelpunkt der Betrachtung, deren interne Wandlungsfähigkeit – im Vergleich zum

---

[523] vgl. Zahn, Tilebein (2000), S. 119

[524] Der Sonderforschungsbereich 467 „Wandlungsfähige Unternehmensstrukturen" der Deutschen Forschungsgesellschaft hat zur Aufgabe, Maßnahmen zur Steigerung der Wandlungsfähigkeit von Unternehmen zu erarbeiten.

vorherrschenden externen Wandlungsdruck – nicht ausreicht. Es wirft sich also die Fragestellung auf, mit Hilfe welcher Maßnahmen die Wandlungsfähigkeit von Unternehmen nachhaltig gesteigert und erhalten werden kann (vgl. Pfeil ④ in Abbildung 4-3).

Um die Wandlungsfähigkeit eines Unternehmens zielbewußt verändern zu können, bedarf es jedoch einer umfassenden Kenntnis ihrer Determinanten. Erst Informationen darüber, wie Wandlungsfähigkeit entsteht, wovon sie beeinflußt und wodurch sie gefördert werden kann, ermöglichen es einem Unternehmen, sie zu gestalten und langfristig von ihr zu profitieren.

Das folgende Kapitel gibt einen Überblick über die verschiedenen Faktoren und Felder, die das Ausmaß der Wandlungsfähigkeit eines Unternehmens entscheidend determinieren.

4.3 Determinanten für ein Management der Wandlungsfähigkeit

Betrachtet man diejenigen Faktoren, welche die Wandlungsfähigkeit eines Unternehmens wesentlich beeinflussen, so erscheint es zweckmäßig, zwei Arten von Determinanten zu unterscheiden (vgl. Abbildung 4-5):

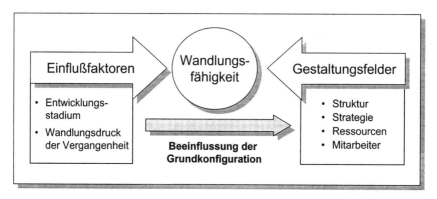

Abbildung 4-5: Determinanten der Wandlungsfähigkeit

Zum einen wird die Wandlungsfähigkeit von solchen Größen bestimmt, die sich ohne aktives Zutun des Unternehmens ergeben bzw. auf die das Unternehmen selbst keinen oder nur sehr begrenzten Einfluß hat. Sie lassen sich als *Einflußfaktoren* zusammenfassen. Bedeutende Einflußfaktoren sind die bisher durchlaufenen

132

Entwicklungsphasen eines Unternehmens und damit in enger Verbindung stehend sein aktuelles Entwicklungsstadium. Daneben spielt der umweltbedingte Wandlungsdruck der Vergangenheit eine entscheidende Rolle. MARCH und OLSEN sprechen in diesem Zusammenhang von der „Uncertainty of the Past"[525]. In der Vergangenheit bewältigter Wandlungsdruck führt im Laufe der Zeit gewöhnlich zu weitreichenden Erfahrungen im Umgang mit Wandel und steigert so die Wandlungsfähigkeit.

Zum anderen sind in einem Unternehmen verschiedene Felder vorhanden, in denen sich Wandel vollzieht und auf welche das Unternehmen gestaltend Einfluß nehmen kann.[526] Soll die Wandlungsfähigkeit eines Unternehmens verändert werden, so sind diese Felder derart zu gestalten, daß erforderlicher Wandel auch tatsächlich erfolgen kann. Jedes Feld muß dementsprechend so konfiguriert sein, daß die Voraussetzungen für Wandel gegeben sind. Auf diese Weise werden die Felder des Wandels für das Unternehmen gleichsam zu seinen *Gestaltungsfeldern* in bezug auf Wandlungsfähigkeit. Zu diesen Gestaltungsfeldern zählen wie in Kapitel 3.2.2. dargestellt die Struktur, die Strategie und die (technischen) Ressourcen des Unternehmens. Herausragende Bedeutung besitzen aber, wie bereits angesprochen, vor allem seine Mitarbeiter, da sie die Wandlungsfähigkeit in besonderer Weise prägen.[527] Obwohl sich ihre Denk-, Handlungs- und Verhaltensweisen im Unternehmen lediglich lenken und nicht „gestalten" lassen, werden sie aufgrund der zweifellos vorhandenen Einflußmöglichkeiten seitens der Unternehmensführung hier im weiteren Sinne zu den Gestaltungsfeldern gezählt.

Beide Determinanten, d.h. sowohl die Einflußfaktoren als auch die Gestaltungsfelder, werden in den folgenden Kapiteln 4.3.1 und 4.3.2 ausführlich erörtert.

---

[525] March, Olsen (1975), S. 147

[526] Vgl. hierzu die in Kapitel 3.2.2 vorgestellten Felder des Wandels.

[527] vgl. Reinhart (1997b), S. 190; Reinhart u.a. (1999b), S. 22; Reinhart u.a. (1999a), S. 22 und Westkämper u.a. (2000), S. 25

4.3.1 Einflußfaktoren auf die Wandlungsfähigkeit eines Unternehmens

4.3.1.1 Das Entwicklungsstadium eines Unternehmens

„Existing organizations, especially the largest and most powerful, rarely change strategies and structures quickly enough to keep up with the demands of uncertain, changing environment"[528]

Aus diesem Zitat geht hervor, daß HANNAN und FREEMAN einen Zusammenhang zwischen der Wandlungsfähigkeit eines Unternehmens und seiner *Größe* sehen. Sie unterstellen, daß sich insbesondere große Unternehmen meist nur sehr langsam an sich verändernde Anforderungen anpassen können, d.h. über eine geringere Wandlungsfähigkeit verfügen als kleinere. EINHAUS unterstützt diese These, indem er formuliert:

„Most corporations were founded with an innovative, entrepreneurial spirit that somehow manages to evaporate as they become big and successful."[529]

Auch er unterstellt offensichtlich „Verkrustungserscheinungen", die mit der zunehmenden Größe von Unternehmen einher gehen. DRUCKER hingegen macht nicht die zunehmende Größe, sondern fortschreitendes *Alter* eines Unternehmens für dessen wachsende Trägheit verantwortlich:

"Every organization tends to become slack, easy going, diffuse. It tends to allocate resources by inertia and tradition rather than by results. Above all, every organization tends to avoid unpleasantness."[530]

Es stellt sich somit die Frage, ob die offensichtlich häufig beobachtete Trägheit bzw. Rigidität tatsächlich aus der Größe oder aus dem Alter des Unternehmens resultiert.

Wie bereits in Kapitel 3.1.3 ausgeführt, gehen viele Autoren davon aus, daß – in Analogie zu Lebewesen – auch Produkte oder Unternehmen eine beschränkte Lebensdauer aufweisen.[531] Überträgt man die vorgestellten Phasen der Entwicklung

---

[528] Hannan, Freeman (1989), S. 12

[529] Einhaus (2000), S. 32

[530] Drucker (1980), S. 45

[531] vgl. Ulrich (1994), S. 13 und Staehle (1999), S. 908

sozialer und soziotechnischer Systeme (Entstehen, Verbreiten, Reifen, Vergehen) auf Unternehmen, unterscheidet eine typische Vorstellung eine Pionierphase (Entstehen), eine Wachstumsphase (Verbreiten), eine Reifephase (Reifen) und schließlich eine Wendephase, in der das drohende „Sterben" der Unternehmung (Vergehen) durch das Management abgewendet werden soll.[532] Interessanterweise implizieren alle Vertreter dieser „Lebenszyklus-Theorie", daß mit fortschreitendem Lebensstadium des Unternehmens interne Verfestigungen auftreten, worunter im Laufe seines Bestehens die Wandlungsfähigkeit leidet. Während in frühen Lebensphasen eines Unternehmens der „plötzliche Tod" als Ausnahme angesehen wird, nimmt die Wahrscheinlichkeit seines Eintretens stetig zu, bis er in der Wendephase nur noch mit Mühe abzuwenden ist.[533] Diese Vorstellung basiert folglich auf der Annahme, daß die Fähigkeit eines Unternehmen, sich proaktiv oder reaktiv auf veränderte Anforderungen einzustellen, in späteren Lebensstadien nachläßt.[534] PROBST, KLIMECKI und GMÜR definieren Unternehmen dementsprechend als

„sich laufend selbst stabilisierende Einheiten, d.h. daß jede Veränderung in der Unternehmung früher oder später routinisiert wird und ein stabiles Muster erzeugt. Überspitzt gesagt, besteht eine Unternehmung aus lauter Verfestigungen von früheren Veränderungsmaßnahmen."[535]

Die Auffassung, daß solche Verfestigungen und Verkrustungen in fortgeschrittenen Lebensstadien zunehmen, drückt ADIZES in seinem Modell mit Hilfe entsprechend gewählter Begrifflichkeiten aus. So verwendet er zur Beschreibung des Lebenszyklus von Unternehmen unter anderem die Bezeichnungen „Infant Organization", „Go-Go-

---

[532] vgl. Pümpin, Prange (1991), S. 44; Krüger (1994b), S. 201; Pümpin (1994), S. 287; Gomez, Zimmermann (1997), S. 155. Ähnliche Einteilungen sind bei Quinn, Cameron (1983), S. 33ff.; Miller, Friesen (1983), S. 339ff.; Tichy (1983), S. 11f. oder Perich (1992), S. 167 zu finden.
Für das Zustandekommen solcher Lebenszyklusmodelle werden je nach Autor verschiedene Ursachen angeführt. Während Greiner (1972), S. 11 das Wachstum von Unternehmen (mit den Phasen 1–5) im Vordergrund sieht, macht Mintzberg (1983a), S. 503ff. machtpolitische Entwicklungen im Unternehmen für die Phasen „Entstehung", „Entwicklung", „Reife" und „Niedergang" verantwortlich. Bleicher (1992b), S. 332ff. spricht dagegen allgemeiner vom Unternehmensentwicklungsmodell mit „Pionierphase", „Markterschließungsphase", „Diversifikationsphase", „Akquisitionsphase", „Kooperationsphase" und der „Restrukturierungsphase". Andere Modelle mit entsprechenden Vorstellungen lassen sich den „Metamorphosemodellen", „Krisenmodellen", „Marktentwicklungsmodellen", „Strukturänderungsmodellen" oder „Verhaltensänderungsmodellen" zuordnen (vgl. hierzu Pümpin, Prange (1991), S. 61ff.).
[533] vgl. Wunderer (1994), S. 238
[534] vgl. Perich (1992), S.381 und Greschner (1996), S. 150
[535] Klimecki, Probst, Gmür (1993), S. 25

Organization", „Prime Organization", „Stable Organization", „Early Bureaucracy" und „Bureaucracy".[536]

Vor diesem Hintergrund betrachten einige Autoren als wesentliche Aufgabe eines Unternehmens nicht so sehr die Schaffung, sondern vielmehr die Erhaltung von Wandlungsfähigkeit.[537] Ihrer Meinung nach deutet vieles darauf hin, daß die Wandlungsfähigkeit eines Unternehmens aufgrund von Verkrustungserscheinungen mit zunehmendem Lebensalter sinkt. Dies langfristig zu verhindern stellt somit die eigentliche Herausforderung für die Unternehmensführung dar.

Allerdings dokumentiert beispielsweise GREINER in seinen Arbeiten unter anderem einen Zusammenhang zwischen dem Alter und der Größe eines Unternehmens.[538] Er geht davon aus, daß Unternehmen offensichtlich unter normalen Umständen in der Regel über ihren Lebenszyklus hinweg auch an Größe zunehmen. Demnach findet sich hier auch die eingangs zitierte Aussage von HANNAN und FREEMAN wieder, insbesondere große Unternehmen seien kaum noch zu schnellen Strategie- und Strukturanpassungen in der Lage. Auch KRÜGER unterstützt diese Ansicht, indem er verallgemeinernd von „Entwicklungsstadien"[539] eines Unternehmens spricht und darin implizit die beiden Aspekte „Alter" und „Größe" miteinander vermischt. Er differenziert beispielsweise lediglich „junge Pionierunternehmen" und „reife Konzerne", denen er jeweils andere Charakteristika zuschreibt.[540]

Folgt man diesen Überlegungen und definiert entsprechend das Entwicklungsstadium eines Unternehmens als eine Funktion der Unternehmensgröße bzw. des Unternehmensalters,[541] so läßt sich der beschriebene Zusammenhang zwischen dem Entwicklungsstadium eines Unternehmens und seiner Wandlungsfähigkeit als

---

[536] vgl. Adizes (1979), S. 93

[537] vgl. Klimecki, Probst, Gmür (1993), S. 25

[538] Dieser Zusammenhang ergab sich aus seiner Studie in der High-Tech-Industrie im Nappa Valley, in der er ursprünglich bestimmte Krisen und Bewältigungsstrategien in Beziehung setzte (vgl. Greiner (1972) und Greiner (1989)).

[539] Krüger (2000a), S. 50

[540] vgl. Krüger (2000a), S. 50

[541] vgl. hierzu Kanter, Stein, Jick (1992), S. 36ff. und Perich (1992), S. 359
Eine ausführliche Diskussion dieser Frage wird auch durch von Kortzfleisch und Zahn geführt. Sie erörtern neben den genannten Faktoren „Alter" und „Größe" auch die Rechtsform von Unternehmen (vgl. von Kortzfleisch, Zahn (1979), S. 436).

136

„Verkrustungskurve" bezeichnen. Mit fortschreitendem Entwicklungsstadium nimmt demnach die Wandlungsfähigkeit ab (vgl. Abbildung 4-6).

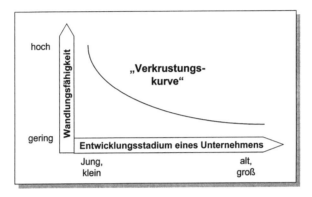

Abbildung 4-6: Zusammenhang zwischen dem Entwicklungsstadium und der Wandlungsfähigkeit eines Unternehmens

4.3.1.2 Der Wandlungsdruck der Vergangenheit

Der zweite zentrale Einflußfaktor auf die Wandlungsfähigkeit betrifft die Permanenz und Radikalität des Wandels, dem ein Unternehmen in der Vergangenheit gegenüber stand. Da eine nachhaltige Steigerung der Wandlungsfähigkeit in der Regel vergleichsweise viel Zeit benötigt und in Form eines evolutionären Prozesses erfolgt, profitieren diejenigen Unternehmen, die bereits in der Vergangenheit häufig mit radikalem Wandel konfrontiert und damit großem Wandlungsdruck ausgesetzt waren.[542] Sie hatten Gelegenheit, in einen von individuellem und organisationalem Lernen getragenen Prozeß einzutreten und ihre Wandlungsfähigkeit nach und nach weiterzuentwickeln (vgl. Abbildung 4-7).[543] MEYER und HEIMERL-WAGNER sprechen in diesem Kontext auch von einer durch bewältigte Wandlungsprozesse erreichten „veränderungsrelevanten Reife"[544] eines Unternehmens.

---

[542] vgl. Newman, Nollen (1998), S. 51; Zahn, Gagsch, Herbst (2000), S. 26 und Deeg, Weibler (2000), S. 160f.

[543] vgl. Klimecki, Probst, Gmür (1993), S. 87

[544] Meyer, Heimerl-Wagner (2000), S. 176
Die beiden Autoren differenzieren die veränderungsrelevante Reife eines Unternehmens zudem in eine normative und kognitive Reife. Aufgrund der in dieser Arbeit gelegten Schwerpunkte wird diese Unterscheidung jedoch nicht weiter gefolgt.

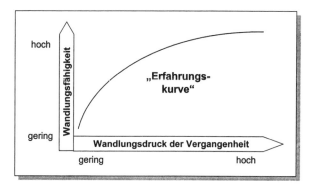

Abbildung 4-7: Zusammenhang zwischen dem Wandlungsdruck der Vergangenheit und der Wandlungsfähigkeit eines Unternehmens

Kardinale Voraussetzung für den Aufbau von Wandlungsfähigkeit ist allerdings, daß sich das Unternehmen an den Wandel in seiner Umwelt nicht nur laufend anpaßt, um auf erneuten Wandel wieder mit einer entsprechenden Anpassung zu reagieren („Single-Loop-Learning"[545] und „Double-Loop-Learning"[546]). Seine Wandlungsfähigkeit nimmt erst dann zu, wenn zusätzlich ein Lerneffekt eintritt, der auch die Fähigkeiten im Umgang mit Wandel verbessert („Deutero-Learning"[547]).[548] Beispiele hierfür sind etwa die Fähigkeit zu vernetztem Denken, Erfahrungen im Umgang mit Komplexität oder Entscheidungs- und Handlungsfähigkeit unter Unsicherheit.

Einen interessanten Beitrag zur Erforschung des Wandels von Unternehmen leisteten in diesem Zusammenhang HININGS und GREENWOOD mit ihrem Konzept der „Organizational Tracks"[549]. Damit bezeichnen die Autoren Pfade oder Spuren, die

---

[545] Zu den verschiedenen Ebenen des Lernens vgl. Argyris, Schön (1978), S. 18ff. Die beiden Autoren formulieren ihre Lernmodelle in Anlehnung an Bateson (1972).

[546] Argyris, Schön (1978), S. 18ff.

[547] Nach Argyris und Schön (1978) ermöglicht das Deutero-Learning die Verbesserung der Lernprozesse sowohl auf der Single-Loop als auch auf der Double-Loop Ebene.

[548] vgl. Klimecki, Probst, Gmür (1993), S. 87

[549] Hinings, Greenwood (1988), S. 24ff.
Die „Organizational Tracks" geben Aufschluß über die in der Vergangenheit erarbeiteten unternehmerischen Potentiale, deren Berücksichtigung bei der Entwicklung neuer Erfolgspotentiale insofern erforderlich ist, als ausgehend von einer bestimmten Ressourcenbasis nur bestimmte Entwicklungspfade beschritten werden können. „Early patterns of organizing may limit the range of future strategic actions that firms are likely to consider." (Boeker (1989), S. 492). Mit anderen Worten wird die unternehmerische Zukunft durch die Vergangenheit und die Gegenwart eines Unternehmens begrenzt („Path Dependencies" (vgl. Teece, Pisano (1998), S. 202 und Eriksson, Majkgård, Sharma (2000), S. 309)).
Das Konzept der „Organizational Tracks" ist jedoch noch weitreichender als es hier vertieft werden

Unternehmen ihrer Auffassung nach beim Wandel hinterlassen.[550] Die Permanenz und Radikalität des Wandels in der Vergangenheit eines Unternehmens läßt sich damit am Verlauf seines „Organizational Tracks" veranschaulichen. Entscheidend für eventuelle Rückschlüsse auf die Wandlungsfähigkeit ist jedoch weniger die absolute Länge des Pfades, als vielmehr die Qualität und Quantität bewältigter Diskontinuitäten sowie vollzogener Entwicklungssprünge.

Beide beschriebenen Einflußfaktoren auf die Wandlungsfähigkeit eines Unternehmens – sowohl sein aktuelles Entwicklungsstadium als auch der bewältigte umweltbedingte Wandlungsdruck der Vergangenheit – dürfen nicht in der Weise verstanden werden, daß sie die Wandlungsfähigkeit determinieren und dem Unternehmen keinen Handlungsspielraum lassen, auf seine Wandlungsfähigkeit Einfluß zu nehmen. Sie geben lediglich Hinweise auf wahrscheinliche Grundkonfigurationen der im folgenden vorzustellenden Gestaltungsfelder im Sinne eines Ausgangsniveaus, von dem aus sich ein Unternehmen ein möglicherweise erforderliches Maß an zusätzlicher Wandlungsfähigkeit erarbeiten und langfristig erhalten kann.
Wesentliche Elemente und Prinzipien, mit denen auf die Wandlungsfähigkeit eines Unternehmens eingewirkt werden kann, sind Gegenstand der Ausführungen im nachstehenden Kapitel.

4.3.2 Gestaltungsfelder der Wandlungsfähigkeit eines Unternehmens

Die Wandlungsfähigkeit eines Unternehmens wird in erster Linie durch die Konfiguration der Gestaltungsfelder Strategie, Struktur, Ressourcen und Mitarbeiter bestimmt. Deren Grundkonfiguration erfährt zwar in der Regel durch die oben genannten Einflußfaktoren eine gewisse Prägung (vgl. Abbildung 4-5), sie läßt sich vom Unternehmen aber in weiten Teilen aktiv gestalten.
Das Ziel im Rahmen eines Managements der Wandlungsfähigkeit läßt sich somit beschreiben als situationsspezifische Konfiguration der Gestaltungsfelder, wobei

---

kann. Die Autoren gehen zusätzlich davon aus, daß die Strukturen und Systeme eines Unternehmens zumeist Manifestationen einer bestimmten Managementphilosophie und damit eines bestimmten interpretativen Schemas sind – mit Hinings und Greenwoods Worten: archetypische Kohärenz aufweisen. Ihres Erachtens existieren nur wenige unterschiedliche solcher Archetypen. Außerdem erwarten sie, daß Unternehmen, die keinem Schema entsprechen, sich in Richtung auf einen Archetyp wandeln werden. Wandel von einem Archetyp zu einem anderen halten sie dagegen für eher unwahrscheinlich.

[550] Steinle (1985), S. 553ff. spricht in diesem Zusammenhang von „Wandlungspfaden".

jedes der vier Gestaltungsfelder zielbewußt konfiguriert werden muß, um seinen Beitrag zur Wandlungsfähigkeit des gesamten Unternehmens leisten zu können. Allerdings wird ein Verfolgen isolierter Konfigurationsansätze in einzelnen Gestaltungsfeldern langfristig nicht zum Erfolg führen. Nachhaltige Wandlungsfähigkeit zu erreichen und zu erhalten ist ein Bestreben, welches das Unternehmen als Ganzes berührt und deshalb eine integrative Betrachtung sämtlicher Gestaltungsfelder der Wandlungsfähigkeit erfordert (vgl. Abbildung 4-8).

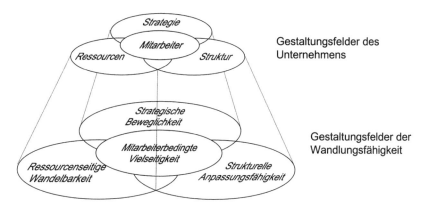

Abbildung 4-8: Gestaltungsfelder eines Unternehmens und seiner Wandlungsfähigkeit

Je erfolgreicher ein Unternehmen bei der Generierung von Wandlungsfähigkeit in einem Feld ist, um so eher kann es sich zwar leisten, ein anderes Feld zu einem gewissen Punkt zurückzustellen – immer aber mit dem Risiko, daß dadurch in den „vernachlässigten" Feldern Starrheiten entstehen, die situativ notwendige Wandelbemühungen erschweren oder verhindern.[551] Erst wenn alle Gestaltungsfelder auf allen Ebenen im Unternehmen entsprechend konfiguriert sind,[552] d.h. strategische Beweglichkeit, strukturelle Anpassungsfähigkeit und ressourcenseitige Wandelbarkeit auf mitarbeiterbedingte Vielseitigkeit treffen,[553] besitzt ein Unternehmen umfassende und nachhaltige Wandlungsfähigkeit.[554]

---

[551] vgl. Klimecki, Probst, Gmür (1993), S. 78

[552] Vgl. hierzu die in Kapitel 3.2.1 vorgestellten Ebenen eines Unternehmens.

[553] vgl. Zahn, Gagsch, Herbst (2000), S. 27
Eine ausführliche Erklärung dieser Begriffe findet in den nachfolgenden Kapiteln statt.

[554] vgl. Krüger (2000b), S. 22

140

4.3.2.1 Strategische Beweglichkeit

„To manage in this context is to create the climate
within which a wide variety of strategies can grow."

- HENRY MINTZBERG -

Die Wandlungsfähigkeit eines Unternehmens hängt in hohem Maße von seiner strategischen Beweglichkeit ab.[555] Sie ist notwendig, um die bei radikalem Wandel drohende Erosion von Vorteilspositionen immer wieder zu verhindern.[556]

Das Gestaltungsfeld der strategischen Beweglichkeit umfaßt hier sowohl den Prozeß der Strategieentwicklung im Unternehmen, als auch die aus diesem Prozeß resultierenden Strategien[557] selbst.[558]

In den folgenden Kapiteln werden wesentliche Bausteine strategischer Beweglichkeit herausgearbeitet und dargestellt. Dazu zählen vor allem das Vorhandensein ausreichender *Strategiekompetenz*, die Umsetzung *strategischer Mehrgleisigkeit* sowie das Verfolgen *dynamischer Strategien* (vgl. Abbildung 4-9).

---

[555] Volberda (1997), S. 172 spricht in diesem Zusammenhang von „Strategic Flexibility", die er insbesondere in sich radikal wandelnden Umfeldern für notwendig hält: „Strategic flexibility is necessary when the organization faces unfamiliar changes that have far-reaching consequences and needs to respond quickly".

[556] vgl. Zahn (1999), S. 11

[557] Der Begriff der Strategie wird in der Literatur äußerst komplex und vielschichtig dargestellt: Für Nadler (1989) S. 491 ist Strategie „the set of key decisions about the match of the organization's resources to the opportunities, constraints, and demands in the environment within the context of history". Nach Mintzberg und Waters (1985) S. 257 entspricht eine Strategie „patterns in streams of action". Malik (1992), S. 181 spricht von einer Strategie als „Satz von Regeln". Klimecki, Probst und Gmür (1993), S. 79 verstehen die Strategie eines Unternehmens im wesentlichen als „die Schaffung von Erfolgspotentialen, die es der Unternehmung ermöglichen sollen, mittel- und langfristig im Vergleich zu den direkten Konkurrenten überdurchschnittliche Erfolge zu erzielen." Für Ansoff und McDonnell (1996), S. 34 legt ein Unternehmen in seiner Strategie einen Handlungsspielraum fest, in dem es seine Verhaltensrichtlinien für seine zukünftigen Aktivitäten definiert. Für Al-Ani (1996), S. 13 legt die Unternehmensstrategie die zukünftige Stellung des Unternehmens fest, definiert Technologien und Kompetenzen, verteilt Ressourcen auf geplante Aktivitäten und legt Kriterien und Standards zur Messung der Zielerreichung fest. Häufig wird darunter auch ein System verstanden, das für ein Unternehmen als Ganzes oder für wesentliche Teilbereiche gilt und das Erreichen der Unternehmensziele dauerhaft sichern soll (vgl. Sander (1999), S. 18).

[558] Die lange Zeit übliche Unterscheidung zwischen dem Prozeß der Strategieentwicklung (Strategy Process) und dem Inhalt der Strategie selbst (Strategy Content) wird heute zunehmend kritisch betrachtet. Hier wird diese Trennung zwar nicht explizit vollzogen, dennoch ist es in diesem Zusammenhang sinnvoll, auf Inhalte beider Aspekte einzugehen. Zur Diskussion bezüglich des Zusammenhangs bzw. der Abgrenzung von Strategy Process und Strategy Content vgl. u.a. Schendel (1992), S. 4; Knyphausen-Aufsess (1995), S. 88f. und Foschiani (2000), S. 342.

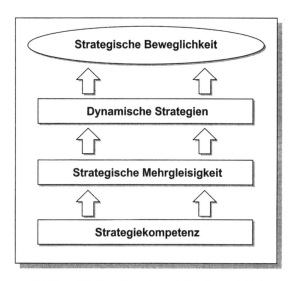

Abbildung 4-9: Bausteine strategischer Beweglichkeit

4.3.2.1.1 Unternehmensinterne Strategiekompetenz als Quelle strategischer Beweglichkeit

Beweglichkeit in der Strategieentwicklung und Beweglichkeit der Strategie kontinu-ierlich aufrecht zu erhalten, erfordert ein breites Spektrum strategischer Initiativen. Diese müssen ständig im Sinne innovativer Bemühungen neu gestartet werden und langfristig in einen kontinuierlichen Fluß von Strategieinnovationen münden. Strate-gieinnovationen betreffen dabei vor allem die „Neuerfindung von Geschäftsmodellen sowie die Veränderung von Spielregeln im Branchenwettbewerb"[559]. Wesentliche Voraussetzung hierfür ist der Aufbau und die Pflege von Strategiekompetenz.[560] Zum Begriff der Strategiekompetenz findet sich in der Literatur bislang keine einheit-liche Definition, es lassen sich jedoch im wesentlichen drei Kernelemente der Strategiekompetenz ausmachen (vgl. Abbildung 4-10):

---

[559] Zahn (1999), S. 14

[560] vgl. Zahn (1999), S. 1ff.; Horváth (2000), S. 78 und Zahn, Foschiani, Tilebein (2000), S. 63

142

Strategiekompetenz		
Organisationale Aufmerksamkeit	Dynamic Capabilities	Strategie-emergenz

Abbildung 4-10: Kernelemente der Strategiekompetenz

Organisationale Aufmerksamkeit

Ein wesentliches Kernelement der Strategiekompetenz kann über den Begriff der „organisationalen Aufmerksamkeit"[561] beschrieben werden. Sie ist entscheidend für das Erkennen neuer Anforderungen in den Unternehmensumfeldern und somit in hohem Maße für die Beweglichkeit in der Strategieentwicklung verantwortlich. Organisationale Aufmerksamkeit beinhaltet wiederum verschiedene Aspekte, die insgesamt entscheidend für die Wahrnehmung von Veränderungen sind (vgl. Abbildung 4-11).

Abbildung 4-11: Bestandteile organisationaler Aufmerksamkeit

- Ein Unternehmen kann sich offenkundig nur auf von ihm erkannte Veränderungen und Wandlungsprozesse einstellen.[562] Seine langfristige Wettbewerbsfähigkeit hängt somit von der Fähigkeit ab, relevante Veränderungen im Wettbe-

---

[561] Zahn, Greschner (1996), S. 50

[562] vgl. Reinhart u.a. (1999a), S. 22

werbsumfeld zu erkennen (*Sensibilität*) und geeignete Potentiale aufzubauen, die diesen Veränderungen Rechnung tragen.[563]

- Ähnlich wie das Verhalten eines Menschen von seinem „mentalen Modell"[564] bzw. seiner Weltsicht bestimmt wird, ist das Denken und Handeln in einem Unternehmen von den „gemeinsamen mentalen Modellen"[565] seiner Entscheidungsträger – der *„Dominant Logic"*[566] – abhängig. BETTIS und PRAHALAD charakterisieren mit diesem Begriff den eingeschränkten Blick eines Unternehmens auf die Umwelt, der den vermeintlich relevanten Realitätsausschnitt festlegt. Dieser Filter wirkt selektierend bei der Informationsgewinnung und beeinflußt auf diese Weise die Strategieentwicklung und -erneuerung eines Unternehmens erheblich.[567] Die Dominant Logic eines Unternehmens determiniert also, aus welchen Bereichen Informationen überhaupt gewonnen werden.[568] Außerhalb dieser Felder kann es zum Entstehen sogenannter „blinder Flecken"[569] der Wahrnehmung kommen, d.h. zu Bereichen, aus denen keine Informationen aufgenommen und verarbeitet werden. Eine wesentliche Gefahr liegt in der häufig unterschätzten Änderungsresistenz der Dominant Logic eines Unternehmens. Je länger sie zum Einsatz kommt, desto schwieriger läßt sie sich verändern.[570] Um permanent eine möglichst hohe organisationale Aufmerksamkeit sicherzustellen, ist es daher notwendig, die Dominant Logic immer wieder zu hinterfragen und situativ zu vervollständigen.[571] Erst durch ihre kritische Reflexion und damit verbundenes strategisches Lernen, kann die vorhandene Strategiekompetenz verbessert und damit die Beweglichkeit in der Strategieentwicklung des Unternehmens erhöht werden.

---

[563] vgl. Jenner (1998), S. 146; Zahn (1999), S. 12 und Meyer, Heimerl-Wagner (2000), S. 169

[564] Zentrale Arbeiten des Konzepts der „mentalen Modelle" stammen von Fortmüller (1991), S. 158ff.; Mandl u.a. (1988), S. 146ff. sowie Keller und Weinberger (1992), S. 69ff. Eine ausführliche Übersicht über den Stand der Forschung geben u.a. Greschner (1996), S. 74ff.; Hacker (1997), S. 439ff. und Bach (2000), S. 55ff.

[565] Der Begriff der „gemeinsamen mentalen Modelle" geht auf Stata (1989), S. 64 und Kim (1993), S. 43 zurück. Sie sprechen in diesem Zusammenhang von „Shared Mental Models".

[566] Bettis, Prahalad (1995), S. 7

[567] vgl. Bettis, Prahalad (1995), S. 7 und Zahn (1995a), S. 154

[568] vgl. Zahn, Greschner (1996), S. 50

[569] Foerster (1981), S. 40ff.

[570] vgl. Bach (2000), S. 233

[571] vgl. Zahn, Tilebein (2000), S. 130

- Eine entscheidende Rolle spielt auch der „Time-Lag", also die Zeitverzögerung, mit der relevante Veränderungen erkannt werden. Je kürzer diese Zeitverzöge-rung, d.h. je höher die *Wahrnehmungsgeschwindigkeit* eines Unternehmens ist, desto eher sind die Voraussetzungen für rechtzeitige und erfolgreiche Strategie-erneuerungen gegeben. Schnell fließende Informationen in möglichst kurzen und direkten Informationskanälen sind hier ein Schlüssel zum Erfolg.

- Organisationale Aufmerksamkeit wird zudem in starkem Maße davon geprägt, inwiefern die am Prozeß der Strategieentwicklung Beteiligten eines Unterneh-mens in der Lage sind, ihre individuelle Sichtweise zu verlassen und relevante Zusammenhänge aus einer übergeordneten, ganzheitlich-integrierenden Sicht-weise betrachten zu können.[572] HILB spricht vor diesem Hintergrund auch von „*Helikopterfähigkeit*"[573], die es erlaubt, Verlaufsmuster sowie mögliche Folgewir-kungen strategischer Entscheidungen frühzeitig zu erkennen.[574]

Dynamic Capabilities

Als ein weiteres Kernelement der Strategiekompetenz sind sogenannte „*Dynamic Capabilities*"[575] zu nennen.[576] Nach TEECE und PISANO betonen Dynamic Capabilities

„...*the key role of strategic management in appropriately adapting, integrating, and re-configuring internal and external organizational skills, resources, and functional competences toward changing environment.*"[577]

VOLBERDA faßt die Definition noch allgemeiner indem er formuliert:

„*Dynamic ... capabilities denote the managerial ability to respond reactively or proactively to various demands from changing competitive environments.*"[578]

ZAHN subsumiert unter Dynamic Capabilities schließlich

---

[572] Heifetz und Laurie (1997), S. 56 beschreiben diese ihrer Ansicht nach für Unternehmensführer notwendige Fähigkeit als „Blick vom Balkon".

[573] Hinterhuber (1997), S. 238 und Hilb (1999), S. 141

[574] vgl. Heifetz, Laurie (1997), S. 56

[575] Teece, Pisano (1998), S. 194

[576] vgl. Teece, Pisano, Shuen (1997), S. 515ff. und Zahn, Foschiani, Tilebein (2000), S. 63

[577] Teece, Pisano (1998), S. 194

[578] Volberda (1998), S. 108

„die in Managementfertigkeiten, Handlungsroutinen, Denkwelten und Lernmustern eines Unternehmens verwurzelten ... Befähigungen zur Erneuerung von Kompetenzen ..."[579].

Den Ansichten der genannten Autoren ist gemein, daß sich solche Befähigungen in den Fähigkeiten zur Improvisation, Adaption, Integration, Koordination, Rekonfiguration bzw. Transformation sowie in der Lernfähigkeit des Unternehmens äußern (vgl. Abbildung 4-12).[580]

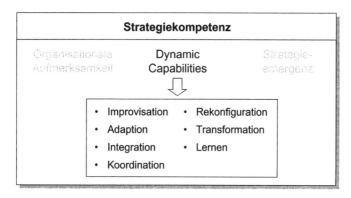

Abbildung 4-12: Bestandteile von Dynamic Capabilities

Da es sich dem Wesen nach bei Dynamic Capabilities vornehmlich um implizites Wissen handelt, können sie nicht extern erworben, sondern nur intern entwickelt werden.[581] Das Fundament hierfür bilden kognitive „Basisfähigkeiten" wie vernetztes, zukunftsoffenes und strategisches Denken.[582]

Im weitesten Sinne können unter Dynamic Capabilities somit Fähigkeiten im Umgang mit Wandel verstanden werden. Allerdings hebt keiner der zitierten Autoren hervor,

---

[579] Zahn (2000b), S. 162

[580] vgl. Teece, Pisano (1998), S. 198ff.; Zahn, Foschiani (2000), S. 99 und Eisenhardt, Martin (2000), S. 1107

[581] vgl. Zahn (1999), S. 11

[582] vgl. Steinle, Eggers, Ahlers (1995), S. 16; Eggers, Bertram, Ahlers (1995), S. 8 und Fink, Schlake, Siebe (2000b), S. 44
Newman und Nollen (1998), S. 56 konkretisieren in ihren Arbeiten den Begriff des strategischen Denkens: „By strategic thinking, we mean three things: (a) understanding the firm's resources and capabilities and how they are relevant in the marketplace; (b) understanding the market and adapting the firm appropriately; and (c) envisioning and planning for a new future on the basis of an accurate assessment of the market and the firm's resources and capabilities".

daß solche Fähigkeiten nur bei radikalem Wandel erforderlich sind. EISENHARDT und MARTIN betonen sogar ihre grundsätzliche Bedeutung:

„In moderately dynamic markets, dynamic capabilities resemble the traditional conception of routines. They are detailed, analytic, stable processes with predictable outcomes. In contrast, in high-velocity markets, they are simple, highly experiential and fragile processes with unpredictable outcomes."[583]

Der Aufbau solcher Fähigkeiten darf dementsprechend nicht unabhängig vom realen externen Wandlungsdruck vollzogen werden. Kontextabhängig sind diejenigen Fähigkeiten zu stärken, die im Umgang mit den aktuellen Anforderungen benötigt werden.

Da der Fokus der Dynamic Capabilities auf strategierelevanten Prozessen im Unternehmen liegt,[584] führt ihre Stärkung zu einer Verbesserung der unternehmensspezifischen Strategiekompetenz und damit letztlich zu höherer strategischer Beweglichkeit. Zu beachten ist aber, daß Dynamic Capabilities – als ein Kernelement der Strategiekompetenz – an sich noch keinen direkten Nutzen stiften. Sie stellen nur eine notwendige, jedoch keine hinreichende Bedingung für Wettbewerbsvorteile dar.

„Their value for competitive advantage lies in the resource configuration that they create, not in the capabilities themselves. Dynamic capabilities are necessary, but not sufficient, conditions for competitive advantage".[585]

Strategieemergenz

Weiterhin wird die in einem Unternehmen genutzte Strategiekompetenz vom Ausmaß der *Strategieemergenz* beeinflußt. Strategieemergenz beschreibt dabei eine, im Gegensatz zur vollständig intendierten, rational-analytischen Strategieentwicklung stehende, emergente, spontane Strategieentstehung.[586] Damit ist sie weniger für die Strategieentwicklung als vielmehr für die Realisierung beweglicher Strategien entscheidend, da sie immer wieder verändernde Eingriffe bewirkt. Für ihr Zustandekommen müssen gleichsam verschiedene Voraussetzungen erfüllt sein (vgl. Abbildung 4-13).

---

[583] Eisenhardt, Martin (2000), S. 1105

[584] vgl. Zahn, Foschiani (2000), S. 100

[585] Eisenhardt, Martin (2000), S. 1106

[586] vgl. Sander (1999), S. 18

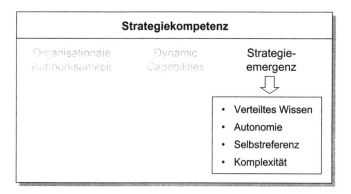

Abbildung 4-13: Voraussetzungen für das Entstehen emergenter Strategien

- Grundlage des Gedankens der Strategieemergenz bildet die Annahme, daß die Unternehmensführung zu keinem Zeitpunkt über alle zur Strategieentwicklung notwendigen Informationen verfügen kann.[587] Strategische Impulse und innovative Ideen entspringen oft aus gewöhnlichen Geschäftsoperationen und entstehen unabhängig voneinander an den verschiedensten Stellen im Unternehmen.[588] So ist es möglich, daß Einzelne mit ungewöhnlichen ad hoc-Entscheidungen Präzedenzfälle schaffen, die sich zu maßgeblichen Handlungsmustern weiterentwickeln.[589] Die Aufgabe der Unternehmensführung besteht insofern nicht in der Entwicklung einer vermeintlich optimalen Strategie, sondern in der Gewährleistung eines Prozesses, der den Zugriff auf sämtliches im Unternehmen *verteilte Wissen* sicherstellt. MINTZBERG hält dazu fest:

"To manage this process is not to preconceive strategies but to recognize their emergence and intervene when appropriate. ... To manage in this context is to create the climate within which a wide variety of strategies can grow ... and then to watch what does in fact come up. ... In effect, the management encourages those initiatives that appear to have potential, otherwise it discourages them."[590]

---

[587] Vgl. dazu auch die Erkenntnisse und Erfahrungen von Emery (1969) und Emery, Trist (1973) über Redundanz der Funktionen.

[588] vgl. Tushman, Nadler (1986), S. 74ff. und Schreyögg (1999), S. 399

[589] vgl. Weidler (1996), S. 60

[590] Mintzberg (1989), S. 215

Dementsprechend ist die Identifikation und selektive Förderung emergenter Strategien von zentraler Bedeutung.

- Dafür ist jedoch die Ausstattung der verschiedenen Unternehmensbereiche mit einem ausreichenden Maß an *Autonomie* erforderlich. Nur selbständig denkende und eigenverantwortlich agierende Einheiten sind in der Lage, grundlegend neue Impulse zu geben. Insofern kann die Strategiekompetenz eines Unternehmens von einer gewissen Demokratisierung der Strategieentwicklungs- und - erneuerungsprozesse – im Sinne der Nutzung der im gesamten Unternehmen vorhandenen Phantasie und Urteilskraft – nur profitieren.[591] Die in diesem Zuge zwangsläufig auftretenden Konfliktsituationen führen in der Regel zu Entscheidungen, die gründlicher diskutiert, besser fundiert und innovativer sind als solche, die aus vollkommener Harmonie entspringen.[592]

- Voraussetzung dafür ist gleichsam „individuelle Strategiefähigkeit"[593], die im Unternehmen konsequent aufgebaut und gesichert werden muß. Dazu gehört vor allem das Zulassen einer operationellen Geschlossenheit der an der Strategieentwicklung beteiligten Unternehmenseinheiten („*Selbstreferenz*"[594]). Nur so können Folgen emergenter Strategien zirkulär auf die jeweiligen Einheiten zurückwirken, Lernprozesse anstoßen und Auslöser weiterer emergenter Strategien sein.

- Der Nutzenbeitrag der Strategieemergenz hängt indes wesentlich von der unternehmensinternen und -externen *Komplexität*[595]ab. Die Berechtigung emergenter Strategien steigt in dem Maße, in dem strategisch relevante Zusammenhänge zunehmend komplexer und damit für die Unternehmensführung unüberschaubarer werden.[596] Gerade dann, wenn aufgrund hoher Komplexität Ungewißheit bezüglich verschiedener Entwicklungstendenzen besteht, darf in der Unternehmensführung nicht durch das Beharren auf einmal festgelegten und routi-

[591] vgl. Zahn (1999), S. 14 und Zahn, Foschiani, Tilebein (2000), S. 63

[592] vgl. Foschiani (2000), S. 347

[593] Klimecki, Gmür (1997), S. 210

[594] Klimecki, Probst, Eberl (1994), S. 74

[595] Die Definition des Kompexitätsbegriffs orientiert sich hier an Zahn (1972), S. 143ff. bzw. Ulrich und Probst (1995), S. 57ff., nach denen Komplexität die beiden Aspekte Kompliziertheit und Dynamik umfaßt.

[596] Diese Annahme liegt sowohl dem Münchner Ansatz der Fortschrittsfähigen Organisation von Kirsch (1979) als auch dem St. Galler Ansatz von Ulrich (1970) zugrunde. Beide gehen davon aus, daß in komplexen Organisationen der Einsatz von Instrumenten zur Komplexitätsreduktion nicht erfolgversprechend ist. Sie empfehlen vielmehr die Komplexität zu bejahen und unter Umständen sogar zu steigern. Die Förderung emergenter Strategien leistet hierzu einen Beitrag.

nisierten Strategieentwicklungsprozessen die totale Konzentration auf eingefahrene Denkmuster eintreten. Sie hat gewöhnlich eine Perspektivenverengung zur Folge, die letztlich den gesamten Unternehmenserfolg gefährden kann.[597]

Der Aufbau von unternehmensinterner Strategiekompetenz bildet eine wichtige Basis, um nachhaltige strategische Beweglichkeit zu gewährleisten. Strategiekompetenz muß jedoch kontinuierlich gepflegt und erneuert werden, um daraus entsprechenden strategischen Nutzen ziehen zu können. In welcher Weise sie in die Strategieprozesse einfließen kann, soll im folgenden Kapitel verdeutlicht werden.

4.3.2.1.2 Strategische Mehrgleisigkeit auf dem Weg zu strategischer Beweglichkeit

Anfang der 80er Jahre entstanden Arbeiten von ANSOFF[598], die u.a. zur Ausarbeitung von Frühwarnsystemen geführt haben. Nach seiner Theorie müssen Unternehmen bereits auf „schwache Signale" reagieren, um durch frühzeitiges Erkennen zukünftiger Umweltveränderungen Zeit zu gewinnen. In der Praxis hat sich jedoch gezeigt, daß Frühwarnsysteme zwar helfen können, die Zeit zu verlängern, in der Unternehmen auf Veränderungen reagieren können. Es hat sich aber auch herausgestellt, daß solche Systeme sich in der Regel nur auf Trends und Grundströmungen stützen und somit nicht in der Lage sind, zukünftige Veränderungen verläßlich vorherzusagen.[599] Insofern hat das Konzept der schwachen Signale heute seine Attraktivität weitgehend verloren.[600] So plausibel ANSOFFs Theorie zunächst erscheint, so problembehaftet ist ihre Umsetzung: Zwar läßt sich ex post relativ einfach die Verstärkung eines anfänglichen schwachen Signals zu tatsächlichem Wandel in Verbindung bringen, eine eindeutige Prognose kann das Konzept der schwachen Signale allerdings zu keiner Zeit leisten.[601] Der Grund hierfür ist weniger in den Schwächen des genannten Konzepts zu suchen, als in der Tatsache, daß es immer einige Unternehmensumfelder gibt, in denen unvorhersehbare Veränderungen

---

[597] vgl. Klimecki, Gmür (1997), S. 209

[598] Ansoff (1979), S. 47ff. stellt in seiner Theorie der „schwachen Signale" die Thesen der abnehmenden Vorhersehbarkeit sowie des steigenden Neuigkeitswertes von Veränderungen auf.

[599] vgl. Warnecke (1995b), S. 20

[600] vgl. Bleicher (1989), S. 212 und Knyphausen (1993a), S. 146

[601] vgl. Macharzina (1993), S. 246

stattfinden, welche zuverlässige Prognosen unmöglich machen. Dazu bemerkt WILLIAMSON:

"Many strategic plans are meticulously constructed on foundations of sand, perched on top of forecasts that, in all probability, will prove to be hopelessly off the mark."[602]

Ein Ziel für Unternehmen, die in Umfeldern radikalen Wandels agieren, kann es mithin nicht sein, auf jedes schwache Signal unmittelbar zu antworten und aufwendig detaillierte Prognosen zu generieren. Wichtiger ist es vielmehr, eine hohe strategische Beweglichkeit im Sinne eines ungerichteten Potentials aufzubauen und dauerhaft aufrecht zu erhalten. MARKIDES umschreibt diese Aufgabe anschaulich als „Preparing for the Unknown"[603]. Dies impliziert die Abkehr von singulären Strategien[604] und das Vermeiden von „Pfadabhängigkeiten".[605]

"Strategy development inherently requires managers to make a prediction about the future. Based on this prediction, managers make big decisions about company focus, the investment of resources, and how to coordinate activities across the company. Big decisions are hard to reverse. They usually involve serious commitments of capital and people, and once a company is heading down a particular path, it may be very costly, time consuming, or simply impossible to change. ... Developing strategies based on narrow predictions about the future is entirely the wrong mind-set for an inherently uncertain world."[606]

Das Bestreben des Managements verschiebt sich in einer durch radikalen Wandel geprägten Umwelt somit auf das Schaffen zukünftiger Handlungsräume, ohne im Vorhinein festzulegen, wie diese genutzt werden sollen.[607] Konkretisiert man diesen Gedanken für das Gestaltungsfeld strategischer Beweglichkeit, so läßt sich daraus das Prinzip der „Mehrgleisigkeit" ableiten. Der Begriff der Mehrgleisigkeit umfaßt dabei zwei Aspekte, die sich zum einen auf die parallele Strategieentwicklung

---

[602] Williamson (1999), S. 118

[603] Markides (1999b), S. 60

[604] vgl. Zahn, Foschiani (2000), S. 103

[605] vgl. hierzu Leonard-Barton (1992), S. 111ff.; Ghemawat, del Sol (1998), S. 26ff. und Zahn, Foschiani (2000), S. 100

[606] Beinhocker (1999b), S. 96

[607] vgl. Ulrich (1994), S. 11

(„Parallel Search"[608]) und zum anderen auf das umsetzende Verfolgen ganzer Populationen von Strategien („Strategiebündel") beziehen (vgl. Abbildung 4-14).

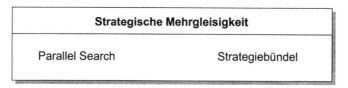

Abbildung 4-14: Aspekte strategischer Mehrgleisigkeit

Parallel Search

Eine Möglichkeit zur Reduzierung von Unsicherheit in einer sich wandelnden Umwelt besteht in der Auffächerung bzw. Parallelisierung von Strategieentwicklungsmaßnahmen.

"Je schlechter die Sicht ist, um so wichtiger wird die Möglichkeit, gleichzeitig aus verschiedenen Perspektiven Ausblick zu halten und dies möglichst oft zu tun."[609]

Die Suche nach strategischen Optionen sollte daher nicht eindimensional, sondern multidimensional – vor allem im Sinne eines inhaltlichen Pluralismus – erfolgen.[610] Entscheidungsträger müssen dazu versuchen, von Zeit zu Zeit ihre gewohnten Gedankengänge zu verlassen. Sie sollten verschiedene Perspektiven einnehmen, um so auf neue Aspekte aufmerksam zu werden.[611]

„Thinking through an issue from various angles is often more productive than collecting and analyzing unlimited data"[612]

Auf diese Weise kann ein Pool von Strategieoptionen entstehen, die unter verschiedenen Rahmenbedingungen erfolgversprechend sind und kurzfristig umgesetzt werden können.[613]

---

[608] Beinhocker (1999a), S. 52 und Beinhocker (1999b), S. 99

[609] Klimecki, Gmür (1997), S. 210

[610] vgl. Zahn, Foschiani (2000), S. 103

[611] vgl. Markides (1998), S. 20f.

[612] Markides (1999a), S. 7

[613] vgl. Klimecki, Gmür (1997), S. 210 und Zahn, Foschiani (2000), S. 103

152

Mit der Realisierung des Ansatzes der Parallel Search wird somit ein Schwerpunkt auf die Beweglichkeit in der Strategieentwicklung gelegt, der aber die Erfüllung wesentlicher Bedingungen voraussetzt (vgl. Abbildung 4-15).

Abbildung 4-15: Bedingungen für die Realisierung der Parallel Search

- Eine Prämisse zur erfolgreichen Realisierung dieses Ansatzes ist das Vorhandensein einer Kultur des „Keep Moving"[614], d.h. einer kreativen Unruhe im Unternehmen, die die permanente Unzufriedenheit mit dem Erreichten beinhaltet.[615] Dahinter steht die Überlegung, daß eine reaktive, von wahrgenommenen Veränderungen angestoßene Strategieerneuerung zu kurz greift und somit langfristig nicht zum Erfolg führen kann. Vielmehr ist ein ständiges, proaktives Suchen in verschiedene Richtungen anzustreben.

- Um tatsächlich voneinander unabhängige Richtungen bei der Strategieentwicklung einschlagen zu können, müssen die einzelnen, mit der Suche beauftragten „Strategy-Circles" entsprechend unabhängig voneinander agieren und mit weitreichenden Freiräumen ausgestattet sein.[616] Dabei sind solche Strategy-Circles sowohl horizontal als auch vertikal möglichst breit im Unternehmen zu verankern.

- Zur Vermeidung von Verkrustungen und Routinen innerhalb der Strategy-Circles sollte ihre Zusammensetzung periodisch wechseln („Team-Rotation").[617]

---

[614] Beinhocker (1999b), S. 99

[615] vgl. Zahn, Foschiani (2000), S. 103

[616] vgl. Pascale (1999), S. 84

[617] vgl. Klimecki, Gmür (1997), S. 210 und Foschiani (2000), S. 347

Strategiebündel

Eine weitere Möglichkeit zur Reduzierung von Unsicherheit in sich wandelnden Umfeldern läßt sich über das Verfolgen ganzer Strategiebündel nutzen. Allein die Durchführung einer Parallel Search reicht nicht aus, wenn sich die Unternehmensführung letztlich aus der Vielzahl der erarbeiteten Ansätze wiederum auf das ernsthafte Verfolgen einer singulären Strategie beschränkt. Erst die simultane Verfolgung mehrerer Ansätze – im Sinne der Beweglichkeit bei der Strategieumsetzung – unterstützt eine „Path Indedendence" und bietet die Chance, mehrere Keimzellen – „Multiple Bases" – für zukünftige Unternehmenserfolge gleichzeitig zu implementieren (vgl. Abbildung 4-16).

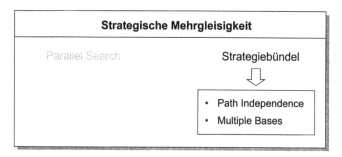

Abbildung 4-16: Vorteile von Strategiebündeln

- GHEMAWAT sieht mit der Implementierung langfristiger Strategien gewöhnlich quasi-irreversible Investitionen verbunden, die Unternehmen auf „strategische Trajektorien"[618] festlegen. Zwar können diese langfristig erfolgreich sein, gleichzeitig werden dadurch jedoch die zukünftigen strategischen Optionen erheblich eingeschränkt.[619] Diese Pfadabhängigkeit kann in dem Maße vermindert werden, in dem es gelingt, insbesondere inhaltlich mehrdimensional angelegte Strategiebündel umzusetzen und sich somit langfristig mehrere Pfadalternativen offenzuhalten (*Path Independence*).

   Dabei darf gleichzeitig aber die Gefahr einer strategischen Richtungslosigkeit nicht unterschätzt werden, die häufig zur inhaltlichen Verzettelung und damit zu zweifelhaftem Ressourceneinsatz führt. PORTER warnt denn auch vor

---

[618] Zahn, Foschiani (2000), S. 100

[619] vgl. Ghemawat (1991), S. 3ff.; Ghemawat, del Sol (1998), S. 26ff. und Homp (2000), S. 132

„Rezepten für strategisches Mittelmaß und unterdurchschnittliche Leistungen, denn alle Strategien gleichzeitig zu verfolgen bedeutet, daß das Unternehmen wegen der den Strategien eigenen Widersprüchen keine von ihnen wird durchsetzen können."[620]

Die von Porter genannte Gefahr ist keineswegs zu unterschätzen. Dennoch sind in der Unternehmensumwelt Situationen denkbar, die für ein Unternehmen existenzbedrohende Ausmaße annehmen können, falls es sich allzufrüh auf singuläre Strategien festlegt. Vor allem in unsicheren Zeiten darf das Risiko einer „Alles-auf-eine-Karte"-Strategie kaum eingegangen werden. Statt dessen sind simultan verschiedene Pfade zu verfolgen, die einem Unternehmen zumindest das langfristige Mitspielen im Wettbewerb ermöglichen. Ein wichtiger Schlüssel hierfür sind bspw. „Fexible Commitments", auf die in Kapitel 4.3.2.3.3 näher eingegangen wird.

• Weitere Potentiale sehen COURTNEY, KIRKLAND und VIGUERIE beim Verfolgen solcher Strategiebündel in unsicheren Umfeldern.[621] Sie befürworten das Implementieren von *Multiple Bases* zu möglichst frühen Zeitpunkten. Dadurch hält sich ein Unternehmen permanent alternative strategische Optionen offen:

"That allows the company to wait until the environment becomes less uncertain before formulating a strategy. Many pharmaceutical companies are reserving the right to play in the market for gene therapy applications by acquiring or allying with small biotech firms that have relevant expertise."[622]

Unternehmen versuchen auf diese Weise, aus vielen solcher Keimzellen ein Netz neuer Ideen und Potentiale zu schaffen, welches gelegentliche Mißerfolge einzelner Keimzellen durch den übernormalen Erfolg anderer auffängt. Die Schwierigkeit liegt dabei insbesondere im Austarieren eines Gleichgewichtes verschiedener Anstrengungen. Weder darf es bei der „Zucht" einzelner Keimzellen an strategischer Weitsicht fehlen, wodurch teilweise langfristige Engagements notwendig werden, noch dürfen in sehr unsichere Bemühungen unverhältnismäßig viele Ressourcen investiert werden. Dieses Spannungsfeld beschreiben COURTNEY, KIRKLAND und VIGUERIE treffend in einem Satz:

---

[620] Porter (1993), S. 62

[621] vgl. Courtney, Kirkland, Viguerie (1999), S. 17

[622] Courtney, Kirkland, Viguerie (1999), S. 17

„Invest sufficiently to stay in the game but avoid premature commitments."[623]

Als Ergebnis der beschriebenen strategischen Mehrgleisigkeit – sowohl im Sinne paralleler Suche als auch hinsichtlich der Umsetzung ganzer Strategiebündel – entsteht ein breites Spektrum grundsätzlich verschiedener strategischer Optionen. Sie ermöglichen einem Unternehmen eine ko-evolutive Entwicklung mit den Wandlungsprozessen seiner Umfelder. Dank mehrgleisiger Strategiebemühungen lassen sich nach BEINHOCKER situationsgerecht „Short Jumps"[624] – zur schrittweisen Annäherung an überlegene Alternativen – um „Long Jumps"[625] – zum Wechsel auf neue Erfolgspfade – ergänzen, wodurch der Weg zur nachhaltigen Sicherung der strategischen Beweglichkeit geebnet wird.

4.3.2.1.3 Dynamische Strategien führen zu strategischer Beweglichkeit

Wenngleich strategische Mehrgleisigkeit von Unternehmen in sich radikal verändernden Umfeldern als notwendige Bedingung zur Wahrung strategischer Beweglichkeit verstanden werden muß, birgt sie die Gefahr der Vernachlässigung bestehender Marktpositionen in sich, da sie naturgemäß ausschließlich auf zukünftige bzw. potentielle Marktchancen fokussiert.

Die Aufgabe im Rahmen dynamischer Strategien begründet sich nun darin, ein Gleichgewicht zwischen dem *Betreiben aktueller Geschäfte* einerseits und dem *Erneuern von Geschäften* – unter Anwendung der Grundsätze strategischer Mehrgleisigkeit – andererseits zu erreichen (Abbildung 4-17).

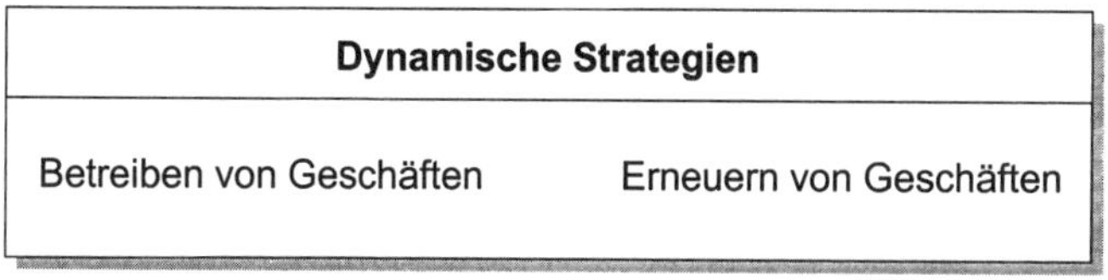

Dynamische Strategien
Betreiben von Geschäften   Erneuern von Geschäften

Abbildung 4-17: Aspekte dynamischer Strategien

---

[623] Courtney, Kirkland, Viguerie (1999), S. 16

[624] Beinhocker (1999b), S. 100

[625] Beinhocker (1999b), S. 100

Erst durch die Gewährleistung dieses Gleichgewicht wird es einem Unternehmen möglich, sich auf gegenwärtige Marktanforderungen einzustellen und gleichzeitig auf deren Wandel zu antworten.[626] ABELL spricht in diesem Zusammenhang von dualen Strategien und unterscheidet in sogenannten „Today-for-Today"- und „Today-for-Tomorrow"-Strategien.[627]

Betreiben von Geschäften

Das erfolgreiche *Betreiben von Geschäften* erfordert grundsätzlich andere Fähigkeiten als ihr Erneuern. Im Vordergrund des Betreibens steht die eher kurzfristig orientierte Nutzung, d.h. die effiziente Umsetzung bestehender Ressourcen und (Mitarbeiter-)Fähigkeiten über vorhandene Strukturen in marktliche Wettbewerbsvorteile.[628] Ein herausragender Erfolgsfaktor ist dabei die Anbindung aller Mitarbeiter an die aktuelle Strategie. Dies kann nur über ein hohes Maß an unternehmensinterner Strategietransparenz erfolgen. Die Mitarbeiter müssen die gegenwärtigen strategischen Absichten kennen, um daran ihre operativen Entscheidungen ausrichten zu können.[629] In ähnlicher Weise ist der von PETTIGREW und WHIPP bezeichnete Erfolgsfaktor „Linking Strategic and Operative Change"[630] zu verstehen. Die Autoren bezeichnen damit die Fähigkeit eines Unternehmens, bestehende strategische Marktpositionen zu operationalisieren und für den Unternehmenserfolg nutzbar zu machen.

Bezüglich der eingangs beschriebenen Unterscheidung zwischen der Beweglichkeit in der Strategieentwicklung und der Beweglichkeit der Strategie selbst liegt der Schwerpunkt hier dementsprechend auf dem letztgenannten Aspekt. Das Ziel ist vor allem in der Umsetzung der aktuellen Strategie zu sehen. Dies schließt kleinere Korrekturen, nicht jedoch grundlegende Erneuerungsbemühungen mit ein.

Erneuern von Geschäften

Im Gegensatz dazu liegt der Schwerpunkt beim *Erneuern von Geschäften* auf der Fähigkeit zur kreativen und mehrgleisigen Strategieentwicklung bzw. -erneuerung.

---

[626] vgl. Volberda (1998), S. 5ff. und Zahn (2000a), S. 11

[627] vgl. Abell (1999), S. 73ff.

[628] vgl. Jenner (1998), S. 147f.

[629] vgl. Knyphausen-Aufsess (1995), S. 156

[630] Pettigrew, Whipp (1993), S. 168

Ziel ist es hierbei, alternative strategische Optionen vorzudenken und vorzuhalten. Von grundlegender Bedeutung ist dabei jedoch, daß solche strategischen Optionen den Unternehmenserfolg nicht unmittelbar beeinflussen, sondern lediglich die Möglichkeit von Erfolgen implizieren und damit als „Vorbedingungen für zukünftigen Erfolg"[631] beschrieben werden können.

Beide oben dargestellten Aspekte, d.h. das Betreiben von Geschäften sowie das regelmäßige Erneuern von Geschäften münden in einen Kreislauf, den MARKIDES anschaulich beschreibt (vgl. Abbildung 4-18).[632]

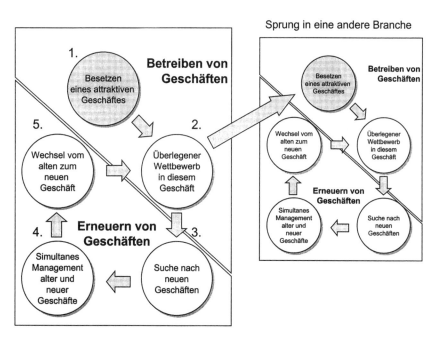

Abbildung 4-18: Elemente einer dynamischen Strategie[633]

Insbesondere in sich radikal wandelnden Umfeldern kommt der Phase vier des abgebildeten Kreislaufs eine herausragende Bedeutung zu. Da die Phasen zwischen

---

[631] Kirsch (1991), S. 17

[632] vgl. Markides (1999b), S. 62

[633] In Anlehnung an Markides (1999b), S. 62

den Wechseln von alten zu neuen Geschäften in solchen Umfeldern gewöhnlich sehr kurz andauern, sind die dort agierenden Unternehmen gezwungen, alte und neue Geschäfte nahezu permanent simultan zu managen. Dabei entstehen zwangsläufig Widersprüche bzw. Spannungsfelder („Strategic Paradox"[634]), deren Beherrschung zu einem entscheidenden Erfolgsfaktor wird.[635] Strategische Beweglichkeit bedeutet somit die Möglichkeit zu dynamischem Manövrieren in diesen Spannungsfeldern und bedingt zugleich mehr oder weniger große Reibungsverluste.[636] In unsicheren Umfeldern wird strategische Beweglichkeit zu einer Maxime, die unweigerlich zur Abkehr vom Primat der totalen Effizienz führt, da mit Beweglichkeit im Sinne des Vorhaltens ungerichteter und damit in der Regel zunächst ungenutzter Potentiale immer auch ein gewisses Maß an Redundanz, Ineffizienz und Fehlertoleranz einhergeht.[637]

4.3.2.1.4 Zwischenfazit: Gestaltung der strategischen Beweglichkeit

Aus den vorangegangenen Ausführungen geht hervor, daß der Aufbau strategischer Beweglichkeit als mehrstufiger Prozeß verstanden werden muß. Wie bereits zu Beginn des Kapitels dargestellt, ist dabei eine gedankliche Unterscheidung zwischen Beweglichkeit in der Strategieentwicklung und Beweglichkeit der Strategie selbst zu treffen. Beide Aspekte strategischer Beweglichkeit speisen sich aus unterschiedlichen Quellen. Sie sind in Abbildung 4-19 mittels unterschiedlicher Graustufen veranschaulicht. Trotz der vermeintlich klaren Trennung darf aber nicht übersehen werden, daß sich beide Aspekte vielfach gegenseitig beeinflussen.

---

[634] Der Begriff des „Strategic Paradox" soll andeuten, daß es hierbei um die Problematik von Widersprüchen hinsichtlich der Wahl strategischer Positionen geht. Im Gegensatz dazu beschäftigt sich das „Organizational Paradox" (vgl. die Ausführungen in Kapitel 4.3.2.2.2) mit der Problematik struktureller Widersprüche in Unternehmen.

[635] Eine ausführlichere Diskussion dieser Problematik wurde von Zahn und Tilebein (1998), S. 50f. geführt. Sie unterscheiden insbesondere die Spannungsfelder „Dynamik und Stabilität", „Hierarchie und marktliche Koordination", „Konkurrenz und Koordination" sowie „Selbstorganisation und Fremdorganisation".

[636] vgl. Zahn, Tilebein (1998), S. 52

[637] vgl. Zahn, Tilebein (1998), S. 52

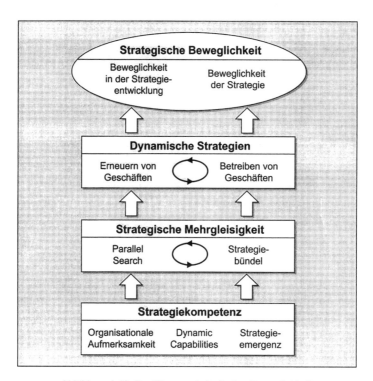

Abbildung 4-19: Der Weg zu strategischer Beweglichkeit

Beweglichkeit in der Strategieentwicklung (linke Hälfte in Abbildung 4-19) setzt permanente Bemühungen im Sinne zukunftsorientierter *Erneuerung von Geschäften* voraus. Erst die Erarbeitung solcher Potentiale versetzt ein Unternehmen in die Lage, langfristig auf unvorhersehbare Entwicklungen zu antworten. Voraussetzung dafür ist wiederum, daß sämtliche Anstrengungen im Rahmen der Strategieentwicklung mehrgleisig, d.h. nach dem Prinzip der *Parallel Search* erfolgen, um mit Hilfe verschiedener Ansätze und alternativer Pfade einen möglichst breiten Blickwinkel für strategierelevante unternehmensinterne und -externe Einflußfaktoren zu erhalten. Mit entscheidend für eine breite Wahrnehmung ist die entsprechende Kompetenz der Mitarbeiter, insbesondere ihr Beitrag zur *organisationalen Aufmerksamkeit*. Je höher diese Aufmerksamkeit ist, d.h. je sensibler, ungefilterter und schneller Veränderungen wahrgenommen werden, desto eher sind prompte und erfolgversprechende Unternehmensantworten möglich.

Die *Beweglichkeit der Strategie* hingegen (rechte Hälfte in Abbildung 4-19) bezieht sich vornehmlich auf das gegenwartsorientierte *Betreiben von Geschäften*. Nur wenn auch die bereits entwickelten und aktuell verfolgten Strategien beweglich und veränderbar bleiben, lassen sich erforderliche Richtungsänderungen rechtzeitig realisieren. Erleichtert werden solche Richtungsänderungen, wenn nicht singuläre Strategien – die in der Regel zu Pfadabhängigkeiten führen – verfolgt werden, sondern ganze *Strategiebündel* den situativen Spielraum wesentlich vergrößern. Hierzu bedarf es in besonderem Maße der *Strategiekompetenz* aller Akteure im Unternehmen. Sie ist die Voraussetzung dafür, daß Mitarbeiter infolge situativer Sachzwänge strategierelevante ad-hoc-Entscheidungen treffen und somit in gültige Strategien spontan eingreifen können (Strategieemergenz).

Ein wirksamer Hebel zur Erhöhung der strategischen Beweglichkeit liegt mithin im Aufbau und Ausbau von Strategiekompetenz. Die Pflege der Strategiekompetenz kann durch die Steigerung der organisationalen Aufmerksamkeit, durch die Förderung der Dynamic Capabilities sowie durch die Demokratisierung der Strategieentwicklungs- und -erneuerungsprozesse im Sinne von Strategieemergenz verbessert werden.[638]

Eine durch solche Maßnahmen erhöhte Strategiekompetenz wird über den in Abbildung 4-19 skizzierten Weg in der Regel langfristig zu einer höheren strategischen Beweglichkeit führen. Zu bemerken ist allerdings, daß die Anstrengungen zum Aufbau sowie zur Sicherung von Strategiekompetenz im Unternehmen permanent aufrecht erhalten werden müssen, um nicht durch Versäumnisse in der Gegenwart zukünftige strategische Optionen zu verbauen.

---

[638] vgl. Zahn (1999), S. 13

4.3.2.2 Strukturelle Anpassungsfähigkeit

„The role of top management is not to spot and solve
problems as much as to create an organization
that can spot and solve its own problems."

- ROBERT H. HAYES -

Strategische Beweglichkeit ist nur eine wichtige Säule der Wandlungsfähigkeit von Unternehmen. Sie muß gepaart sein mit anpassungsfähigen Strukturen, um gegebenenfalls erforderliche strategische Richtungswechsel schnell und effizient umsetzen zu können.[639] Dieser Zusammenhang zwischen strategischer Beweglichkeit und struktureller Anpassungsfähigkeit darf allerdings nicht im Sinne der vielfach übernommenen These CHANDLERS[640] verstanden werden, wonach die Strategie eines Unternehmens die gewählte Struktur determiniert. Mittlerweile haben sich eine Vielzahl theoretischer Ansätze entwickelt, die statt dessen von einer reziproken Abhängigkeit zwischen Struktur und Strategie ausgehen.[641] Zwar verlangt in der Regel jede Änderung der Strategie eines Unternehmens entsprechende Anpassungen seiner Strukturen,[642] doch beeinflussen gleichzeitig bestehende Unternehmensstrukturen die Art und Weise der Strategieentwicklungsprozesse und damit schließlich die Strategie selbst. Somit sind die Strukturen eines Unternehmens gleichsam als Rahmenbedingungen und als Veränderungsobjekt zu verstehen, welche zum einen strukturierend wirken und zum anderen selbst strukturiert werden.[643] Diese

---

[639] vgl. Krüger (2000), S. 367

[640] Die Analyse der Beziehungen zwischen der Strategie und der Struktur eines Unternehmens wurde in der betriebswirtschaftlichen Forschung maßgeblich durch die Arbeiten Alfred Chandlers (1962), S. 14f. geprägt. Dessen zentrale These „Structure follows Strategy" fand vielfältige Beachtung und war Ausgangspunkt für viele weiterführende theoretische und empirische Arbeiten. Vgl. hierzu auch die Ausführungen in Fußnote 252.

[641] vgl. Bleicher (1993), S. 174; Greschner (1996), S.149 und Schewe (1999), S. 61

[642] vgl. Hinterhuber (1999), S. 59

[643] vgl. Al-Ani (1996) und Meyer, Heimerl-Wagner (2000), S. 171

„Dualität der Struktur"[644] stellt auch eines der Kernelemente der „Structuration Theory" von GIDDENS dar.[645]

Der GIDDENS Strukturationstheorie zugrundeliegende und auch in dieser Arbeit verwendete Strukturbegriff geht über die klassische Definition von „Struktur" hinaus. Er umfaßt nicht nur jene Beziehungen zwischen Komponenten, die sinnesmäßig unmittelbar wahrgenommen oder gar visualisiert werden können. Zur Struktur eines Unternehmens zählen ferner das gesamte Gefüge der Denkvorstellungen sowie alle Arten von Beziehungen, die zur Entstehung gewisser Ordnungszusammenhänge, Muster bzw. „Pattern" beitragen – gleichgültig ob sie direkt wahrgenommen bzw. visualisiert werden können oder nicht.[646] Insbesondere gehören alle Arten von abstrakten Regeln, ohne Rücksicht darauf, ob sie in sprachliche Formulierungen gefaßt werden können oder nicht, zur Struktur eines Unternehmens.[647] VOLBERDA merkt in diesem Zusammenhang an, daß

"most definitions of structure accentuate the highly visible part of structure, or the boxes and lines, while they neglect the less visible processes within the organization. Taking that into account ... , we shall apply a much broader concept of structure which contains the visible as well as the less visible elements of structure."[648]

Im Zentrum der strukturellen Unternehmensgestaltung steht in sich wandelnden Umfeldern die Aufgabe, solche Strukturen zu konfigurieren, die sich möglichst schnell und effizient verändernden Anforderungen anpassen.[649] Strukturelle Anpassungsfähigkeit – als eines der Gestaltungsfelder unternehmerischer Wandlungsfähigkeit – erfordert mithin das Verfolgen mindestens dreier Grundsätze, die Gegenstand der folgenden Ausführungen sind: Das Errichten und Pflegen „*mehrdimensio-*

---

[644] Meyer, Heimerl-Wagner (2000), S. 171

[645] In seinem Modell der Strukturierung („Structuration") konstruiert Giddens (1995), S. 77f. einen rekursiven Verweisungszusammenhang zwischen Interaktion und Struktur. Auch Luhmann (1991), S. 436ff. unterscheidet bei Strukturen zwischen Normen und Kognitionen.

[646] vgl. Malik (1996), S. 175

[647] vgl. Malik (1996), S. 175

[648] Volberda (1998), S. 136

[649] Volberda (1997), S. 172

naler Strukturen[650], die damit in enger Verbindung stehende Notwendigkeit zur Bewältigung eines *„Organizational Paradox"*[651] sowie das Aufrechterhalten *„organisationaler Fluidität"*[652] (vgl. Abbildung 4-20).

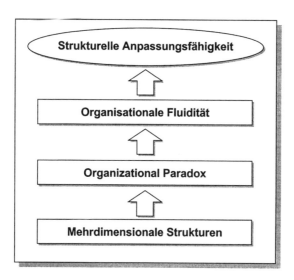

Abbildung 4-20: Grundsätze struktureller Anpassungsfähigkeit

4.3.2.2.1 Mehrdimensionale Strukturen als Basis struktureller Anpassungsfähigkeit

Traditionelle Organisationsformen besitzen häufig eine entscheidende Schwäche: Sie basieren in der Regel auf eindimensionalen Strukturmustern, die den vielschichtigen und veränderlichen Anforderungen radikalen Wandels nicht gerecht werden können.[653] Erforderlich sind statt dessen mehrdimensionale Strukturkonzepte. Ihr Fundament besteht wiederum mindestens aus drei Elementen: *„Modularismus"*, *„Strukturpluralismus"* und *„Föderalismus"* (vgl. Abbildung 4-21).

---

[650] vgl. Bleicher (1989), S. 208

[651] Quinn, Cameron (1988), S. 289

[652] Hage und Powers (1992), S. 179 bezeichnen einen vergleichbaren Sachverhalt als „strukturelle Fluidität".

[653] vgl. Ulrich (1987), S. 212

Mehrdimensionale Strukturen		
Modularismus	Struktur- pluralismus	Föderalismus

Abbildung 4-21: Elemente mehrdimensionaler Strukturen

Modularismus

Der zentrale Gedanke des Modularismus[654] liegt darin begründet, die Struktur eines Unternehmens in einzelne Module zu gliedern.[655] Der Ansatz sieht dabei vor, daß Module, die gemeinsam innerhalb des Unternehmens agieren bzw. interagieren, über völlig verschiedene Fähigkeiten, Eigenheiten, zeitliche Verlaufsmuster und für sie relevante Umfelder verfügen können. So können sich beispielsweise neben Modulen mit relativ bürokratischen Strukturen, die aufgrund der für sie vergleichswei-se stabilen Umweltanforderungen auf Dauer angelegt wurden und die mit geringer struktureller Anpassungsfähigkeit auskommen[656], spontan gebildete und lediglich temporär existierende Module mit hoher struktureller Anpassungsfähigkeit befin-den.[657]

---

[654] Der Begriff des Modularismus geht auf Alvin Toffler zurück, der damit die Aufgliederung von Organisationsstrukturen in „Modules" bezeichnet. Der Ansatz beruht auf einem Bild der Zukunft, das von einer Beschleunigung der Umweltveränderungen ausgeht. Betroffen sind nach Ansicht Tofflers besonders die Kultur, die Technologie, Informationen und Werthaltungen (vgl. hierzu vertiefend Toffler (1985), S. 47ff.). Picot, Reichwald und Wigand (1998), S. 201 bezeichnen den gleichen Sachverhalt als „Modularisierung".

[655] vgl. Gomez, Zimmermann (1997), S. 74 und Picot, Reichwald, Wigand (1998), S. 204
Volberda (1998), S. 136 beschreibt das Bilden solcher Module als „Grouping": „Grouping describes the various ways of successive clustering of individual positions, units, and so on ... ".
Für Eisenhardt und Brown (1999), S. 74 sind modular aufgebaute Strukturen die Voraussetzung für das schnelle Umsetzung vorhandener Wandlungsfähigkeit in Wandel im Sinne des von ihnen vorgestellten Ansatz des „Patching".

[656] Hedberg, Nystrom, Starbuck (1976), S. 41ff. haben hierfür den Begriff der „Palaststrukturen" geprägt. Nach ihrer Definition sind diese auf Dauer und routinebezogenen Effizienzkriterien aufgebaut. Sie eignen sich für eine stabile bzw. sich kontinuierlich entwickelnde Umwelt.

[657] Hierfür haben Hedberg, Nystrom, Starbuck (1976), S. 45 den Begriff der „Zeltstrukturen" verwen-det. Sie beschreiben Zeltstrukturen folgendermaßen: „An organizational tent places greater em-phasis on flexibility, creativity, immediacy, and initiative than on authority, clarity, decisiveness, or responsiveness; and an organizational tent neither asks for harmony between activities of different organizational components, nor asks that today's behavior resemble yesterday's or tomorrow's."

Aus Sicht der strukturellen Unternehmensgestaltung bedeutet der Terminus Modularismus daher die Koexistenz[658] von Modulen, die intern unterschiedliche Strukturmuster aufweisen (vgl. Abbildung 4-22). Ein Unternehmen, welches solcherlei verschiedenartige Strukturmuster umfaßt, stellt offenkundig ein äußerst heterogenes und komplexes Gebilde dar.[659]

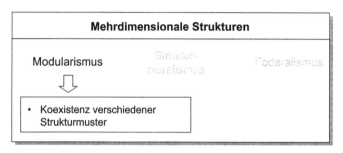

Abbildung 4-22: Definition des Modularismus

Modularismus bedeutet aber in erster Linie nicht, ein Gesamtunternehmen in viele kleinere Unternehmen zu zerteilen, sondern die Vorteile von Großunternehmen mit denen von Kleinunternehmen zu verknüpfen.[660] TUSHMAN, ANDERSON und O'REILLY umschreiben die Vorteile von Unternehmen, die nach den Grundsätzen des Modularismus strukturiert sind, wie folgt:

„Such .. organizations build in the experimentation, improvisation, and luck associated with small organizations, along with the efficiency, consistency, and reliability associated with larger organizations."[661]

Bei der Umsetzung des Gedanken des Modularismus im Sinne der Koexistenz verschiedener Strukturmuster ist jedoch eine Unterscheidung zwischen der „Grobstruktur" und der „Feinstruktur" eines Unternehmens zu treffen (vgl. Abbildung 4-23):

---

[658] Koexistenz bezieht sich in diesem Zusammenhang auf das „nebeneinander Existieren" von Strukturmustern in verschiedenen Modulen und nicht auf das „gleichzeitige Überlagern" verschiedener Strukturmuster in ein und demselben Modul. Dieser Sachverhalt wird in der vorliegenden Arbeit unter dem Begriff des Strukturpluralismus zusammengefaßt und im folgenden Kapitel erläutert.

[659] vgl. Perich (1992), S. 366 und Pasmore (1994), S. 224

[660] vgl. Reinhart (1997b), S. 187

[661] Tushman, Anderson, O'Reilly (1997), S. 6

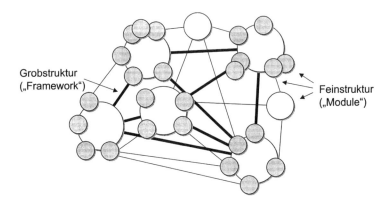

Grobstruktur
(„Framework")

Feinstruktur
(„Module")

Abbildung 4-23: Das Prinzip des Modularismus

Die *Grobstruktur* spiegelt in der Regel sehr langfristige, auf Kontinuität ausgerichtete Zusammenhänge wider und sichert lebensnotwendige Grundfunktionen des Unternehmens. Sie verleiht ihm die notwendige Stabilität sowie Sicherheit und weist in der Regel einen zentralisierenden Charakter auf („Framework").[662]

> *„Certain functions can only be carried out centrally ... They are concerned primarily with coordination, the definition and maintenance of standards, and the provision of specialized services or resources."*[663]

Das Bestreben des Modularismus, verschiedene Strukturmuster nebeneinander zu generieren, wirkt der Maxime einer handhabbaren, stabilisierenden und daher möglichst einfachen sowie transparenten Grobstruktur entgegen. Uneinheitliche, intransparente und sich häufig wandelnde Strukturmuster können die auf Kontinuität und Stabilität gerichteten Funktionen der Grobstruktur nicht gewährleisten und damit die langfristige Lebensfähigkeit des Unternehmens gefährden. Aus diesem Grund ist die Grobstruktur von den Grundsätzen des Modularismus zu lösen und als vergleichsweise stabiles Gefüge zu betrachten. Dennoch darf die Grobstruktur nicht als unveränderbares Konstrukt zementierter Regeln mißverstanden werden. Gelegentlich sind auch hier Anpassungen notwendig, die in ihrer Umsetzung aufgrund der stabilisierenden und verbindenden Funktion des Frameworks jedoch aufwendiger und langwieriger sind als jene der Module.

---

[662] vgl. Gomez, Zimmermann (1997), S. 75 und Klimecki, Probst, Gmür (1993), S. 28f.

[663] Toffler (1985), S. 141

Überaus geeignet für das Prinzip des Modularismus ist hingegen die *Feinstruktur* eines Unternehmens. Sie kann mit Hilfe situativ gebildeter Module quasi ad hoc auf aktuelle Erfordernisse abgestimmt werden. BENNIS und SLATER prägten für derartig gestaltete Unternehmen den Begriff der „Adhokratie"[664], der häufig als Synonym für schnell veränderbare Strukturen verwendet wird. Im Sinne der Ganzheitlichkeit wird dabei versucht, einzelnen Modulen in sich abgeschlossene Aufgabenbündel zu übertragen.[665] Einzelne solcher Module können sich neu bilden oder durch Ausgliederungen aus bestehenden Modulen entstehen.[666]

Die Feinstruktur stellt somit im Idealfall ein System aus unterschiedlich strukturierten Modulen dar, das je nach Aufgabe bzw. Problemlösung entsprechend neu zusammengestellt werden kann.[667]

„Should problems develop with one departmental unit, it can be .. easily sealed off or severed from the rest of the system. Moreover, adjustment by individual departments to environmental perturbances allows the rest of the system to function with greater stability. Finally, allowing local units to adapt to local conditions without requiring changes in the larger system reduces coordination costs for the system as a whole."[668]

Insgesamt wird somit nach den Gedanken des Modularismus eine Feinstruktur anvisiert, deren Konfiguration durch immer wieder wechselnde und sich in ihren Strukturen wandelnde Module geprägt ist, die gleichzeitig aber an eine Grobstruktur gekoppelt sind, welche dem anpassungsfähigen Gesamtgefüge die notwendige Sicherheit und Stabilität verleiht.

---

[664] Der Begriff der Adhokratie wird ursprünglich den Autoren Bennis und Slater (1968) zugeschrieben. In den 70er Jahren verhalf Toffler (1970) dem Begriff zum Durchbruch. Er resultiert aus der strukturellen Eigenschaft eines Unternehmens, sämtliche Veränderungen „ad hoc" durchführen zu können. Später nahm Mintzberg (1979) die Idee der Adhokratie auf und integrierte sie in einen organisatorischen Gesamtansatz. Dieser baut sich in Stufen auf, wobei die Adhokratie als strukturelle Konfiguration nur eine von fünf verschiedenen Konfigurationen ist. Neben der Adhokratie unterscheidet Mintzberg die Einfachstruktur, die industrielle Bürokratie, die Expertenbürokratie sowie die Spartenstruktur. Der Gesamtansatz von Mintzberg findet sich unter dem Oberbegriff „The Theory of Management Policy" in mehreren, sich ergänzenden Werken des Autors (vgl. u.a. Mintzberg (1979) und Mintzberg (1983b)).

[665] vgl. Brehm, Jantzen-Homp (2000), S. 207

[666] Auch Warneckes „Fraktales Unternehmen" basiert auf solchen Überlegungen (vgl. Warnecke (1993), S. 2ff.). Vgl. hierzu auch die Ausführungen in Kapitel 3.3.2.6.

[667] vgl. Picot, Reichwald, Wigand (1998), S. 201ff.

[668] Weick (1982), S. 387

Strukturpluralismus

Im Gegensatz zum Modularismus, der als Koexistenz im Sinne eines „nebeneinander Existierens" von diversen Strukturmustern in verschiedenen Modulen zu verstehen ist, bezieht sich das Prinzip des Strukturpluralismus auf das „gleichzeitige Überlagern" verschiedener Strukturmuster in ein und demselben Modul. Mittels pluralistischer Strukturierungskonzepte werden innerhalb desselben Moduls gleichzeitig unterschiedliche Strukturierungserfordernisse institutionalisiert. Wie das oben beschriebene Prinzip des Modularismus eignet sich auch der Gedanke des Strukturpluralismus nicht für die auf Dauer angelegte, möglichst einfache Grobstruktur. Der Strukturpluralismus ist als Prinzip zur Unterstützung der Anpassungsfähigkeit sich überlagernder Feinstrukturen zu verstehen.[669] Dabei wird eine prinzipielle Gleichrangigkeit der Bedeutung der institutionalisierten Strukturmuster unterstellt.[670] TUSHMAN, ANDERSON und O´REILLY bezeichnen dieses Prinzip mit dem Begriff der *„Ambidextrous Organizations"*[671]:

"Ambidextrous organizations have multiple organization architectures to concurrently nurture these diverse innovation requirements. We link innovation streams to multiple, inconsistent, internally contradictory organization architectures that must co-exist within a single organization."[672]

Innerhalb des beschriebenen Prinzips lassen sich mithin zwei Formen unterscheiden (vgl. Abbildung 4-24):

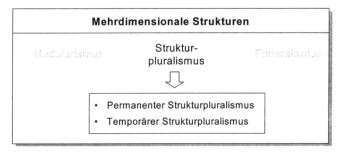

Abbildung 4-24: Formen des Strukturpluralismus

---

[669] vgl. Perich (1992), S. 367

[670] vgl. Bleicher (1993), S. 146

[671] Tushman, Anderson, O´Reilly (1997), S. 6

- Zum einen kann es sich beim Strukturpluralismus um mehrdimensionale Strukturen handeln, welche *permanent* einzelne Module der Feinstruktur nach mehreren Kriterien gleichzeitig gliedern. Dieser Form kommt insbesondere bei Modulen mit eher längerfristig eingerichteten Funktionen (z.b. Koordinations- oder Informationsfunktion) eine besondere Bedeutung zu.

- Zum anderen ist die mehrdimensionale strukturelle Überlagerung einiger Module möglicherweise erst im Bedarfsfalle erforderlich. „Parallelstruktur" oder „Sekundärstruktur" sind Begriffe, die sich in diesem Zusammenhang herausgebildet haben.[673] Am konsequentesten wird der Gedanke der *temporären* Überlagerung verschiedener Strukturmuster im integrierten Organisationskonzept von ULRICH verfolgt. Er unterscheidet dabei vier teilweise miteinander verknüpfte Strukturdimensionen, wobei die Primärstruktur überlagert wird (operationelle Grundstruktur) von einer Sekundärstruktur (für periodisch wiederkehrende Aufgaben), einer Tertiärstruktur (für aperiodische Projektaufgaben) sowie einer Quartiärstruktur (für Gesamtführungsbelange), die jeweils erst bei Bedarf in Anspruch genommen werden.[674] Die Schwierigkeit liegt hierbei im permanenten Vorhalten zusätzlicher Strukturmuster, die gewissermaßen „auf Abruf" zu implementieren und aufzulösen sind. Für den Aufbau und das Aufrechterhalten eines solchen, möglichst breiten Strukturrepertoires sind im Unternehmen u.a. auch mitarbeiterseitige Fähigkeiten notwendig, um den situationsgerechten Wechsel innerhalb mehrdimensionaler Strukturen ohne hohe Reibungsverluste (z.B. aufgrund von Interessenskonflikten) zu bewältigen.[675]

Föderalismus

Mehrdimensionale Strukturen sind eine wesentliche Voraussetzung für strukturelle Anpassungsfähigkeit. Sie zu erzeugen erfordert die Verbindung der beschriebenen Prinzipien des Modularismus sowie des Strukturpluralismus mit dem des Föderalismus.

Das Prinzip des Föderalismus basiert auf dem Gedanken ausgeprägt dezentraler Strukturen, in denen einzelne Module weitgehend autonom unter marktähnlichen

---

[672] Tushman, Anderson, O´Reilly (1997), S. 6

[673] vgl. Krüger (2000b), S. 22 und Brehm, Jantzen-Homp (2000), S. 180ff.

[674] vgl. Ulrich (1987), S. 197ff.

[675] vgl. dazu die Ausführungen in Kapitel 4.3.2.4

170

Bedingungen agieren können, gleichzeitig jedoch in einen übergeordneten Verbund integriert sind.[676] Präzisiert man diese Definition des Begriffs Föderalismus für die Struktur eines Unternehmens, so wird der oben beschriebene Gedanke des Modularismus zu einer Grundvoraussetzung für föderalistisch geprägte Unternehmensstrukturen. Erst durch den modularen Aufbau eines Unternehmens lassen sich die im Föderalismus verwirklichten Prinzipien der Dezentralisierung, der Autonomie sowie des Marktes verwirklichen (vgl. Abbildung 4-25).

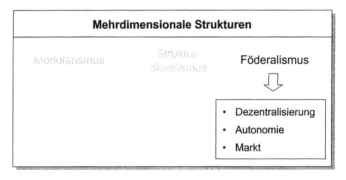

Abbildung 4-25: Bausteine des Föderalismus

• Während der Modularismus sowie der Strukturpluralismus durch die Koexistenz von Modulen unterschiedlicher Strukturmuster bzw. deren gleichzeitige Überlagerung geprägt ist, befindet sich der Schwerpunkt des Föderalismus auf einer *Dezentralisierung*[677] der Unternehmensstrukturen im Sinne der Delegation von Machtbefugnissen und Entscheidungskompetenzen.[678] Dementsprechend geht die Dezentralisierung eines Unternehmens in der Regel mit einer Verteilung der Verantwortung an die einzelnen Module einher. Ihnen sind entsprechende Entscheidungsfreiräume zu gewähren, wodurch sich der Handlungsrahmen und damit die Eigenständigkeit der Module vergrößert.[679] Mit der damit verbundenen

---

[676] vgl. Schmidheiny (1986), S. 99ff.

[677] vgl. hierzu u.a. Frese, Beecken (1995), S. 136; Drumm (1996), S. 11 und Bleicher (1992b), S. 232

[678] vgl. Goldman u.a. (1996), S. 91; Picot, Reichwald, Wigand (1998), S. 205 und Bea, Göbel (1999), S. 261

[679] vgl. Bleicher (1991), S. 77; Kanter, Stein, Jick (1992), S. 227; Bleicher (1992b), S. 232 und Thompson (1997), S. 591

Reduzierung der Anzahl von Entscheidungsebenen können neue Ideen schneller durchgesetzt und realisiert werden,[680] was zu einer erhöhten Aktionsgeschwindigkeit und mithin zu einer verbesserten Anpassungsfähigkeit an sich wandelnde Anforderungen führt.[681]

„*The reason for this is that decentralized decision making increases the total amount of information available throughout the enterprise. In turn, as more people are involved, decisions can then be based on more knowledge, a greater variety of perspectives, and a wider divergence of ideas.*"[682]

Im Zuge der Dezentralisierung wird die Problemlösungskompetenz somit an die Orte gebracht, an denen sie tatsächlich benötigt wird.[683]Sie führt also zur Erhöhung des Nutzungsgrades des im Unternehmen vorhandenen Wissens und so aus konstruktivistischer Sicht zur Vermeidung von Fehlinterpretationen weniger Entscheidungsträger aufgrund von „Informationspathologien"[684]. Voraussetzung dafür ist, neben der Bereitschaft hierarchisch übergeordneter Module zur Delegation von Verantwortung, zweifellos die Bereitschaft der untergeordneten Module zu deren Übernahme und das Nutzen der gewährten Handlungsräume.[685] Auf diese Weise kann die Gefahr der sogenannten „synreferentiellen Schließung"[686] des Unternehmens – im Sinne einer autistischen Verarbeitung von Umwelteinflüssen – verringert werden.

• Die Delegation von Verantwortung an die Module korrespondiert in der Regel mit der Gewährung einer höheren *Autonomie*. Im allgemeinen Sprachgebrauch wird Autonomie gleichbedeutend mit „Selbständigkeit" oder „Unabhängigkeit" verwendet.[687] Im Rahmen des Selbstorganisationsansatzes liegt Autonomie vor, „wenn die Elemente, Beziehungen und Interaktionen, die das System als Einheit und

---

[680] vgl. Bleicher (1992b), S. 308 und Kobi (1996), S. 85

[681] vgl. Perich (1992), S. 355; Krüger (1994a), S. 71ff.; Picot, Reichwald, Wigand (1998), S. 205; Brehm, Jantzen-Homp (2000), S. 207 und Müller-Stewens, Lechner (2001), S. 384

[682] Connor, Lake (1994), S. 71

[683] vgl. Goldman u.a. (1996), S. 91

[684] Ringlstetter, Knyphausen-Aufseß (1995), S. 200

[685] vgl. Frese, Beecken (1995), S. 137

[686] Stahl, Hejl (2000), S. 4 und Hinterhuber, Stahl (2000), S. 81

[687] vgl. Reinhart (1997a), S. 249

damit seine Identität definieren, nur das System selbst involvieren."[688] Nach ZAHN und DILLERUP beschreibt sie den Handlungsspielraum einzelner Module und wird durch deren Ausstattung mit Kompetenz und Verantwortung vorgegeben.[689] Dabei können unterschiedliche Grade der Autonomiegewährung verwirklicht werden, die je nach Aufgabe, Zusammensetzung und Reifegrad[690] der Module variieren.[691] Analog verstehen CONNOR und LAKE unter Autonomie

„the degree to which the job provides freedom, independence, and discretion ... in scheduling the work and in determining the procedures for carrying it out"[692].

Um die Umsetzung der gewährten Autonomie in selbstorganisatorisches und eigenverantwortliches Handeln zu ermöglichen, müssen in den Modulen alle dafür erforderlichen Voraussetzungen verankert sein.[693] Somit muß prinzipiell jedes Modul über alle lebensnotwendigen Funktionen verfügen, d.h. die föderalistische Grundkonzeption umfaßt zusätzlich zu der modularen und dezentralen Struktur die Verteilung von Macht und Autonomie an die einzelnen Module.

• In dem Maße, in dem Dezentralisierung und Autonomie im Unternehmen zunehmen, verankern sich *Marktmechanismen*, die zum Abflachen der Konfiguration der Unternehmensstrukturen führen.[694] Nach FRESE und BEECKEN greifen flache Konfigurationen auf die Gestaltungsprinzipien Überschaubarkeit, Harmonisierung von Schnittstellen und Eigenverantwortung zurück und zeichnen sich durch eine relativ geringe Anzahl von Hierarchieebenen aus.[695] Es bilden sich heterarchische, egalitär ausgerichtete, netzwerkartige Strukturen heraus;[696] in gleichem Maße gewinnt das Element der internen Konkurrenz an Bedeutung. An die Stelle

---

[688] Probst (1992b), Sp. 2259
Vgl. hierzu auch Klimecki, Probst, Eberl (1994), S. 73.

[689] vgl. Zahn, Dillerup (1995), S. 55f.

[690] vgl. hierzu Probst (1998), S. 179ff.

[691] vgl. Reinhart (1997b), S. 187

[692] Connor, Lake (1994), S. 37

[693] vgl. Perich (1992), S. 369

[694] vgl. Krüger (1995), S. 177

[695] vgl. Frese, Beecken (1995), S. 144

[696] „Unter Heterarchie versteht man das Prinzip flukturierender hierarchischer Beziehungen" (Probst (1993), S. 314). Eine umfassende Definition des Begriffs der Heterarchie findet sich bei Probst (1987), S. 81; Probst (1993), S. 314 und Turnheim (1995), S. 510.

hierarchischer Koordination treten mit der Internalisierung des Marktgedankens im Unternehmen interdisziplinäre Aushandlungsprozesse.[697] Sie bilden die Plattform für Selbstorganisationsprozesse und schaffen die Basis für internes Unternehmertum.[698] Das Steuerungsmedium „Macht" als zentraler Koordinationsmechanismus wird zumindest teilweise durch das Steuerungsmedium „Geld" substituiert.[699]

In der aktuellen Managementliteratur betonen zahlreiche Autoren die Leistungsfähigkeit modularer, pluralistischer und föderalistischer Strukturen. Sie preisen die beschriebenen Vorzüge dezentraler Strukturen mit größtenteils autonomen Modulen und unterstreichen die Effektivität und Reaktionsgeschwindigkeit marktlicher Koordination bzw. die Anpassungsfähigkeit von Netzwerkstrukturen. Diese Vorzüge sind besonders überzeugend, wenn es gelingt, den einzelnen Modulen Aufgaben zuzuordnen, die weitgehend unabhängig voneinander sind. Tragen die Module jedoch zur arbeitsteiligen Erfüllung einer Gesamtaufgabe bei, so ergibt sich ein Spannungsfeld zwischen der autonomen Erfüllung von Teilaufgaben und der Koordination dieser Teilaufgaben zur Erfüllung einer Gesamtaufgabe.[700] Mit zunehmender Umsetzung des Föderalismusgedanken verstärken sich die Fliehkräfte im Unternehmen; es entsteht eine Tendenz zur Zersplitterung des Unternehmens.[701] Die Wahrscheinlichkeit zur Realisierung interner Synergien sinkt und übertriebene Konkurrenzsituationen zwischen verschiedenen Modulen reduzieren möglicherweise den Nutzen für das Unternehmen als Ganzes.[702] Zur Sicherung des Zusammenhalts und der Koordination des föderalistischen Gefüges müssen daher einerseits klare, allgemeingültige Spielregeln im Sinne des bereits beschriebenen Frameworks geschaffen werden, andererseits können seitens der Unternehmensführung gelegentlich Eingriffe notwendig werden, um die übergeordneten Ziele und Interessen des Gesamtunternehmens zu wahren.[703]

---

[697] vgl. Brehm, Jantzen-Homp (2000), S. 214f.

[698] vgl. Perich (1992), S. 373

[699] vgl. Rüegg-Stürm, Achtenhagen (2000), S. 5

[700] vgl. Reichwald, Koller (1996), S. 249

[701] vgl. Al-Ani (1996), S. 21

[702] vgl. Klimecki, Probst, Gmür (1993), S. 52; Dubs (1994), S. 100; Müller-Stewens (1997), S. 6; Picot, Reichwald, Wigand (1998), S. 260; Kullmann, Kühl (1998), S. 43 und Stahl, Hejl (2000), S. 4

[703] vgl. Gomez, Zimmermann (1997), S. 103ff. und Klimecki, Probst, Gmür (1993), S. 54

174

4.3.2.2.2 Strukturelle Anpassungsfähigkeit erfordert die Bewältigung eines Organizational Paradox

Obige Ausführungen deuten bereits an, daß die Erarbeitung sowie in besonderem Maße die Erhaltung struktureller Anpassungsfähigkeit von Unternehmen als ein permanentes Manövrieren in polaren Spannungsfeldern aufzufassen ist (vgl. Abbildung 4-26).[704]

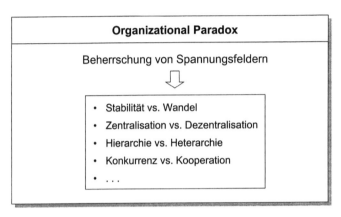

Abbildung 4-26: Spannungsfelder in Unternehmen

Die traditionelle Managementtheorie betrachtet solche oder ähnliche Spannungsfelder in der Regel auf eine überaus statische Weise. Sie setzt sich zwar mit jeweils beiden Polen der Spannungsfelder im Detail auseinander, ist jedoch nicht bereit, das gleichzeitige Auftreten prinzipiell gegensätzlicher Attribute zu tolerieren.[705] So sieht denn auch DAVIS die Mehrzahl der Organisationsmodelle

„...built around false dichotomies that say you can't have it both ways, wanting your cake and eating it, too"[706].

Beim Versuch der dynamischen Betrachtung derartiger Spannungsfelder fällt indes auf, daß sich vielseitige und permanent wandelnde Zusammenhänge nicht in einseitige Kategorisierungen zwängen lassen. Dementsprechend fordert PASMORE:

---

[704] vgl. Zahn, Tilebein (1998), S. 50f.

[705] vgl. Perich (1992), S. 347

[706] Davis (1987), S. 188

„We must accept the fact that organizations face paradoxes that cannot be resolved; and when we try to resolve them through the design of the organization to favor one side of the paradox or the other, we always end up suboptimizing and endangering our future."[707]

Nachhaltige strukturelle Anpassungsfähigkeit ist somit inhärent paradox und verlangt von einem Unternehmen nicht nur, daß es mehrdimensionale Strukturelemente besitzt, sondern darüber hinaus, daß diese sich gegenseitig widersprechen oder sogar ausschließen. QUINN und CAMERON prägten in diesem Zusammenhang den Begriff des *„Organizational Paradox"*[708]. Im Organizational-Paradox-Ansatz werden Unternehmen als „spannungsgeladene und potentiell konfligäre Handlungsfelder verstanden, in denen die Entscheidungsträger permanent multiple Zieldimensionen simultan im Auge behalten müssen"[709] und ständig mit zahlreichen – teilweise konkurrierenden – Erwartungen und Forderungen verschiedener Anspruchsgruppen konfrontiert werden.[710]

„In running .. organizations, there is no one way to manage effectively. Master managers understand this and develop the capacity to use several contradictory logics simultaneously".[711]

Um die beispielhaft genannten oder ähnliche Spannungsfelder zumindest in Ansätzen beherrschbar zu machen, müssen diese allerdings im Unternehmen zunächst erkannt werden.[712] Die Problematik, welche ein vollständiges Beherrschen der Spannungsfelder gewöhnlich verhindert, liegt im Widerspruch zweier Wünsche: Einerseits besteht ein Wunsch nach der Ablösung einer starren „Entweder-oder"-Betrachtung durch ein anpassungsfähiges „Sowohl-als-auch"-Denken im Unternehmen. Damit wird versucht, die Vorteile beider Pole zu verbinden, ohne ihre jeweiligen Nachteile in Kauf nehmen zu müssen. Andererseits entwickelt sich beim komplexen

---

[707] Pasmore (1994), S. 202

[708] Quinn, Cameron (1988), S. 289

[709] Perich (1992), S. 348

[710] vgl. Doppler, Lauterburg (2000), S. 37

[711] Quinn (1988), S. XIV

[712] vgl. Hinterhuber, Stahl (2000), S. 82

Manövrieren in den Spannungsfeldern der Wunsch nach der Einfachheit der ursprünglichen Situation.[713] Dieses immerwährende Dilemma stößt häufig ein „Oszillieren"[714] zwischen den Polen an, das zu Unruhe im Unternehmen führt. Vielfach wird diese meist fruchtlose Unruhe als unvermeidbare bzw. sogar notwendige „Dynamik" mißinterpretiert und akzeptiert. Nach PETERS und WATERMAN ist es ein Merkmal „exzellenter" Unternehmen, solch fruchtlose Unruhe zu vermeiden und statt dessen wirkungsvoll mit paradoxen Verhältnissen umzugehen.[715] Entscheidend dafür ist der Verzicht auf die Wahl zwischen den Polen gepaart mit dem Bestreben, in der spezifischen Gleichzeitigkeit des Verfolgens beider Extreme und dem dabei stattfindenden Wechselspiel den Weg zu sehen, „das jeweilige soziale System auf ein höheres Niveau im Umgang mit seinen interagierenden Umsystemen zu bringen"[716]. Auf diese Weise wird der Übergang von einem statischen „Entweder-Oder" zu einer dynamischen Polarität im Sinne eines „Sowohl-als-Auch" bewältigt.[717] Zwar steht dabei jeder Pol entgegengesetzt zum anderen, in ihrer Qualität bedingen sie jedoch einander.[718]

BLICKLE haben entsprechende Überlegungen dazu veranlaßt, solche Pole als sich grundsätzlich nicht ausschließende Gegensätze zu verstehen, sondern eher als „zusammengehörige Entsprechungen"[719]. Er geht davon aus, daß zwischen gegensätzlichen Werten, die für sich jeweils Vorteile haben, ein positives Spannungsverhältnis besteht. Möglichkeiten, derartige Dilemmata aufzulösen sehen MÜLLER-STEWENS und FONTIN etwa in der Suche nach „Drittvariablen" oder anderen Ebenen, die zu „Ausbruchsversuchen" verhelfen können: „Solche dritte Variablen oder andere Ebenen spielen eine entscheidende Rolle für das Management von Dilemmata und Möglichkeiten, diese zu identifizieren."[720]

---

[713] vgl. Hinterhuber, Stahl (2000), S. 82

[714] Müller-Stevens, Fontin (1997), S. 5

[715] vgl. Peters, Waterman (1982), S. 137

[716] Müller-Stevens, Fontin (1997), S. 4

[717] vgl. Müller-Stevens, Fontin (1997), S. 4

[718] vgl. Müller-Stevens, Fontin (1997), S. 4

[719] Blickle (1993), S. 405

[720] Müller-Stevens, Fontin (1997), S. 4

4.3.2.2.3 Organisationale Fluidität als Ergebnis struktureller Anpassungsfähigkeit

Das Beherrschen von Spannungsfeldern im Unternehmen und damit das Aufrechterhalten eines kontextgerechten „organisationalen Fluiditätsgrades"[721] hängt maßgeblich davon ab, inwiefern ein Unternehmen dazu in der Lage ist, entsprechende strukturelle Voraussetzungen zu schaffen. Neben das Prinzip der „Minimal-Organisation"[722] tritt hier vor allem das Bestreben *dynamische Strukturen* aufrecht zu erhalten (vgl. Abbildung 4-27).

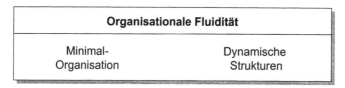

Organisationale Fluidität	
Minimal- Organisation	Dynamische Strukturen

Abbildung 4-27: Voraussetzungen organisationaler Fluidität

Minimal-Organisation

Spätestens seit ASHBYS „Law of Requisite Variety"[723] versuchen Unternehmen traditionellerweise, auf die hohe Komplexität in ihren Umfeldern mit ebenso komplexen Strukturen zu antworten („Organizational Complexity"[724]). Als Folge daraus ergeben sich häufig engmaschige und intransparente Strukturmuster, die meist weder von der Unternehmensführung noch von den Mitarbeitern vollkommen überblickt werden können und stark einschränkend auf das Unternehmensverhalten wirken.

Im Gegensatz dazu wird die Schaffung und Aufrechterhaltung organisationaler Fluidität durch eine konsequente Gestaltung einfacher sowie transparenter Strukturen zu verwirklichen versucht. Sie sollen gleichsam Sicherheit geben und Freiräume

---

[721] Perich (1992), S. 363

[722] Schuhmacher (1985), S. 222

[723] In seinem „Law of Requisite Variety" formuliert Ashby eine der wesentlichsten systemtheoretischen Grundannahmen, die zusammengefaßt folgendermaßen formuliert werden kann: Nur Varietät kann Varietät absorbieren (vgl. Ashby (1956), S. 202ff.).

[724] Knyphausen (1988), S. 279

schaffen, um Eigeninitiative, Kreativität und Innovation zu stimulieren. Das Prinzip der Minimal-Organisation wird dabei in der Weise umgesetzt, daß zum einen die Anzahl bzw. *Dichte struktureller Regelungen*, zum anderen die Größe der einzelnen *Module überschaubar* gehalten wird (vgl. Abbildung 4-28).[725]

Abbildung 4-28: Grundsätze einer Minimal-Organisation

- Bei der Beschreibung *struktureller Regelungen* lassen sich formelle und informelle Regelungen unterscheiden:[726]

KHANDWALLA versteht in struktureller Hinsicht unter *formellen Regelungen*

„*the network of durable and formally sanctioned organizational arrangements and relationships*"[727].

Dabei darf nicht übersehen werden, daß die formellen Regelungen, auf welchen Wegen sie auch entstanden sind, immer nur eine äußere Hülle der „Organisationswirklichkeit"[728] darstellen. Welchen Verbindlichkeitscharakter sie tatsächlich besitzen, d.h. in welchem Ausmaß sie die realen Abläufe repräsentieren, hängt von den Normen und Werten im Unternehmen ab.

Im Sinne der Minimal-Organisation erfolgt die Vorgabe formeller Regelungen ausschließlich, um zentrale Grundideen sichtbar zu machen, Schwerpunkte zu setzen und grundsätzliche Verhaltensfreiräume grob abzustecken. Als wesentli-

---

[725] vgl. Perich (1992), S. 376 und Kobi (1996), S. 85

[726] vgl. Steinmann, Schreyögg (1997), S. 379
Eine ausführliche Diskussion über Arten und Funktionen von Regeln findet sich bei Burr (1999), S. 1162ff.

[727] Khandwalla (1977), S. 482

[728] Klimecki, Probst, Gmür (1993), S. 45

che Aufgabe kann somit die Vereinheitlichung und „Minimalisierung" der formellen Grobstruktur unter Aufrechterhaltung der notwendigen Stabilisierungsfunktion verstanden werden.

"High formalization means lots of rules and regulations; low formalization means that the organization relies on general guidelines to guide people in the performance of their work."[729]

In den Vordergrund treten mit dem Prinzip der Minimal-Organisation *informelle Regelungen*, die es zulassen, eventuell erforderliche strukturelle Änderungen unbürokratisch bzw. ad hoc einzuleiten.[730] Ein entscheidender Vorteil informeller Regelungen manifestiert sich in ihrer Möglichkeit, auf veränderte Anforderungen direkter und in kleineren Schritten zu antworten, als dies bei umfangreichen formellen Regelungen möglich ist. Dadurch kommt ein evolutionärer Prozeß in Gang, dessen Ergebnis gewöhnlich strukturelle Regeln sind, welche nicht bewußt gestaltet wurden, sondern sich emergent kontextgerecht gebildet haben.[731] Solche, sich aus dem System heraus quasi „von selbst" ergebende, strukturelle Regeln werden nach GLANSDORFF und PRIGOGINE „dissipative Strukturen"[732] genannt. Dissipative Strukturen drücken eine bestimmte Ordnung aus, d.h. sie weisen hinsichtlich ihrer topologischen Anordnung und hinsichtlich ihres Verhaltens erkennbare Regelmäßigkeiten auf.[733] Diese Regelmäßigkeiten gehen zwar kausal auf menschliches Handeln, jedoch nicht zwangsläufig auch auf menschliche Absicht oder Planung zurück.

Entsprechende Überlegungen stellen ein wesentliches Fundament für VON HAYEKs Konzept der „spontanen Ordnung"[734] dar. Er postuliert in seinen Arbeiten:

---

[729] Connor, Lake (1994), S. 70

[730] vgl. Kobi (1996), S. 84

[731] vgl. Malik, Probst (1981), S. 129

[732] vgl. hierzu Glansdorff, Prigogine (1971), S. 3ff.
Das Konzept der „dissipativen Strukturen" ist vor allem im Zusammenhang mit chemischen Prozessen verwendet worden. Als Metapher lassen sich deren Grundsätze aber auch auf die Organisations- und Managementlehre übertragen: „A dissipative structure can be anything from a chemical solution to a person, an organization, or a society" (Merry, Brown (1987), S. 189).

[733] vgl. Ott (1997), S. 95

[734] von Hayek (1969), S. 50ff.

„Aus evolutionären Prozessen hervorgehende, eine spontane Ordnung er-
möglichende Regeln sind effizienter als aus ‚bewußten Entwürfen‘ stam-
mende."[735]

Aufgabe der Führung eines Unternehmens in sich radikal wandelnden Umfeldern
ist es nun, mittels einer Minimal-Organisation Voraussetzungen zu schaffen, welche die Entstehung spontaner Ordnungen ermöglichen und beschleunigen. Hierzu zählt die Minimierung der Grobstrukturen[736] durch Verzicht auf umfangreiche
detaillierte formelle Regelwerke, die naturgemäß den Charakter von „Verbots-
strukturen"[737] besitzen.[738] In dem Maße, in dem die formelle Regelbildung zu-
rückgenommen wird, ergeben sich Freiräume, innerhalb derer sich informelle
Regeln ausbilden können. Die durch die Stärkung der Feinstruktur[739] entstande-
nen Freiräume sind Voraussetzung für ein kreatives, innovatives, neuartiges An-
passungsverhalten, das sich in qualitativ verschiedenartigen Antworten und Lösungen zeigt.[740] Sie eröffnen alternative Handlungsoptionen und führen zu einer
großen Bandbreite unternehmerischer Verhaltensmöglichkeiten. Aus dieser großen Bandbreite resultiert schließlich im Ergebnis das – im Sinne ASHBYS – angestrebte hohe Niveau der Unternehmenskomplexität,[741] welches die Anpassungsfähigkeit der Strukturen und damit die Wandlungsfähigkeit eines Unternehmens steigert.

Insofern muß ASHBYS oben erwähnte Forderung nach ausreichender unternehmensinterner Komplexität differenziert betrachtet werden. Grundsätzlich schaffen
eher einfache sowie transparente, also prinzipiell wenig komplexe Strukturen
Vertrauen und damit jene Sicherheit, die unabdingbar ist, um dem Unternehmen
das notwendige Minimum an Kontinuität und Stabilität zu verleihen („einfache
Grobstruktur"). Das bei radikalem Wandel dennoch zweifellos erforderliche hohe
Maß an Verhaltens- und Strukturvariabilität muß hingegen durch die Einräumung

---

[735] von Hayek (1969), S. 50

[736] Vgl. die Ausführungen zur Grobstruktur eines Unternehmens in Kapitel 4.3.2.2.1.

[737] Perich (1992), S. 354

[738] vgl. Nothhelfer (1999), S. 208

[739] Vgl. die Ausführungen zur Feinstruktur eines Unternehmens in Kapitel 4.3.2.2.1.

[740] vgl. Jacobi (1996), S. 115f.

[741] vgl. Koll, Scherm (1999), S. 14

weitgehender Handlungsautonomie an die Mitarbeiter innerhalb der beschriebenen einfachen Grobstruktur generiert werden („komplexe Feinstruktur").

- Neben einem Minimum an formellen Regelungen bildet das Streben nach
  kleinen, überschaubaren Modulen den zweiten Grundsatz der Minimal-
  Organisation. Während beim Modularismus die Koexistenz verschiedener Strukturmuster im Mittelpunkt der Betrachtung stand, liegt der Schwerpunkt hier auf
  den Größenverhältnissen und der Überschaubarkeit dieser Module.[742] Die De-
  komposition von Unternehmen in kleine Module und deren Teilautonomisierung
  steht unter der Devise *„small is beautiful"*[743]. Das Bestreben besteht nun darin,
  die Vorteile der Kleinunternehmung auch für große Unternehmen nutzbar zu machen: *„Big firms must act like a collection of smaller ones ..."*[744]. Somit sind
  Strukturen gefragt, die die Lern- und Veränderungsfähigkeit fördern und ein selbständiges, unternehmerisches Handeln der Mitarbeiter auch in großen Unternehmen ermöglichen.[745] Als Antwort hierauf bieten sich verschiedene, teilweise
  bereits angeklungene Strukturlösungen an: die ganzheitliche Aufgabenerfüllung
  in teilautonomen Modulen, die bewußte Förderung eines ständigen Abspaltens
  zu groß werdender Module zu neuen, eigenständigen Modulen im Sinne der
  Zellteilung oder die Ausgliederung von Aktivitäten aus dem Unternehmen.[746]

Aus den Ausführungen zum Prinzip der Minimal-Organisation wurde deutlich, daß
durch die Reduktion und Simplifizierung der unternehmensinternen Grobstrukturen –
im Sinne der Vermeidung formeller Regelungen – Freiräume zu schaffen sind, die
dann durch die Bildung von anpassungsfähigeren Feinstrukturen – im Sinne spontaner Ordnungen – genutzt werden können. Per Saldo wird dadurch zwar die unternehmensinterne Komplexität mitnichten gesenkt, doch kann die Transparenz der
Grobstruktur, die für das Unternehmen als Ganzes Relevanz besitzt, erheblich
gesteigert werden.[747] Damit sind Veränderungsprozesse einfacher anzustoßen und
effizienter umzusetzen. Die Umgestaltung der komplexen, aber anpassungsfähigeren

---

[742] vgl. Eisenhardt, Brown (1999), S. 74

[743] Bleicher (1991), S. 77

[744] Peters (1987), S. 199

[745] vgl. Klimecki, Probst, Gmür (1993), S. 51 und Kobi (1996), S. 85

[746] vgl. Perich (1992), S. 376

[747] vgl. Janz, Krüger (2000), S. 172

182

informellen Feinstrukturen erfolgt anschließend weitgehend selbstorganisatorisch in evolutionären Prozessen.

Dynamische Strukturen

Insbesondere in sich dynamisch wandelnden Umfeldern sind starre Strukturen nicht erfolgversprechend.[748] Vielmehr sind dynamische Unternehmensstrukturen im Sinne eines „kybernetischen Strukturierungsansatzes"[749] erforderlich, die eine ständige Anpassung an die neuen Gegebenheiten und Notwendigkeiten ermöglichen.[750] Im Mittelpunkt dynamischer Ansätze der Unternehmensstrukturierung steht jedoch nicht die einseitige Forderung nach sich möglichst permanent wandelnden Strukturen im Sinne eines „Chronically Unfrozen Systems"[751]. Die Problematik liegt statt dessen im bereits erwähnten kontextgerechten Ausgleich von Stabilität[752] und Wandel[753]. Erst durch ihr wechselseitiges Zusammenspiel erschließt sich eine dauerhafte strukturelle Anpassungsfähigkeit eines Unternehmens.[754] ABRAHAMSON spricht in diesem Kontext von „dynamischer Stabilität"[755]:

Auf der einen Seite benötigt jedes Unternehmen ein gewisses Maß an innerer Stabilität, um seinen dauerhaften Grundzusammenhalt zu wahren und eine langfristige Leistungserstellung zu sichern.[756] Auf der anderen Seite ist es – gerade in sich radikal wandelnden Umfeldern – auf ein sehr hohes Maß an Wandel und damit auf Wandlungsfähigkeit angewiesen (vgl. Abbildung 4-23).

---

[748] vgl. Zahn, Tilebein (1998), S. 50

[749] Braun (1995), S. 45

[750] vgl. Zahn, Dillerup, Tilebein (1997), S. 185

[751] Weick (1977), S. 39

[752] Stabilität bedeutet in diesem Zusammenhang das Vermeiden einer Anpassung an die einwirkenden Kräfte durch den Aufbau von stabilisierenden Elementen. Äußeren Kräften werden damit entsprechende interne Kräfte entgegengesetzt. Die verschiedenen inneren Kräfte sind untereinander im Gleichgewicht.

[753] Wandel heißt hier die Ermöglichung einer Anpassung an die einwirkenden Kräfte durch den Aufbau eines Gerüstes beweglicher Elemente. Die äußeren Kräfte werden genutzt und verarbeitet, innere Kräfte können sich entfalten und werden unterstützt.

[754] vgl. Bleicher (1992b), S. 246; Perich (1992), S. 363; Klimecki, Probst, Gmür (1993), S. 20f.; Müller-Stewens, Fontin (1997), S. 5; Krystek, Redel, Reppegather (1997), S. 3ff.; Volberda (1998), S. 74 und Mildenberger (1998), S. 82

[755] Abrahamson (2001), S. 95

[756] vgl. Perich (1992), S. 350

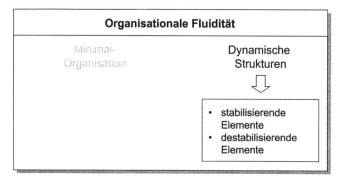

Abbildung 4-29: Grundelemente dynamischer Strukturen

- Als zentrale *stabilisierende Strukturelemente* von Unternehmen werden immer wieder Begriffe wie Kontinuität, Berechenbarkeit, Transparenz oder Routinisierung genannt.[757] Sie gehen in der Regel einher mit einem formalisierten, engmaschigen und auf Dauer angelegten Strukturgefüge. Die Konsequenz sind Unternehmensstrukturen, die lediglich über eine sehr begrenzte Kapazität zur Verarbeitung von unternehmensexterner Dynamik verfügen.[758] Da die Parameter in solchen Strukturen vornehmlich als Konstanten und nicht als Variablen definiert werden,[759] kann mit einer einmal erschaffenen Struktur prinzipiell nur diejenige Dynamik bewältigt werden, die von Anfang an vorhergesehen und „eingebaut" wurde. Ihre Ausgestaltung ist somit darauf ausgerichtet, Bestehendes zu sichern, Prozesse zu routinisieren und unter stabilen Bedingungen optimale Resultate zu erreichen.[760]

Wenngleich die beschriebenen Struktureigenschaften für sich wandelnde Unternehmensumfelder als nicht geeignet erscheinen, sind einige der beschriebenen Elemente nichtsdestotrotz hier ebenso notwendig, um den sich dynamisch wandelnden Unternehmensstrukturen ein stabilisierendes Regelungsgefüge zu geben.[761]

---

[757] vgl. Rüegg-Stürm, Achtenhagen (2000), S. 11

[758] vgl. Malik (1996), S. 171

[759] vgl. Kieser, Kubicek (1983), S. 37

[760] vgl. Perich (1992), S. 354

[761] vgl. Nadler (1989), S. 500; Bühner, Tuschke (1999), S. 459f. und Brehm, Jantzen-Homp (2000), S. 183

• Im Gegensatz zu den oben genannten auf Stabilität ausgerichteten Prinzipien stehen in dynamischen Umfeldern jedoch *destabilisierende Strukturelemente* im Vordergrund. Spontaneität, Improvisation, Kreativität, Aufgeschlossenheit gegenüber Neuem, Effektivität, Experimentierfreude und Fehlertoleranz sind in diesem Zusammenhang wichtige Schlagworte. Bereits in der Entwurfsphase der Unternehmensstrukturen wird berücksichtigt, daß sämtliche Strukturierungsentscheidungen angesichts wechselnder Gegebenheiten und Anforderungen nur begrenzte Gültigkeit besitzen und daher auch nur einen begrenzten Perfektionsgrad rechtfertigen.[762] Strukturen werden demgemäß bereits mit dem Bewußtsein der „Vorläufigkeit"[763] gebildet. Entscheidend ist in Phasen radikalen Wandels somit die Fähigkeit zur kontinuierlichen Errichtung und Auflösung temporärer, d.h. zeitlich befristeter Strukturen.[764]

Eine notwendige Voraussetzung für die Errichtung temporärer Strukturen stellt eine „lose Kopplung"[765] bzw. „Entkopplung"[766] im Sinne der Lockerung des Verbunds zwischen den Strukturelementen dar.[767] Je loser die Kopplung zwischen den Elementen ist, desto weniger einschränkende Rahmenbedingungen werden den einzelnen Strukturelementen vorgegeben und desto schneller lassen sich Veränderungen vollziehen.

"The degree of coupling between persons, roles or units within organizations depends upon the activity of their common variables. If two elements have few variables in common, or if variables common to both are weak compared to other variables influencing the elements, then they are relatively independent of each other and thus loosely coupled."[768]

WEICK hebt als Vorteil solch eines „loosely coupled systems" unter anderem das erhöhte Potential hervor

---

[762] vgl. Perich (1992), S. 355

[763] Kieser (1994), S. 202

[764] vgl. Kobi (1996), S. 86

[765] Der Begriff „loose coupling" stammt aus Arbeiten von Buckley (1967), Landau (1969) und Glassman (1973). Aufbauend darauf arbeiteten Weick (1976) und Aldrich (1979) in verschiedenen Beiträgen die Vorteile eine losen Kopplung von Strukturelementen heraus (vgl. Weick (1976), S. 5ff. und Aldrich (1979), S. 83ff.).

[766] Klimecki, Probst, Gmür (1993), S. 78 und Krüger (1994b), S. 207

[767] vgl. Koch (1998), S. 477

[768] Aldrich (1979), S. 77

„to retrain a greater number of mutations and novel solutions than would be the case with a tightly coupled system"[769]

Dadurch ist die Kapazität zur Verarbeitung von Dynamik wesentlich höher als bei den beschriebenen stabilisierenden Strukturen. Zudem soll durch eine lose Kopplung verhindert werden, daß sich Störungen in einem Strukturelement auf andere fortpflanzen. Aus diesem Grund sind zusätzlich bewußte Redundanzen und Varietäten anzulegen, die den Ausfall eines Elements oder dessen Unfähigkeit zur Problemlösung nicht gleich zur Überlebensfrage für das Unternehmen als Ganzes werden lassen.[770] Zusammenfassend bleibt festzuhalten, daß sich die Gestaltung destabilisierender Strukturelemente darauf ausrichtet, Dynamik zu erzeugen. Dynamik bedeutet dabei vor allem Bestehendes zu verlassen, Neues zu entdecken und unter sich verändernden Bedingungen jeweils bestmögliche Ergebnisse zu erzielen.[771]

Beide Elemente – sowohl diejenigen, die Stabilität erzeugen als auch jene, welche Wandel generieren – verkörpern gemeinsam dynamische Strukturen und bilden jeweils eine notwendige Voraussetzung für den langfristigen Fortbestand des Unternehmens. Fehlt eines der beiden Elemente, droht eine Eigendynamik, die das Überleben des Unternehmens gefährdet: Gewinnen die Stabilität erzeugenden Elemente dauerhaft die Oberhand, entstehen Verkrustungen und Trägheiten, welche die Anpassungsfähigkeit der Struktur zunehmend erschweren und langfristig zu vollkommener Rigidität („Bureaucratic Trap"[772]) führen können. Überwiegen hingegen permanent Wandel generierende Elemente, besteht die Gefahr der vollkommenen Strukturauflösung im Sinne der chaotischen Zersetzung („Chaos Trap"[773]) des Unternehmens (vgl. Abbildung 4-30).[774]

---

[769] Weick (1976), S. 7

[770] vgl. Ringlstetter, Knyphausen-Aufseß (1995), S. 201 und Doppler, Lauterburg (2000), S. 48

[771] vgl. Perich (1992), S. 356

[772] Brown, Eisenhardt (1998), S. 40ff.

[773] Brown, Eisenhardt (1998), S. 34ff.

[774] Quinn und Cameron (1988), S. 306 sprechen in diesem Zusammenhang vom adhokratischen Teufelskreis.

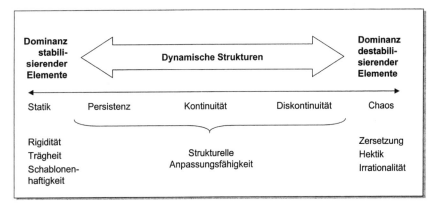

Abbildung 4-30: Dynamische Strukturen als Voraussetzung struktureller Anpassungsfähigkeit

Folglich muß es die Aufgabe der Unternehmensführung sein, je nach Situation ein geeignetes Mischungsverhältnis der stabilisierenden und destabilisierenden Elemente zu finden. In diesem Kontext gewinnt die oben bereits erwähnte Unterscheidung zwischen Grob- und Feinstruktur an Bedeutung. Während die möglichst einfache und transparente Grobstruktur eher auf Dauer angelegte Werte, Standards oder Prinzipien beinhaltet und dementsprechend stabilisierend wirkt, eignet sich die komplexe Feinstruktur vorwiegend zur spontanen sowie improvisierten Bildung temporär erforderlicher Struktureigenschaften. Sie können situationsgerecht generiert werden, ohne dabei den Zusammenhalt der Gesamtstruktur und damit das Überleben des Unternehmens als Ganzes zu gefährden.

Dynamische Strukturen bewältigen insofern das beschriebene Spannungsfeld, indem sie Raum für spontane Veränderungen lassen, Vitalität erzeugen, Lernen ermöglichen und gleichzeitig ein Mindestmaß an Kontinuität und Stabilität erhalten. Sie regen ständig dazu an, neue Erfolgspotentiale zu identifizieren und zu nutzen, ohne die Vorteile bestehender oder vergangener Strukturmuster zu „vergessen". Dementsprechend spielt die Fähigkeit zum „Organizational Memory"[775] bei dynamischen Strukturen eine herausragende Rolle. Ihre Stärke liegt darin, daß sie sich zwar dynamisch an aktuellen Erfordernissen und nicht an vergangenen Problemlösungs-

---

[775] Walsh, Ungson (1991), S. 57ff.
Im angloamerikanischen Sprachgebrauch werden unterschiedliche Begriffe zur Kennzeichnung dieses Phänomens verwendet, so etwa „Institutional Memory" (El Sawy, Gomes, Gonzales (1986), S. 118ff.) und „Institutionalized Experience" (Shrivastava (1983), S. 7ff.). Im Deutschen wird in diesem Zusammenhang vom „Organisationalen Gedächtnis" gesprochen (Perich (1992), S. 394).

prozessen ausrichten, gleichzeitig aber die Erfahrungen aus der Anwendung früherer Strukturmuster speichern und bei Bedarf abrufen können.

4.3.2.2.4 Zwischenfazit: Gestaltung der strukturellen Anpassungsfähigkeit

Der Aufbau struktureller Anpassungsfähigkeit muß – ebenso wie der strategischer Beweglichkeit – als ein mehrstufiger Prozeß betrachtet werden (vgl. Abbildung 4-31).

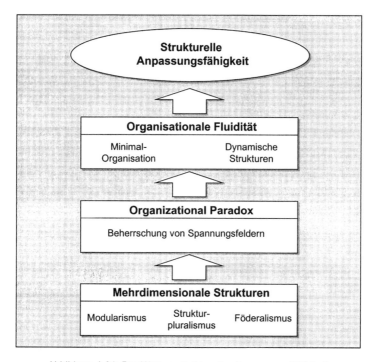

Abbildung 4-31: Der Weg zu struktureller Anpassungsfähigkeit

Eine Grundvoraussetzung für strukturelle Anpassungsfähigkeit von Unternehmen ist die Existenz struktureller Vielfalt. Sie ist allein über *mehrdimensionale Strukturen* im Sinne eines modularen Nebeneinanders (Modularismus) und einer überlagernden Gleichzeitigkeit (Strukturpluralismus) verschiedenartiger Strukturmuster zu erreichen. Hinzukommen müssen jedoch ferner föderalistische Prinzipien, nach denen die Verantwortung im Unternehmen eine dezentrale Verteilung auf die weitgehend autonomen Module erfährt. Deren größtenteils heterarchisches, markt- und netz-

werkartiges Zusammenwirken bildet die Grundlage fortwährender Anpassungsfähigkeit. Die Folge der dadurch entstehenden Vielfalt sind jedoch spannungsgeladene und
zum Teil konfligäre Handlungsfelder (*Organizational Paradox*), welche von der
Unternehmensführung den wirkungsvollen Umgang mit Widersprüchen verlangen.[776]
In dem Maße, in dem die entstehenden Spannungsfelder erkannt und beherrscht
werden, öffnet sich der Weg zu *organisationaler Fluidität*. Um sie langfristig zu
erhalten sind nach den Grundsätzen der Minimalorganisation überschaubare und
lose gekoppelte Module zu bilden. Von zentraler Bedeutung ist darüber hinaus für die
Erhaltung organisationaler Fluidität die Fähigkeit zur dynamischen Balance zwischen
stabilisierenden und destabilisierenden Strukturelementen. Sie kommt darin zum
Ausdruck, inwiefern ein jeweils geeignetes Mischungsverhältnis von Sicherheit und
kreativer Unruhe im Unternehmen gefunden wird. Erst wenn dieser Balanceakt
dauerhaft gelingt, besteht die Chance auf langfristige strukturelle Anpassungsfähigkeit.

Trotz der Vielzahl der vorgestellten Ansatzpunkte, die strukturelle Anpassungsfähigkeit eines Unternehmens zu erhöhen, darf nicht vergessen werden, daß es der
Unternehmensführung in struktureller Hinsicht lediglich obliegt, wandelermöglichende
Rahmenbedingungen zu schaffen. Damit ist jedoch mitnichten gewährleistet, daß
diese Möglichkeiten auch tatsächlich in ihrem Sinne ausgeschöpft werden. Hierzu
sind weitere Maßnahmen notwendig, welche die Mitarbeiter in die Lage versetzten,
die gewährten Freiräume in Wettbewerbsvorteile zu transferieren. Bevor einige
Ansatzpunkte vorgestellt werden, die das Ausschöpfen geschaffener Freiräume
durch die Mitarbeiter stimulieren, sind die ressourcenseitigen Voraussetzungen dafür
kritisch zu beleuchten. Denn erst wenn im Unternehmen neben beweglichen Strategien und anpassungsfähigen Strukturen auch wandelbare, d.h. schnell und effizient
veränderbare Ressourcen zum Einsatz kommen, sind die Voraussetzungen gegeben, unter denen die Mitarbeiter dem Unternehmen zu nachhaltiger Wandlungsfähigkeit verhelfen können.

---

[776] vgl. Hinterhuber, Stahl (2000), S. 82

4.3.2.3 Ressourcenseitige Wandelbarkeit

> *„Technical inflexibility is due to our failure to think systemically,*
> *thereby allowing ourselves to become trapped in systems*
> *that aren't as responsive to change as they could be"*
>
> - WILLIAM A. PASMORE -

Die beweglichsten Strategien und die anpassungsfähigsten Strukturen bleiben letztlich kraftlos, wenn notwendige Ressourcen fehlen, nicht wandelbar[777] sind bzw. nicht entsprechend eingesetzt werden können.[778] Das Vorhandensein geeigneter Ressourcen ist somit eine fundamentale Voraussetzung für die Wandlungsfähigkeit von Unternehmen. Zwar ist diese Erkenntnis alles andere als neu, doch hat sich in der Vergangenheit eine Perspektive in der Theorie des strategischen Managements entwickelt, welche die Ressourcen eines Unternehmens in den Mittelpunkt der Betrachtung rückt: der „Resource-Based View"[779]. Diese Sichtweise verlagert die Betrachtung der Erfolgspotentiale von Unternehmen, im Gegensatz zum „Market-Based View"[780], auf die Ressourcen eines Unternehmens.[781] Die Grundidee besteht darin, Wettbewerbsvorteile nicht durch die Stellung im marktlichen Umfeld, sondern durch Besonderheiten bei den internen Ressourcen zu erklären:[782] Der Resource-Based View betrachtet übernormalen Erfolg dementsprechend

---

[777] Zur Definition von „Wandelbarkeit" vgl. die Ausführungen in Kapitel 4.1.

[778] vgl. Krüger (2000), S. 368

[779] Vgl. hierzu die Arbeiten von Bower (1970); Wernerfelt (1984); Barney (1991); Conner (1991); Hall (1991) und Hall (1993).

[780] Dem Market-Based View liegt das sogenannte Structure-Conduct-Performance-Paradigma zugrunde: „To explain the competitive success of firms, we need a theory of strategy which links environmental circumstances and firm behavior to market outcomes" (Porter (1991), S. 99).

[781] vgl. Hillig (1997), S. 91
Rühli (1994), S. 42 spricht in diesem Zusammenhang daher auch von „Resource-Conduct-Performance-Paradigma".

[782] vgl. Rumelt (1974), S. 557; Rasche, Wolfrum (1994), S. 502; Rühli (1995), S. 94; Knyphausen-Aufsess (1995), S. 82; Gaitanides, Sjurts (1995), S. 63; Welge, Al-Laham (1999), S. 253; Zahn, Foschiani, Tilebein (2000), S. 51; Börner (2000a), S. 689; Börner (2000b), S. 817 und Probst, Deussen, Eppler, Raub (2000), S. 70

„... as resulting from the acumen or luck of the firm in acquiring, combining, and developing resources (conduct), rather than from the structure of the industry in which the firm finds itself."783

Wenngleich der Ressourcenansatz erst in den letzten Jahren in der jetzigen akzentuierten Weise formuliert wurde, so hat er dennoch längere historische Wurzeln.[784] Erste Grundlagen werden in den Arbeiten von PENROSE gesehen; sie betrachtet Unternehmen als *„... a collection of productive resources ..."785*. Später spricht auch WERNERFELT von *„... firms as a broader set of resources ..."786*. Unternehmen als Bündel, Vektoren oder Portfolios materieller und immaterieller Ressourcen zu verstehen, hat sich seither als grundlegende Sichtweise durchgesetzt.[787] Allerdings sind aufgrund der Vielzahl an Vertretern des Ressourcenansatzes ebenso vielfältige Begriffsabgrenzungen und Klassifizierungen von Ressourcen entstanden.[788] Das dieser Arbeit zugrunde liegende Verständnis von Ressourcen ist vergleichsweise weit gefaßt und wurde bereits in Kapitel 3.2.3 festgelegt. Es orientiert sich – wie dort beschrieben – maßgeblich an folgender Definition von BARNEY:

„Firm resources include all assets, capabilities, organizational processes, firm attributes, information, .. , etc. controlled by a firm that enable the firm to conceive of and implement strategies that improve its efficiency and effectiveness."789

---

[783] Conner (1991), S. 132

[784] vgl. Knyphausen (1993b), S. 774; Bamberger, Wrona (1996), S. 131 und Fujimoto (1998), S. 15

[785] Penrose (1959), S. 25

[786] Wernerfelt (1984), S. 171

[787] vgl. Bamberger, Wrona (1996), S. 131

[788] Wernerfelt (1984), S. 172 definiert Ressourcen folgendermaßen: „By a resource is meant anything which could be thought of as a strength or weakness of a given firm. ... Examples of resources are: brand names, in-house knowledge of technology, employment of skilled personnel, trade contracts, machinery, efficient procedures, capital, etc." Ähnlich weit fassen Bamberger und Wrona (1996), S. 132 ihre Definition. Sie definieren fast alle internen materiellen und immateriellen Güter, Systeme und Prozesse als interne Ressourcen. Auch Newman und Nollen (1998), S. 39 umschreiben den Begriff der Ressourcen. Für sie sind Ressourcen „the tangible and intangible assets with which firms conduct business, including plant and equipment, financial resources, human capital, technology, reputation, brand names, and goodwill." Allerdings werden in dieser Arbeit die „Human Resources" entgegen der genannten Definitionen von Wernerfelt oder auch von Newman und Nollen nicht unter den Ressourcen zusammengefaßt sondern aufgrund ihrer besonderen Bedeutung als eigenständiges „Gestaltungsfeld" behandelt.

[789] Barney (1991), S. 101

Als Voraussetzung für die zentrale Annahme des Resource-Based View, unternehmensinterne Ressourcen als Quelle langfristiger Wettbewerbsvorteile zu betrachten,[790] werden in der Literatur immer wieder zwei Bedingungen aufgeführt:[791]

"The resource-based view of the firm substitutes two alternate assumptions in analyzing sources of competitive advantage. First, this model assumes that firms within an industry (or group) may be heterogeneous with respect to the strategic resources they control. Second, this model assumes that these resources may not be perfectly mobile across firms, and thus heterogeneity can be long lasting."[792]

Zweifelsohne sind beide genannten Aspekte, d.h. sowohl die Heterogenität als auch die – zumindest teilweise vorhandene – Immobilität, notwendige Bedingungen für langfristige Wettbewerbsvorteile. Insbesondere in sich wandelnden Unternehmensumfeldern sind sie jedoch nicht hinreichend. Denn auf Dauer angelegte, schwer imitierbare aber damit in der Regel ebenso rigide Ressourcen behindern oder verhindern den für Unternehmen lebensnotwendigen Wandel. In solchen Umfeldern ist vielmehr das Vorhandensein von Ressourcen bzw. Ressourcenbündeln erforderlich, die sich schnell und effizient an neue Gegebenheiten anpassen lassen, d.h. die wandelbar sind.

Die Schaffung und das Management wandelbarer Ressourcen setzt zumindest das Verfolgen dreier Grundsätze voraus, die Gegenstand folgender Ausführungen sind: das Vorhalten von *Slack Resources*, die *Rekonfigurierbarkeit* der vorhandenen Ressourcen und das Eingehen von *Flexible Commitments* (vgl. Abbildung 4-32).

---

[790] vgl. Rasche, Wolfrum (1994), S. 502

[791] vgl. hierzu auch Knyphausen (1993b), S. 776; Rühli (1994), S. 43; Knyphausen-Aufsess (1995), S. 84; Gaitanides, Sjurts (1995), S. 63 und Hillig (1997), S. 92

[792] Barney (1991), S. 101

192

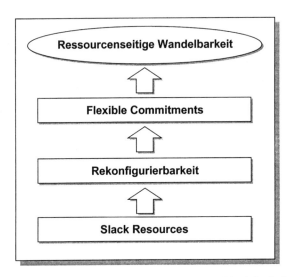

Abbildung 4-32: Grundsätze ressourcenseitiger Wandelbarkeit

4.3.2.3.1 Slack Resources als notwendige Bedingung ressourcenseitiger Wandelbarkeit

Obige Ausführungen deuten bereits an, daß gerade in sich permanent wandelnden Umfeldern auch die verwendeten Unternehmensressourcen immer wieder angepaßt und neu konfiguriert werden müssen. Je vollständiger die internen Ressourcen jedoch in die aktuellen Unternehmensaktivitäten eingebunden sind, desto geringer ist der Anteil der Ressourcen, über die spontan verfügt werden kann und die frei von akuten Sachzwängen neuen Wandel anstoßen können. Solche „überschüssigen" Ressourcen werden in der betriebswirtschaftlichen Literatur auch „Slack Resources"[793] genannt. KLIMECKI, PROBST und EBERL bezeichnen damit alle Ressourcen innerhalb eines Unternehmens, die nicht auf den eigentlichen Arbeitszweck gerichtet sind und gegenwärtig im Unternehmen nicht nachgefragt werden, aber für zukünftige Anforderungen eine wesentliche Bedeutung besitzen können.[794]

Nach dieser Definition stellen Slack Resources Kapazitätsreserven im weitesten Sinne dar, die in verschiedenen Situationen zum Einsatz kommen können. Solche

---

[793] Klimecki, Probst, Gmür (1993), S. 56 und Floyd, Lane (2000), S. 154

[794] vgl. Klimecki, Probst, Eberl (1991), S. 118

Reserven können beispielsweise dazu genutzt werden, parallel zu den Standardaufgaben Neuerungen zu entwickeln und umzusetzen oder Störungen abzufedern, ohne die Erfüllung der Standardaufgaben zu beeinträchtigen.[795] FLOYD und LANE betonen in diesem Zusammenhang, daß „*many organizations no longer have sufficient slack resources to support parallel activities*"[796]. Solche Parallelaktivitäten sind für das Aufrechterhalten permanenter Verbesserungs- und Wandlungsbemühungen aber unabdingbar.

Diesen eher effektivitätsgetriebenen Gedanken stehen traditionell Effizienzüberlegungen entgegen. Da Slack Resources per Definition für den eigentlichen Arbeitszweck im Unternehmen nicht nachgefragt werden, leisten sie zunächst keinen unmittelbaren Beitrag zur Wertschöpfung im eigentlichen Sinne. Im entstehenden Spannungsfeld zwischen Effektivität und Effizienz kann nur dann ein sinnvolles Gleichgewicht gefunden werden, wenn das Vorhalten von Slack Resources gewissen Prinzipien unterliegt. Neben die Notwendigkeit *redundanter Ressourcen* treten die Grundsätze *transparenter Ressourcenallokation* bzw. maximaler *Ressourcenverfügbarkeit* (vgl. Abbildung 4-33).

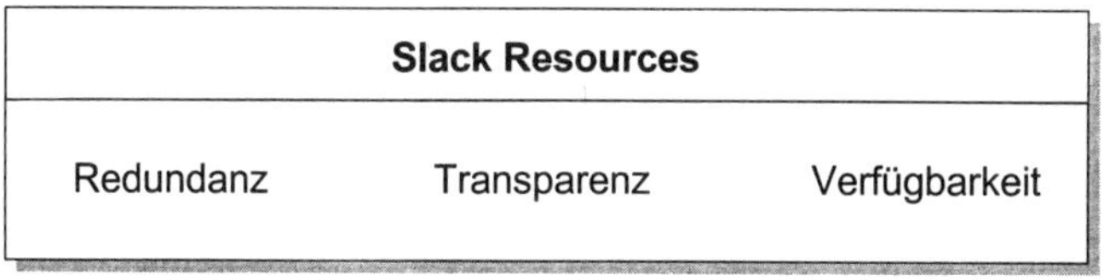

Slack Resources		
Redundanz	Transparenz	Verfügbarkeit

Abbildung 4-33: Prinzipien für das Vorhalten von Slack Resources

Redundanz

Der Begriff der Redundanz stammt ursprünglich aus der Informationsverarbeitung. Er bezeichnet dort Informationen, die mehrfach vorhanden und somit zunächst überflüssig sind.[797] Löst man sich von der informationstheoretischen Betrachtung des Begriffs, beschreiben Redundanzen allgemein das mehrfache Vorhandensein von

---

[795] vgl. Klimecki, Probst, Gmür (1993), S. 56

[796] Floyd, Lane (2000), S. 154

[797] vgl. Klimecki, Probst, Gmür (1993), S. 56

Ressourcen innerhalb eines Unternehmens. Somit sind Redundanzen eine besondere Form der Slack Resources im Sinne einer „Überversorgung mit Ressourcen"[798].

Redundanzen führen dazu, daß prinzipiell mehrere Module[799] innerhalb eines Unternehmens über dieselben Ressourcen verfügen und dementsprechend dazu in der Lage sind, dieselben Tätigkeiten auszuführen.[800] Mehrfach ausgelegte Funktionen vermindern in Unternehmen dadurch die „Unersetzlichkeit" einzelner Module und senken die Intensität der Kopplung zwischen den Modulen. Das Schaffen loser Kopplungen[801] sowie variabler Überlappungen hilft schließlich, sowohl qualitative als auch quantitative Belastungsschwankungen zu dämpfen bzw. zu bewältigen. Mit der Generierung von Redundanzen wird die Grundlage für die Vergrößerung des Verhaltensrepertoires eines Unternehmen gelegt.[802] Auf längere Sicht erscheinen redundante Ressourcen daher als Beitrag zur Steigerung der Wandlungsfähigkeit von Unternehmen.[803]

Bezieht man das bereits problematisierte Spannungsfeld zwischen Effizienz und Effektivität in die Überlegungen mit ein, so wird allerdings ersichtlich, daß Redundanzen – zumindest kurzfristig – immer auch einen Effizienzverlust mit sich bringen. Um diesen möglichst gering zu halten können Ressourcen in Pools[804] zusammengefaßt und damit die „realen" Redundanzen minimiert werden. Entsprechend betonen KLIMECKI, PROBST und GMÜR: „Die besten Redundanzen sind immer nur potentiell redundant."[805]

Transparenz

Das tatsächliche Vorhandensein redundanter Ressourcen führt nicht zwangsläufig auch zu deren Nutzung. Entscheidend ist hierbei vor allem die Perzeption dieser durch sämtliche Mitarbeiter im Unternehmen. Eines der wesentlichen Grundprinzipien bei der Vorhaltung von Redundanzen ist daher das Prinzip der Transparenz.

---

[798] Stahl, Hejl (2000), S. 7

[799] vgl. Zahn, Dillerup (1995), S. 53
Zum Begriff des Moduls vgl. die Ausführungen in Kapitel 4.3.2.2.1.

[800] vgl. Klimecki, Probst, Eberl (1994), S. 74

[801] Vgl. hierzu die Ausführungen in Kapitel 4.3.2.2.3.

[802] vgl. Koll, Scherm (1999), S. 20

[803] vgl. Müller-Stewens, Lechner (2001), S. 385

[804] vgl. hierzu Fondation, Tufano, Walker (1999), S. 60

[805] Klimecki, Probst, Gmür (1993), S. 79

REINHART versteht unter Transparenz, daß „alle Systemaktionen und Ereignisse von außen kontinuierlich beobachtbar sind."[806] Konkretisiert man diese Definition für die transparente Allokation der Unternehmensressourcen, so muß das Bestreben darin liegen, zu jedem Zeitpunkt Informationen über die Verteilung bzw. Umverteilung der wesentlichen Ressourcen zu erhalten.[807] Nur wenn jeder im Unternehmen Zugang zu aktuellen Informationen darüber hat, wie die Ressourcen im Unternehmen zugeordnet sind, können die Mitarbeiter auf freie Ressourcen zugreifen und kurzfristige Störungen bewältigen bzw. sogar vermeiden.

Dementsprechend ist es eine der zentralen Aufgaben im Unternehmen, mit Hilfe moderner und flächendeckender Informations- und Kommunikationstechnologie, die Ressourcenallokation im Unternehmen jederzeit transparent zu gestalten und insbesondere auf frei verfügbare Ressourcen aufmerksam zu machen.[808] Dies zwingt zu einer permanenten und zeitnahen Analyse des tatsächlichen Unternehmensgeschehens auf dem physischen Niveau und liefert in der Regel bereits zahlreiche Hinweise, wie die Ressourcenverteilung im Unternehmen optimiert werden kann.[809]

Verfügbarkeit

Allein das Wissen über die aktuelle Verteilung der Ressourcen im Unternehmen sichert noch nicht deren kurzfristige Verfügbarkeit. Trotz redundanter Ressourcen und Transparenz hinsichtlich ihrer Verteilung behindern Verzögerungen bei der Umverteilung von Ressourcen häufig ein schnelles und effizientes Anpassen des Unternehmens an neue Rahmenbedingungen.

Besonderes Augenmerk ist daher auf die kurzfristige Einsatzfähigkeit sämtlicher Ressourcen zu legen. Spiegelt man diese Forderung an der oben verwendeten Definition des Ressourcenbegriffs, so bezieht dies ein Minimum an verfügbaren finanziellen Ressourcen im Sinne von Liquiditätsreserven, die regelmäßige Kontrolle und Wartung sämtlicher technischer Anlagen zur Sicherung ihrer kurzfristigen Einsatzfähigkeit, das Erhalten bzw. Weiterentwickeln von wesentlichen Fähigkeiten im Unternehmen oder das fortwährende Pflegen unternehmensinterner Werte mit ein.

---

[806] Reinhart (1997a), S. 250

[807] vgl. Knyphausen (1993a), S. 147 und Goldman u.a. (1996), S. 289

[808] vgl. Frese, Beecken (1995), S. 139

[809] vgl. Perich (1992), S. 435

In dem Maße, in dem die vorhandenen *Slack Resources* im Unternehmen auch tatsächlich erkannt und wahrgenommen werden, ihre Verteilung *transparent* ist und sie zudem schnell *verfügbar* sind, lassen sie sich kurzfristig zur Behebung plötzlicher Störungen oder zur Entwicklung von Neuerungen nutzen. Ihr Wert für das Unternehmen hängt also erheblich von den Informationen hinsichtlich ihrer Allokation und ihrer Verfügbarkeit ab.

4.3.2.3.2 Rekonfigurierbarkeit der Ressourcen öffnet den Weg für ressourcenseitige Wandelbarkeit

Die ressourcenseitige Wandelbarkeit in einem Unternehmen äußert sich insbesondere darin, welcher Aufwand in zeitlicher, organisatorischer und finanzieller Hinsicht mit einer Anpassung bzw. Rekonfiguration der eingesetzten Ressourcen verbunden ist. Da die Definition der Wandelbarkeit beinhaltet, daß auch Anpassungen an Situationen zu bewältigen sind, die zum Zeitpunkt der Systemspezifikation noch nicht umfassend bekannt waren,[810] reichen die klassischen Instrumente des Flexibilisierungsmanagements nicht aus. Erforderlich ist vielmehr eine grundsätzliche Rekonfigurierbarkeit der Ressourcen mit kurzen Reaktions- und Rekonfigurationszeiten.[811] Für VOLBERDA sind wesentliche Indikatoren für die Wandelbarkeit von (technischen) Ressourcen

„*the applicability of machines, tools, and equipment as well as the rapidity by which these machines, tools and equipment can be reset to produce other products or services.*"[812]

Das Erreichen der von ihm geforderten breiten Anwendbarkeit und schnellen Rekonfigurierbarkeit setzt besondere Wesensmerkmale der eingesetzten Ressourcen voraus, wie z.B. deren hohe *Teilbarkeit*, umfassende gegenseitige *Kompatibilität* und ein *geringes Maß an Spezialisierung* (vgl. Abbildung 4-34).

---

[810] Vgl. hierzu die Ausführungen in Kapitel 4.1.

[811] vgl. Eisenhardt, Brown (1999), S. 75

[812] Volberda (1998), S. 131

Rekonfigurierbarkeit		
Teilbarkeit	Kompatibilität	Entspezialisierung

Abbildung 4-34: Wesentliche Merkmale rekonfigurierbarer Ressourcen

Teilbarkeit

Eine jederzeit optimale Ressourcenkonfiguration in sich permanent wandelnden Umfeldern bedingt strenggenommen die infinitesimale Teilbarkeit aller Unternehmensressourcen. Nur so können frühzeitig bereits auf kleine Veränderungen der Anforderungen ebenso kleine Anpassungen der Ressourcenbasis vorgenommen werden.

Die Bedingung der infinitesimalen Teilbarkeit ist jedoch zum einen bei vielen Ressourcen nicht erfüllbar. Insbesondere technische Ressourcen wie Maschinen, Anlagen oder Werkzeuge können nur in vollständigen, funktionsfähigen Einheiten genutzt werden. Zum anderen stehen möglicherweise auch Wirtschaftlichkeitsüberlegungen einer sofortigen (und damit ständigen) Anpassung der Ressourcenkonfiguration entgegen. Gewöhnlich sind aus kostentheoretischen Gesichtspunkten erst kritische Werte zu überschreiten, bevor sich Änderungen tatsächlich lohnen.

Dennoch hemmt die mangelnde Teilbarkeit einiger Ressourcen in Unternehmen häufig notwendige Anpassungsschritte. Während finanzielle Ressourcen naturgemäß in hohem Maße teilbar sind, weisen insbesondere technische Ressourcen diesbezüglich in der Regel Defizite auf.[813] So erweist sich beispielsweise eine Rekonfiguration großer Produktionssysteme erst bei fundamental veränderten Anforderungen als sinnvoll. Das Bestreben muß es daher sein, vor dem Hintergrund des Spannungsfeldes zwischen Wandelbarkeit und Wirtschaftlichkeit teilbare Ressourcenbündel zu konfigurieren, die schon bei niedrigen Grenzwerten eine Rekonfiguration sinnvoll erscheinen lassen. GOLDMAN u.a. schlagen etwa für Produktionssysteme vor, diese „aus modularen rekonfigurierbaren Komponenten"[814] zusammenzufügen. Dadurch

---

[813] vgl. Schweizer (1995), S. 310

[814] Goldman u.a. (1996), S. 293

können situationsgerecht Umgestaltungen vorgenommen werden, ohne massiv in die bestehenden Abläufe eingreifen zu müssen.

Dies setzt allerdings – als kardinale Grundlage für die Rekonfigurierbarkeit der Ressourcenbasis – die Notwendigkeit weitreichender Kompatibilität der einzelnen Teile bzw. Komponenten untereinander voraus.

Kompatibilität

Kompatibilität spielt insbesondere auf der Ebene der technischen Ressourcen eine herausragende Rolle. Kompatibilität bedeutet dabei nichts anderes als die Definition und Durchsetzung von Standards. Sie sind notwendig, um die Möglichkeit des Zusammenwirkens verschiedener Komponenten zu sichern. Der Fokus bei der Vorgabe von Standards darf jedoch nicht darauf liegen, wie jede einzelne Komponente konfiguriert ist bzw. wie sie arbeitet. Vielmehr muß spezifiziert werden, wie sie mit anderen Komponenten interagiert.[815] Untereinander nicht kompatible und somit nicht vernetzbare Komponenten verhindern eine effektive sowie effiziente Ressourcennutzung und verzögern dadurch notwendige Anpassungsprozesse im Unternehmen.

Trotz der integrativen Wirkung von Standards darf nicht außer Acht gelassen werden, daß die Vorgabe von Standards immer auch einengende Rahmenbedingungen bedeutet und Freiheitsgrade einschränkt. Insofern muß auch hier ein langfristig geeignetes Maß an Standardisierung gefunden werden.

Entspezialisieren

Klassische Organisationsmodelle betonen die möglichst ökonomische Nutzung der im Unternehmen vorhandenen Ressourcen;[816] das Erreichen maximaler Effizienz rückt als dominierendes Prinzip in den Mittelpunkt der Betrachtung.

In der frühen Managementlehre sind solche Organisationsmodelle verbunden mit den Namen TAYLOR und FAYOL.[817] Ihre Modelle verfolgen die konsequente Umsetzung des zentralen Organisationsprinzips der Effizienz und gehen in Unternehmen mit einem hohen Spezialisierungsgrad sowie einer ausgeprägten Formalisierung

---

[815] vgl. Goldman u.a. (1996), S. 293

[816] vgl. Bea, Göbel (1999), S. 59

[817] Vgl. hierzu die grundlegenden Arbeiten von Taylor (1911) und Fayol (1916).

einher.[818] Die den Modellen zugrundeliegenden Annahmen wurden jedoch vor dem Hintergrund eines inkrementalen Wandels getroffen. Über lange Zeit stabile Strukturen und Prozesse ermöglichten deren Perfektionierung und führten zu höchster Effizienz und Produktivität.

In Phasen radikalen Wandels gefährden derartige Organisationsmodelle jedoch mitunter das Überleben eines Unternehmen. Die mit einem effizienten Ressourceneinsatz in der Regel verbundene Spezialisierung hat zwangsläufig starre Ressourcenzuordnungen im Unternehmen zur Folge, die kaum bzw. nur mit großem Aufwand rekonfiguriert werden können. Je stärker einzelne Ressourcen spezialisiert, d.h. nur für bestimmte Aufgaben nutzbar sind, desto beschränkter sind die Möglichkeiten des Unternehmens, die Ressourcenbasis situationsgerecht zu adaptieren. Hinzu kommt, daß – um mögliche Ausfälle wirksam zu kompensieren – weitestgehend ebenso spezialisierte Slack Resources vorgehalten werden müssen. Da diese aber meist nicht nur potentiell redundant, sondern durch die Notwendigkeit ihrer hohen Spezialisierung tatsächlich redundant sind, widerspricht dies dem Prinzip der Effizienz.

Als Ergebnis ist daher festzuhalten, daß besonders effiziente Ressourcenzuordnungen – und dies beinhaltet in letzter Konsequenz auch das Fehlen von Slack Resources – ein Unternehmen für unvorhergesehene Störungen anfällig machen und in einer sich radikal wandelnden Umwelt ungeeignet erscheinen.

Wenn die Rekonfigurierbarkeit der unternehmensinternen Ressourcenbasis also in hohem Maße vom Spezialisierungsgrad der eingesetzten Ressourcen abhängt, so muß dieser im Einklang mit der Radikalität des Wandels im Unternehmen bzw. in seiner Umwelt stehen.[819] Geringerer Spezialisierung steht zwar gewöhnlich auch eine geringere Effizienz hinsichtlich des Ressourceneinsatzes gegenüber, die Möglichkeit, wenig spezialisierte und damit vielseitig einsetzbare Slack Resources vorzuhalten („nutzungsoffene Ressourcenvorhaltung"[820]), senkt aber die Anfälligkeit des Unternehmens für Störungen entscheidend. Robuste Unternehmenskonfigurationen setzen demgemäß eine Entspezialisierung der unternehmensinternen Ressourcen voraus. Durch die Bildung multifunktionaler Ressourcenbündel mit ganzheit-

[818] vgl. Bea, Göbel (1999), S. 59

[819] vgl. Zahn, Foschiani (2000), S. 101

[820] Bleicher (1992b), S. 224

lichen Aufgabenstellungen kann das Prinzip potentieller Redundanz verfolgt werden, ohne hoch spezialisierte Ressourcen tatsächlich brachliegen lassen zu müssen.[821]

„The more universal that equipment, the larger the degree of freedom for flexibility."[822]

Verfügt die Ressourcenbasis in einem Unternehmen über die drei beschriebenen Wesensmerkmale, d.h. ist die Ressourcenbasis *teilbar*, sind die einzelnen Ressourcenkomponenten untereinander *kompatibel* und zudem möglichst vielseitig einsetzbar, d.h. *wenig spezialisiert*, so sind wesentliche Voraussetzungen für eine nachhaltige ressourcenseitige Wandelbarkeit erfüllt.

Vor dem Hintergrund dieser Ausführungen wird auch erkennbar, daß insbesondere die Bedeutung überschüssiger finanzieller Ressourcen mit der Radikalität des Wandels zunimmt. Finanzielle Ressourcen erfüllen die Wesensmerkmale der Teilbarkeit, Kompatibilität und Entspezialisierung in herausragender Weise und eröffnen einem Unternehmen vielseitige Handlungsoptionen.

4.3.2.3.3 Flexible Commitments als Ergebnis ressourcenseitiger Wandelbarkeit

„Wenn die besondere Qualität von Erfolgspotentialen darin besteht, daß sie nur schwer kopierbar sind, weil ihr Aufbau mit hohem Aufwand an Ressourcen und vor allem mit Zeit verbunden ist, so ist das gleichzeitig ihr großer Nachteil: Wenn sie schwer aufzubauen sind, so sind sie aller Wahrscheinlichkeit nach auch wieder schwer abzubauen, wenn sie nicht mehr erfolgsträchtig sind."[823]

Oberstes Ziel hinsichtlich der ressourcenseitigen Unternehmenskonfiguration ist es also, eine Ressourcenbasis zu schaffen, die sowohl die Bewältigung gegenwärtiger Aufgaben erlaubt, als auch kurz-, mittel- und langfristig Potentiale für bisher noch unbekannte Anforderungen bereit hält. Die kurzfristige Anpassungsfähigkeit wird durch mangelnde Slack Resources und unzureichende Rekonfigurierbarkeit der Unternehmensressourcen gefährdet, die mittel- und langfristige Wandelbarkeit der

---

[821] Koch (1998), S. 478 schlägt in diesem Zusammenhang z. B. die Installation von computergesteuerten Aggregaten oder den Einbau beweglicher Wände in Verwaltungsgebäude vor.

[822] Volberda (1998), S. 131

[823] Klimecki, Probst, Gmür (1993), S. 80

Ressourcenbasis scheitert häufig am frühzeitigen Eingehen spezifischer, irreversibler Commitments.[824] Zur Entschärfung des Konflikts zwischen Effizienz und Reversibilität der Ressourcenbasis schlagen GHEMAWAT und DEL SOL sogenannte „Flexible Commitments"[825] vor. Sie finden ihren Niederschlag in wandelbaren Ressourcenausstattungen, die eine hohe Responsefähigkeit bei sich radikal ändernden Anforderungen erlauben.[826] Zwei Beispiele solcher Flexible Commitments werden im folgenden vorgestellt (vgl. Abbildung 4-35).

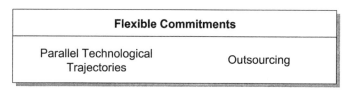

Abbildung 4-35: Beispiele für Flexible Commitments

Parallel Technological Trajectories

Die Fähigkeit eines Unternehmens, in Phasen radikalen Wandels zu bestehen, hängt in hohem Maße von der Wandelbarkeit seiner Ressourcenbasis ab. Insbesondere bei den technischen Ressourcen sind der Wandelbarkeit mitunter enge Grenzen gesetzt. Wissensbestände bzw. daraus abgeleitete technische Kompetenzen bilden den Nährboden für technische Innovationen. Aufgrund der kumulativen Natur von Wissen folgen vor allem technische Kompetenzen sogenannten „Technological Trajectories"[827]. DOSI definiert

> „a technological trajectory as the pattern of ‚normal' problem solving activity ... on the ground of a technological paradigm."[828]

Trotz der großen Potentiale, die mit derartigen „technologischen Flugbahnen" erschlossen werden können, sind ihre Gefahren nicht zu unterschätzen. Einerseits haben die Erfahrungen aus vorangegangenen „Pfadabschnitten" oft wesentlichen

---

[824] vgl. Ghemawat (1991), S. 3ff.

[825] Ghemawat, del Sol (1998), S. 26ff.

[826] vgl. Zahn (2000b), S. 161

[827] vgl. Dosi (1982), S. 147

[828] Dosi (1982), S. 152

Einfluß auf künftige Innovationserfolge.[829] Erfolgreiche Unternehmen profitieren hier von ihren Wissensvorsprüngen und nutzen bestehende Lösungspotentiale schneller und konsequenter.[830] Sie bewegen sich gewissermaßen auf vorgezeichneten, vermeintlich sicheren Pfaden einer evolutionären Entwicklung.[831] Andererseits gehen sie aber zwangsläufig sogenannte „spezifische Commitments"[832] ein, die regelmäßig „quasi-irreversible Investitionen"[833] mit sich bringen und zukünftige Handlungsoptionen einschränken. In diesem Zusammenhang konstatiert CHRISTENSEN ein „Innovator's Dilemma"[834], das aus zwei divergierenden „Technological Trajectories" resultiert: einerseits aus neuen Technologien, sogenannten „Sustaining Technologies", die Verbesserungen auf den bisher verfolgten „technologischen Flugbahnen" bewirken, und andererseits aus unterbrechenden Technologien, sogenannten „Disruptive Technologies", die auf konkurrierenden Technologietrajektorien basieren.[835] Die Herausforderung besteht nun darin, verschiedene, auch konkurrierende Technological Trajectories gleichzeitig zu verfolgen. Zwar widerspricht dies erneut den Grundsätzen der Effizienz, eröffnet aber gerade bei sich radikal wandelnden Marktanforderungen die Möglichkeit, das Überleben des Unternehmens sicherzustellen; auslaufende Technologiepfade können rechtzeitig verlassen werden.

Outsourcing

Das simultane Verfolgen verschiedener Technologiepfade kann in sich radikal wandelnden Umfeldern durchaus sinnvoll sein, bindet aber stets enorme Ressourcen, von denen regelmäßig ein gewisser Anteil in wenig zukunftsfähigen Investitionen „versinkt". Um derartige „Sunk Costs" weitestgehend zu vermeiden, lassen sich „Flexible Commitments" auch über andere Maßnahmen realisieren. Ein Beispiel hierfür ist der kontextgerechte Zukauf unternehmensexterner Technologien oder

---

[829] vgl. Cohen, Levinthal (1990), S. 128ff.

[830] vgl. Zahn (2000b), S. 160

[831] vgl. Zahn, Foschiani (2000), S. 100

[832] Ghemawat (1991), S. 3ff.

[833] Zahn, Foschiani (2000), S. 100

[834] Christensen (1997), S. 3ff.

[835] vgl. Zahn (1998), S. 15

anderer Ressourcen – das sogenannte „Outsourcing"[836]. „Outsourcing is the displacement of activities to outside companies."[837] Dies bietet den Vorteil, auf wichtige und aufwendig vorzuhaltende Ressourcen zurückgreifen zu können, ohne die negativen Folgen der damit gewöhnlich verbundenen spezifischen Commitments mitzutragen. Durch unvorhersehbare, diskontinuierliche Veränderungen der Umweltanforderungen entstandene Ungleichgewichte in der Ressourcenbasis lassen sich so durch das kurzfristigen „Auswechseln" einzelner Ressourcen schnell korrigieren. Voraussetzung dafür sind die oben genannten Merkmale der Ressourcenbasis, wie deren Teilbarkeit und die Kompatibilität der verschiedenen Ressourcenbausteine.

Als wesentlicher Nachteil einer derartigen Vorgehensweise ist jedoch die eingeschränkte Kontrolle über die eingesetzten Ressourcen anzuführen.[838] Das Unternehmen begibt sich durch die Auslagerung bzw. den externen Bezug wichtiger Ressourcen möglicherweise in eine ungewollte Abhängigkeit. Notwendigen Anpassungen der Ressourcenbasis gehen dann in der Regel Orientierungs- und Verhandlungsphasen voraus, die vor allem bei kleineren Veränderungsbedarfen einen unverhältnismäßig hohen (Transaktions-)Aufwand bedeuten.

Der externe Bezug wichtiger Ressourcen schränkt also stets den Handlungsspielraum eines Unternehmens ein.[839] Insbesondere im Rahmen kurzfristiger, kleinerer Veränderungen, erfordert er aufgrund geringer Selbstbestimmungsmöglichkeiten des beziehenden Unternehmens einen relativ hohen Koordinations- und Verhandlungsaufwand. Je radikaler sich das Umfeld wandelt, desto häufiger werden jedoch auch fundamentale Rekonfigurationen der Ressourcenbasis notwendig. Sie können nur dann effizient vorgenommen werden, wenn möglichst wenig Ressourcen im Unternehmen durch spezifische Commitments langfristig gebunden sind. Die Folge sind Sourcing-Strategien, die ein spontanes Wechseln großer Teile der eingesetzten Ressourcenbasis zulassen.

---

[836] Der Begriff des Outsourcing ist ein Kunstwort, das aus der Verkürzung des Ausdrucks „Outside Resource Using" entstanden ist. Direkt übersetzt bedeutet er also soviel wie die „Nutzung externer Ressourcen" (vgl. hierzu u.a. Zahn, Barth, Hertweck (1998), S. 7).

[837] Som (1998), S. 143

[838] vgl. Rasche, Wolfrum (1994), S. 508

[839] vgl. Zahn, Barth, Hertweck (1998), S. 16

4.3.2.3.4 Zwischenfazit: Gestaltung der ressourcenseitigen Wandelbarkeit

Die vorangegangenen Ausführungen geben einen Überblick über verschiedene Möglichkeiten, die Wandelbarkeit der Ressourcenbasis eines Unternehmens zu erhöhen. Allerdings stehen die beschriebenen Optionen nicht unverbunden nebeneinander. Sie beeinflussen sich gegenseitig bzw. stellen teilweise sogar wichtige Voraussetzungen füreinander dar. Untenstehende Abbildung soll die zentralen Zusammenhänge noch einmal aufzeigen (vgl. Abbildung 4-36).

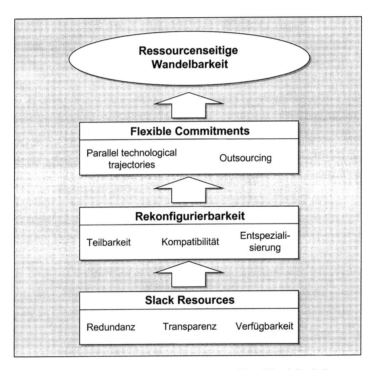

Abbildung 4-36: Der Weg zu ressourcenseitiger Wandelbarkeit

Kardinale Voraussetzung für eine wandelbare Ressourcenbasis ist das Vorhandensein von Kapazitätsreserven im Unternehmen – sowohl in quantitativer als auch in qualitativer Hinsicht. Solche *Slack Resources* sollten jedoch idealerweise nicht ungenutzt im Unternehmen brachliegen, sondern im Sinne redundanter bzw. potentiell redundanter Fähigkeiten und Funktionen eingesetzt werden.[840] Zum einen kann durch derartige Redundanzen die Störungsanfälligkeit des Gesamtsystems verringert werden, zum anderen führen redundante und damit in der Regel parallele Strukturen bzw. Prozesse oft zu vielseitigeren Lösungsansätzen. Dies setzt allerdings eine hohe Transparenz hinsichtlich der Allokation sämtlicher im Unternehmen vorhandener Ressourcen voraus. Erst wenn die Verteilung bzw. Zuordnung der wichtigsten Ressourcen bekannt ist, läßt sich die Ressourcenbasis den jeweils aktuellen Erfordernissen optimal anpassen. Dennoch reicht die Transparenz über die im Unternehmen verteilten Ressourcen allein nicht aus. Hinzukommen muß die tatsächliche Verfügbarkeit der vorhandenen Ressourcen. Technische Ressourcen müssen jederzeit funktionsfähig, Wissen und Fähigkeiten jederzeit abrufbar sein, denn Verzögerungen bei Ressourcenumordnungen oder Re- bzw. Neukonfigurationen verschleppen Anpassungsprozesse und behindern dadurch mögliche Wandlungsvorhaben.

Rekonfigurierbarkeit darf indes nicht nur für Slack Resources als entscheidender Indikator ihrer Wandelbarkeit verstanden werden. Vielmehr gelten für sie dieselben Anforderungen wie für sämtliche im Unternehmen vorhandenen Ressourcen: Hohe Teilbarkeit und wechselseitige Kompatibilität führen zu weitestgehender Entspezialisierung und damit zu einer vielseitig rekonfigurierbaren Ressourcenbasis.

Diese Vielseitigkeit wiederum bildet die Grundlage für *Flexible Commitments*, deren Bestreben in der Vermeidung irreversibler Investitionen liegt. Mit Hilfe rekonfigurierbarer Ressourcen bietet sich die Chance, einmal eingeschlagene Entwicklungspfade leichter wieder zu verlassen, ohne daß die dafür genutzten Ressourcen unbrauchbar werden. An Grenzen stößt dieser Ansatz jedoch bei grundlegenden technologischen Innovationen, die regelmäßig zu spezifischen Commitments führen. Die Aufrechterhaltung des Prinzips einer wandelbaren Ressourcenbasis erfordert hier das simultane Verfolgen alternativer Technological Trajectories - einschließlich des Inkaufnehmens sämtlicher negativer Begleiterscheinungen. Als Alternative dazu besteht lediglich die Möglichkeit, auf die unternehmensinterne Bereitstellung entsprechender Ressourcen zu verzichten. Das damit verbundene Outsourcing von Teilen der Ressourcenbasis steigert zwar grundsätzlich den Handlungsspielraum des Unternehmens, kann jedoch auch zu einer gewissen Abhängigkeit von externen Quellen

---

[840] vgl. Klimecki, Probst, Gmür (1993), S. 79

führen, die gleichzeitig das Unternehmen in seinen Möglichkeiten wieder einschränken.

Wie schon bei den Gestaltungsfeldern der Strategie und der Struktur festigt sich auch bei der Diskussion um die Wandelbarkeit der Ressourcenbasis die Erkenntnis, daß hier lediglich Rahmenbedingungen geschaffen werden können, welche die Wandlungsfähigkeit eines Unternehmens fördern oder hemmen können. Der eigentlich auslösende Impuls bzw. der tatsächliche Nutzen, der sich aus der Ausschöpfung der vorgehaltenen Potentiale ergibt, hängt jedoch einzig und allein an der Kreativität und Intelligenz der Mitarbeiter, Veränderungen anzustoßen sowie an ihrer Bereitschaft und Fähigkeit, diese konsequent umzusetzen.

4.3.2.4 Mitarbeiterbedingte Vielseitigkeit

„Zweck und Ziel der Organisation ist es,

die Stärken der Menschen produktiv zu machen

und ihre Schwächen unwesentlich."

- PETER F. DRUCKER -

Bekanntermaßen entstehen die Fähigkeiten höherer Systemebenen[841] (z.b. Ebene des Gesamtunternehmens) erst aus der Integration der Fähigkeiten niedrigerer Ebenen (z.b. Ebene eines Unternehmensbereichs, einer Gruppe oder einzelner Mitarbeiter).[842] Die Wandlungsfähigkeit eines Unternehmens wird daher in starkem Maße von der Wandlungsfähigkeit jeder einzelnen Ebene geprägt. Da der Mitarbeiter als kleinstes Element eines Unternehmens zu betrachten ist, muß er gleichsam die Voraussetzungen für wandlungsfähige Unternehmen schaffen.

Der Faktor „Mensch" gilt in der Managementlehre seit ihren Anfängen als einer der wichtigsten, aber auch als der am schwersten zu bestimmende und zu beeinflussende Faktor.[843] Ein Hauptgrund dafür ist wohl darin zu sehen, daß der Mensch nie ausschließlich Teil einer Unternehmung ist. Er wird stets auch durch sein privates Umfeld geprägt, welches den Einflußmöglichkeiten der Unternehmensführung entzogen bleibt.[844]

Da das langfristige Überleben und damit die Wandlungsfähigkeit eines Unternehmens jedoch maßgeblich von der Vielseitigkeit der darin arbeitenden Menschen abhängt, besitzt dieses vierte, hier vorzustellende Gestaltungsfeld eine überragende Bedeutung für Wandlungsprozesse im Unternehmen. Ziel gerade in sich radikal wandelnden Umfeldern ist es daher, Mitarbeiter einzusetzen, die aufgrund besonderer Eigenschaften und vielseitiger Fähigkeiten in der Lage bzw. bereit sind, die ihnen im Unternehmen gewährten Freiräume zu nutzen sowie notwendigen Wandel selbst anzustoßen und voranzutreiben.

---

[841] Vgl. hierzu auch die Ausführungen in Kapitel 3.2.1 zu den verschiedenen Ebenen eines Unternehmens.

[842] vgl. Krüger (2000b), S. 21

[843] vgl. Bleicher (1991), S. 37

[844] vgl. Klimecki, Probst, Gmür (1993), S. 45
Vgl. hierzu auch die Ausführungen zur Bedeutung des gesellschaftlichen Umfeldes in Kapitel 2.2.1.

Dazu zweifelsohne erforderliche „mitarbeiterbedingte Vielseitigkeit" fußt letztlich auf drei Aspekten, die gleichzeitig erfüllt sein müssen: Neben die *mentale Beweglichkeit* der Mitarbeiter muß einerseits deren Bereitschaft treten, Wandlungsprozesse anzustoßen und durchzuführen (*Wandlungsbereitschaft*), andererseits müssen sie die Möglichkeit bekommen, den Wandel auch tatsächlich vorantreiben zu können (*Empowerment der Mitarbeiter*). Eine Übersicht hierzu gibt Abbildung 4-37.

Abbildung 4-37: Aspekte mitarbeiterbedingter Vielseitigkeit

4.3.2.4.1 Mentale Beweglichkeit als grundlegende Voraussetzung für Veränderungen

> *„Like many machines of the smokestack era, our intellectual tools, too, are ready for the museum."*
>
> - ALVIN TOFFLER -

Die besondere Herausforderung bei der Gestaltung wandlungsfähiger Unternehmen liegt hinsichtlich der Mitarbeiter darin, ihre mentalen Modelle beweglich zu erhalten. Nur wenn die Mitarbeiter nach PASMORE „open-minded"[845] sind, d.h. ausreichende

---

[845] Pasmore (1994), S. 47

mentale Beweglichkeit in ihren Köpfen vorhanden ist, können neue Impulse von ihnen ausgehen.

Dies zu erreichen setzt die spezielle Ausprägung verschiedener Elemente voraus (vgl. Abbildung 4-38). Einerseits entscheiden die *persönlichen Eigenschaften* und Erfahrungen eines Mitarbeiters, inwieweit er selbst Wandel vorantreibt und welche Grundeinstellung er ihm gegenüber besitzt. Andererseits müssen sein *Wissen und seine Fähigkeiten* es einem Mitarbeiter erlauben, Wandel und dessen Folgen zu bewältigen.[846] Allerdings reichen besondere Eigenschaften und Fähigkeiten nicht aus. Zu verändern ist vielmehr auch die im Unternehmen *gelebte Kultur*, d.h. sämtliche im Unternehmen verankerten Einstellungen, Werte und Verhaltensmuster, also tieferliegende, bis ins Unterbewußtsein reichende Merkmale eines Mitarbeiters. Dabei gilt es, seine Wahrnehmung und Interpretation der Realität zu verändern, d.h. das Bild, welches sich der einzelne Mitarbeiter vom Unternehmen und seiner eigenen Rolle macht zu beeinflussen. In den Köpfen der Mitarbeiter bildet sich somit ein „genetischer Code"[847] des Unternehmens heraus. Mentale Beweglichkeit verlangt nicht weniger, als diesen Code sichtbar zu machen und ihn situativ und zielbewußt zu verändern.

Mentale Beweglichkeit		
Persönliche Eigenschaften	Wissen und Fähigkeiten	Veränderungs-kultur

Abbildung 4-38: Elemente mentaler Beweglichkeit

Persönliche Eigenschaften

Inwieweit ein Mitarbeiter Wandlungsbedarf erkennt, entsprechenden Wandel selbst anstößt, mitträgt oder zu verhindern versucht, hängt in hohem Maße von seinen persönlichen Eigenschaften ab. Dazu zählen vor allem seine *Kreativität, Intelligenz,*

---

[846] Diese Unterscheidung zwischen „Eigenschaften" und „Fähigkeiten" spielt insbesondere vor dem Hintergrund ihrer Beeinflußbarkeit eine wichtige Rolle.
Die angelsächsische Literatur unterscheidet in ähnlicher Weise zwischen „Capabilities" (im Sinne von Fähigkeiten) und „Competencies" (im Sinne von Eigenschaften) eines Unternehmens.

[847] Krüger (2000b), S. 27

210

Eigeninitiative, Risikoneigung, Belastbarkeit sowie die von ihm *in der Vergangenheit gemachten Erfahrungen* (vgl. Abbildung 4-39).

Abbildung 4-39: Beispiele persönlicher Eigenschaften

Persönliche Eigenschaften eines Mitarbeiters zu beeinflussen stellt für die Unternehmensführung eine der am schwierigsten und auch nur in Ansätzen zu bewerkstelligende Aufgabe dar. Gerade Kreativität und Intelligenz eines Mitarbeiters sind Eigenschaften, die in sich radikal wandelnden Umfeldern besondere Bedeutung erlangen, da sie die Grundlage für innovative Veränderungen darstellen.[848]

- Nach MACHARZINA handelt es sich bei der *Kreativität* um eine kognitive, universell einsetzbare Eigenschaft mit einem geringen Spezifikationsniveau.[849] Eine der gängigsten Definitionen bezeichnet Kreativität als

  „the capacity of persons to produce compositions, products or ideas of any sort which are essentially new or novel."[850]

Da die zentralen Merkmale also offensichtlich in ihrem schöpferischen Charakter und in der Neuartigkeit der Ergebnisse bestehen, wird Kreativität hier als schöpferischer Denkprozeß verstanden, der innovative Ideen hervorbringt. Die Frage, ob Kreativität förderbar ist bzw. inwieweit sie durch externe Maßnahmen gestei-

---

[848] vgl. Zimmer (2001), S. 42ff.

[849] vgl. Macharzina (1993), S. 637

[850] Drevdahl (1956), S. 22

gert werden kann, wird in der Managementlehre kontrovers diskutiert. Eine gewisse Leistungsfähigkeit wird hier den verschiedenen Kreativitätstechniken zugesprochen. Sie dienen zumindest als unterstützende Heuristiken, die zwar keine Lösungsgarantie im Sinne eines Algorithmus geben können, aber dennoch in einer Art Katalysator kreatives Potential von Mitarbeitern freisetzen und kanalisieren können.[851] Auf diese Weise kann Kreativität bis zu einem bestimmten Grad „erlernt" werden.

- Noch schwieriger als die Kreativität eines Menschen ist seine *Intelligenz* zu steigern. Zwar werden in der Forschung zur Intelligenzentwicklung zwei grundsätzlich verschiedene Ansätze vertreten,[852] doch gehen beide davon aus, daß das Ausmaß der Intelligenz eines Menschen größtenteils angeboren ist bzw. die Intelligenzentwicklung bereits in der Kindheit abgeschlossen ist.[853] Insofern ist der Einfluß der Unternehmensführung auf die Intelligenzentwicklung der Mitarbeiter sehr begrenzt.

- Ähnlich schwierig wie Kreativität und Intelligenz ist die *Eigeninitiative* von Mitarbeitern – als Voraussetzung für selbständiges Problemlösen – zu stimulieren. Sie läßt sich zwar durch die Schaffung entsprechender Freiräume fördern,[854] ob und inwieweit solche Freiräume aber überhaupt bzw. im Sinne eines möglicherweise notwendigen Wandels genutzt werden, liegt meist außerhalb des direkten Einflußbereiches der Unternehmensführung. Als ein wichtiger Grundsatz zur Förderung von Eigeninitiative ist jedoch die Gleichbehandlung aller Mitarbeiter im Unternehmen zu nennen.[855] Sie schließt konsequenterweise eine Sonderbehandlung bestimmter Mitarbeitergruppen (wie bspw. Führungskräfte) aus.[856] Ein anderer wichtiger Ansatzpunkt zur Stimulanz selbständigen Problemlösens bein-

---

[851] vgl. Macharzina (1993), S. 639

[852] Die Forschung zur Intelligenzentwicklung unterscheidet quantitative und qualitative Ansätze. Die quantitativen gehen davon aus, daß das Ausmaß der Intelligenz angeboren ist und damit das Ausmaß des Erlernbaren bestimmt. Qualitative Ansätze unterstellen dagegen Stadien, in denen qualitativ unterschiedliche Eigenschaften der Intelligenz ausgebildet werden. Die fünf angenommenen Stadien reichen von der Geburt bis zum ca. 13. Lebensjahr (vgl. o.V. (1995), Sp. 4658).

[853] vgl. o.V. (1995), Sp. 4658

[854] vgl. Greschner (1996), S. 156

[855] vgl. Bullinger, Gommel (1995), S. 23

[856] vgl. Kiechl (1990), S. 28f. und Leonard-Barton (1994), S. 90ff.

haltet die Anerkennung erfolgreicher Lösungsvorschläge sowie die Beteiligung am daraus resultierenden unternehmerischen Erfolg.[857]

- Die Angst vor Fehlern bzw. vor den sich daraus möglicherweise ergebenden negativen Folgen stellt eine der wichtigsten Restraining Forces[858] im Wandlungsprozeß von Unternehmen dar. Eng verbunden mit der Eigeninitiative ist daher in der Regel die *Risikoneigung* eines Mitarbeiters. Sie ist häufig auf eine optimistische oder pessimistische Grundeinstellung zurückzuführen und läßt sich durch externe Anreize kaum beeinflussen. Dennoch können durch entsprechende Signale und Maßnahmen Ängste abgebaut und eine gewisse Steigerung der Risikobereitschaft erreicht werden. Das Ziel muß es sein, im Unternehmen eine Stimmung der Risikobejahung und Experimentierfreude im Sinne einer positiven Einstellung zu Fehlern zu verankern.[859]

- Eine ebenso kaum zu beeinflussende Eigenschaft ist indes die individuelle *Belastbarkeit* bzw. die „Streßresistenz"[860] einzelner Mitarbeiter. Vor allem in sich rasch wandelnden Umfeldern entstehen immer wieder Anpassungserfordernisse, die bei den Mitarbeitern zu einer höheren Belastung führen. Zwar kann die individuelle physische Belastung mit Hilfe verschiedener „Dämpfungsmechanismen" in arbeitsorganisatorischer bzw. arbeitszeitlicher Hinsicht teilweise reduziert werden, doch bringt in der Regel jedwede Veränderung Unsicherheit und damit insbesondere psychische Belastung mit sich. Die Kapazität, derartige Belastungen zu verarbeiten, hängt stark von der Persönlichkeit des einzelnen Mitarbeiters ab und läßt sich durch externe Maßnahmen kaum steigern.

- Neben den genannten Eigenschaften spielen die vom einzelnen Mitarbeiter *in der Vergangenheit gemachten Erfahrungen* im Umgang mit Wandel eine entscheidende Rolle. Sie prägen sein Unterbewußtsein und mithin seine Grundeinstellung zu Veränderungsvorhaben. Dabei fungiert sein mentales Modell gleichsam als Filter und als Speicher der von ihm wahrgenommenen Wandlungsprozesse. „Zur

---

[857] vgl. Sattelberger (1996), S. 40f.

[858] vgl. Krebsbach-Gnath (1992b) S. 49f.; Kobi (1996), S. 35; Steinmann, Schreyögg (1997), S. 442; Nadler, Tushman (1997), S. 598; Heintel, Krainz (1998), S. 202 und Doppler, Lauterburg (2000), S. 294
Vgl. hierzu auch die Ausführungen in Kapitel 3.2.3 dieser Arbeit.

[859] vgl. Kiechl (1990), S. 29 und Leonard-Barton (1994), S. 94ff.
Vgl. hierzu auch die Ausführungen zu „Veränderungskultur" in diesem Kapitel

[860] vgl. Hilb (1999), S. 141

zukünftigen Problembewältigung wird folglich ohne erneute Problemerkennung auf das bewährte Erklärungsmodell aus dem Erfahrungswissen zurückgegriffen."[861] Negative Erfahrungen in der Vergangenheit führen auf diese Weise zu Vorbehalten gegenüber zukünftigen Wandlungsvorhaben und wirken somit als Barrieren des Wandels. Diese Erkenntnis muß dazu führen, daß während und nach Veränderungsprozessen die von einzelnen Mitarbeitern gemachten negativen Erfahrungen durch attraktive Zusatzleistungen zumindest teilweise abgeschwächt werden. Ein Versäumen derartiger Maßnahmen führt sonst zu einer sukzessiv steigenden Rigidität im Unternehmen aufgrund einseitig geprägter mentaler Modelle verschiedener Mitarbeiter.

Wissen und Fähigkeiten

Weitere Elemente, welche die mentale Beweglichkeit eines Mitarbeiters entscheidend prägen, sind sein Wissen und seine Fähigkeiten. Sie bilden wiederum die Grundlage für die Wissensbasen und Fähigkeiten höherer Ebenen und somit schließlich des gesamten Unternehmens, setzen jedoch ein effizientes Management von Wissen und Fähigkeiten bereits auf der Ebene des einzelnen Mitarbeiters voraus.

Die bei fundamentalen Wandlungsprozessen notwendige Vielseitigkeit eines Mitarbeiters bemißt sich daran, ob er in der Lage ist, alternativ mehrere Aufgaben bzw. Funktionen innerhalb eines Unternehmens auszuüben.[862] Dies hängt in hohem Maße von seinem Wissen und seinen Fähigkeiten ab. Einerseits bildet sein Wissen – im Sinne einer „Absorptive Capacity"[863] – die Grundlage zur Rekombination und damit für das Entstehen neuen Wissens. Andererseits muß Wissen mit besonderen Fähigkeiten gepaart sein, um es in unterschiedlichen Situationen adäquat einsetzen zu können.

Beide Elemente, Wissen und Fähigkeiten, dürfen in untenstehender Abbildung 4-40 dementsprechend nicht als gegensätzliche Pole, sondern als zusammengehörige Entsprechungen verstanden werden. Ziel muß es sein, über geeignete Maßnahmen

---

[861] Bach (2000), S. 227

[862] vgl. Klimecki, Probst, Gmür (1993), S. 65

[863] vgl. Cohen, Levinthal (1990), S. 3ff.
Die beiden Autoren begründen mit ihrem Konzept der „Absorptive Capacity" die These, daß Unternehmen nur dann lernfähig, d.h. aufnahmefähig für neues Wissen sind, wenn schon eine hinreichende Basiswissen vorhanden ist.

Mitarbeiter dazu zu bewegen, sowohl ihr Wissen einzusetzen und zu erweitern, als auch besondere Fähigkeiten auszubilden und anzuwenden. In Abbildung 4-40 sind den beiden Kategorien „Wissen" bzw. „Fähigkeiten" drei unterschiedliche Qualifikationsprofile zugeordnet, die im Rahmen der Vielseitigkeit von Mitarbeitern gleichzeitig zu stärken sind.

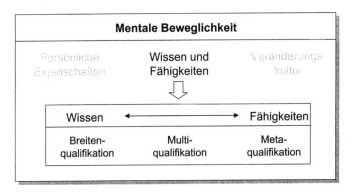

Abbildung 4-40: Kategorisierung der Qualifikationsprofile nach Wissen und Fähigkeiten

- *Breitenqualifikation[864]* als ein Qualifikationsprofil läßt sich schwerpunktmäßig unter der Kategorie „Wissen" einordnen. Dabei soll über die bereits vorhandene spezifische Fachkompetenz hinaus Wissen generiert werden, welches Qualifikationserfordernisse vor- oder nachgelagerter Tätigkeitsfelder mit berücksichtigt. Ein typisches Beispiel für Maßnahmen zur Steigerung der Breitenqualifikation von Mitarbeitern ist das „Job Enlargement"[865] im Sinne einer horizontalen Tätigkeitserweiterung. Dadurch entstehen Überlappungen, die einzelnen Mitarbeitern die Übernahme benachbarter Tätigkeiten ermöglichen – ihr Aufgabenfeld wird dadurch breiter. Auf diese Weise lassen sich beispielsweise durch plötzliche Veränderungen oder Störungen erforderliche Vertretungen realisieren.

  Bei der Breitenqualifikation steht zwar fachspezifisches Wissen im Vordergrund, das Bestreben liegt aber im Schaffen breiter Überlappungsbereiche der Wissensbasen benachbarter Tätigkeitsbereiche, die in der Regel nicht nur zu verbesserter Kommunikation zwischen den verschiedenen Bereichen führen, son-

---

[864] vgl. Klimecki, Probst, Gmür (1993), S. 65

[865] vgl. Zahn, Schmid (1997), S. 135

dern darüber hinaus umfassende gegenseitige Unterstützungsmöglichkeiten eröffnen.

- *Multiqualifikation*[866] führt, ähnlich wie Breitenqualifikation, ebenfalls zu einer horizontalen Erweiterung der Einsatzmöglichkeiten und steigert damit die Vielseitigkeit der Mitarbeiter. Der entscheidende Unterschied zur Breitenqualifikation liegt jedoch darin, daß Wissen und Fähigkeiten hier nicht in Richtung direkt benachbarter, sondern bewußt kontrastierender Tätigkeitsfelder ausgedehnt werden.[867] Zu den Maßnahmen, die den Aufbau solcher Multiqualifikation fördern, zählt beispielsweise die „Job Rotation"[868]. Dabei werden einzelnen Mitarbeiter immer nur vorübergehend verschiedene Aufgabenfelder zugeordnet. Für Krisensituationen lassen diese sich dann als „Springer" einsetzen.

  Dieser Ansatz stellt vor allem auf die Erhaltung bzw. Steigerung der mentalen Beweglichkeit ab, fördert den Aufbau von Methodenkompetenz und erweitert den Blick der Mitarbeiter für die Gesamtzusammenhänge im Unternehmen. Im Gegensatz zur Breitenqualifikation, die der Beseitigung kurzfristiger Störungen dient, zielt die Multiqualifikation eher auf die Bewältigung mittelfristiger Veränderungen. So ermöglicht sie es, beispielsweise durch Veränderungen im Unternehmensumfeld notwendig gewordene Umgewichtungen zwischen Unternehmensbereichen besser gerecht werden zu können. Da die Mitarbeiter bereits vor Eintreten der Veränderungen die Zusammenhänge in anderen Tätigkeitsfeldern kennenlernen konnten, gelingt ihnen die postsituative Integration deutlich schneller.

- Die Qualifikation, die sich am stärksten auf den Ausbau besonderer Fähigkeiten und weniger auf die Erweiterung der Wissensbasis einzelner Mitarbeiter konzentriert, ist die *Metaqualifikation*[869]. Sie hat zum Ziel, Mitarbeiter auf unbekannte, aber potentiell relevante Veränderungen vorzubereiten. Im Gegensatz zu den beiden oben beschriebenen Qualifikationsstoßrichtungen wird bei der Metaqualifikation der Mitarbeiter nicht auf der Ebene spezifischer Fach- oder Methodenkompetenz weiterqualifiziert. Der Ansatz geht davon aus, daß es bestimmte Fähigkeiten gibt, die der Bewältigung nahezu jeder beliebigen Aufgabe im Unternehmen dienen. Da sie bereichs- und aufgabenübergreifend Nutzen stiften, wer-

---

[866] vgl. Klimecki, Probst, Gmür (1993), S. 65

[867] vgl. Klimecki, Probst, Gmür (1993), S. 65

[868] vgl. Zahn, Schmid (1997), S. 135

[869] vgl. Klimecki, Probst, Gmür (1993), S. 65

den sie als Metaqualifikationen bezeichnet. Ein Beispiel solch einer Metaqualifikation ist der Komplex der Führungskompetenz, also der Fähigkeit, andere Menschen dazu zu bringen, wichtige Aufgaben koordiniert und erfolgreich zu erfüllen.
Ebenso zählt Sozialkompetenz[870], im Sinne der Fähigkeit, mit anderen Menschen
zusammenzuarbeiten, sie zu motivieren und zu überzeugen, in den Bereich der
Metaqualifikation. Weitere Beispiele sind Kontakt- und Kommunikationsfähigkeit,
d.h. die Fähigkeit zur verständlichen Informationsweitergabe, sowie die Fähigkeit
zur Schaffung von Vertrauen im Sinne „emotionaler Intelligenz"[871]. Auch Problemlösungskompetenz, Kompetenzen im Umgang mit komplexen Situationen,
Lernfähigkeit sowie Fähigkeiten, unterschwellige Muster radikaler Wandlungsprozesse zu erkennen und mit Hilfe vorhandener Motivationen und Energien lenkend
einzugreifen, gehören in die genannte Kategorie. Sie formen in sich radikal wandelnden Umfeldern eine wichtige Grundlage für Wandlungsfähigkeit.[872]

Die Bedeutung der Metaqualifikation nimmt mit der Radikalität sich wandelnder
Umfelder zu. Je mehr Diskontinuitäten auftreten, d.h. je häufiger unvorhersehbare,
tiefgreifende Veränderungen stattfinden, desto schneller werden die Breiten- und
Multiqualifikation der Mitarbeiter obsolet. Zwar darf diese Erkenntnis keinesfalls dazu
führen, die Breiten- und Multiqualifikation der Mitarbeiter zu vernachlässigen – sie
sind nach wie vor von kardinaler Bedeutung für die kurz- und mittelfristige Wettbewerbsfähigkeit des Unternehmens. Zum Erhalt der langfristigen Wettbewerbsfähigkeit gilt es aber vor allem, die Metaqualifikation der Mitarbeiter zu stärken. Sie kann
als dauerhafte Quelle für mitarbeiterbedingte Vielseitigkeit und Variabilität betrachtet
werden. Gerade im Hinblick auf plötzliche, unplanbare Veränderungen bildet sie eine
wesentliche Voraussetzung für die Wandlungsfähigkeit eines Unternehmens, die
andere Qualifikationsmuster nicht leisten können, da deren Gültigkeit an spezifische
Aufgaben bzw. Situationen gebunden ist.

Der beschriebene Auf- und Ausbau von Wissen und Fähigkeiten im Unternehmen
besitzt für die Vielseitigkeit der Mitarbeiter überragende Bedeutung. Die Implementierung eines effizienten Wissens- und Fähigkeitenmanagements ist unabdingbar mit

---

[870] vgl. hierzu auch Mohr (2000), S. 30ff.

[871] Goleman (1999), S. 27

[872] vgl. Doppler, Lauterburg (2000), S. 121

dem Ziel eines wandlungsfähigen Unternehmens verknüpft. Der dazu erforderliche Umgang mit Wissen kann aber nur gelingen, wenn im Unternehmen die kulturellen Voraussetzungen für einen offenen und vorbehaltlosen Wissensaustausch im Sinne einer Veränderungskultur geschaffen sind. Einen Überblick hierüber gibt der folgende Abschnitt.

Veränderungskultur

Das Konzept der Unternehmenskultur beleuchtet eine Seite der Managementlehre, die lange Zeit vernachlässigt wurde. Nach diesem Konzept wird das Unternehmen als eine Art Kultursystem verstanden, welches unternehmensspezifische Vorstellungs- und Orientierungsmuster enthält, die das Verhalten der Menschen in einem Unternehmen nachhaltig prägen.[873] Der Kulturbegriff ist der Ethnologie entnommen und bezeichnet dort gemeinsame Hintergrundüberzeugungen, Orientierungsmuster, Verhaltensnormen, Symbole usw.[874] Trotz der intensiven Auseinandersetzung mit dem Phänomen der Unternehmenskultur liegt in der Literatur bis heute kein umfassender begrifflicher Konsens vor.[875] Dennoch hat die Kulturdefinition von SCHEIN weitreichende Anerkennung gefunden:

"Organizational culture is the pattern of basic assumptions that a given group has invented, discovered, or developed in learning to cope with its problems of external adaptations and internal integration, and that have worked well enough to be considered valid, and, therefore, to be taught to new members ... ."[876]

In diesem Sinn kann die Unternehmenskultur als die Gesamtheit aller im Unternehmen gemeinsam gelebten Werte, Normen, Denkhaltungen und Meinungen definiert werden, die im Verhalten, in der Kommunikation, bei Entscheidungen, im Handeln sowie in Symbolen und Artefakten sichtbar werden.[877]

Diese Mehrdeutigkeit des Kulturbegriffs wird in einem weit verbreiteten Modell von SCHEIN erschlossen (vgl. Abbildung 4-41). Danach umfaßt die Unternehmenskultur

---

[873] vgl. Steinmann, Schreyögg (1997), S. 585

[874] vgl. Schreyögg (1995), S. 112

[875] vgl. Macharzina (1993), S. 189

[876] Schein (1984), S. 3

[877] vgl. Sathe (1985), S. 230ff.; Pümpin, Kobi, Wüthrich (1985), S. 8; Heinen, Dill (1990), S. 17; Bleicher (1991), S. 147; Klimecki, Probst, Gmür (1993), S. 44; Thom (1994), S. 327; Schreyögg (1995), S. 112; Kobi (1996), S. 26; Haas (1997), S. 183 und Hinterhuber (1997), S. 236

die drei Ebenen der Basisannahmen („Basic Assumptions"), der Werte und Normen („Values") sowie der Symbole und Artefakte („Artifacts and Creations").[878]

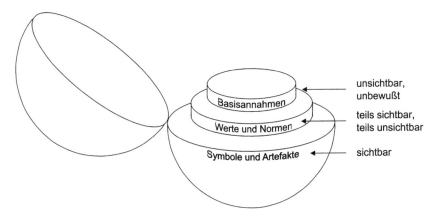

Abbildung 4-41: Kulturebenen eines Unternehmens und ihr Zusammenhang[879]

Die Basis einer Kultur besteht nach SCHEINs Modell aus einem Kranz grundlegender Überzeugungen und Vorstellungsmuster, die dem Denken und Handeln in einem Unternehmen Richtung im Sinne einer „kognitiven Ordnung"[880] verleihen.[881] Es sind dies unsichtbare und unbewußt vorhandene *Basisannahmen*, bspw. über Sinn und Zweck des Unternehmens, die nur sehr schwer zugänglich (und veränderbar) sind.[882] Solche Basisannahmen sowie die sie verbindende Logik finden zu wesentlichen Teilen in konkretisierten Wertvorstellungen und Normen ihren Niederschlag.[883] Allerdings sind auch die *Werte und Normen* im Unternehmen in der Regel nicht direkt sichtbar. Um vollständig bewußt zu sein, müssen sie von den Mitarbeitern (re-)konstruiert werden.[884]

---

[878] vgl. Schein (1985), S. 14ff.

[879] In Anlehnung an Schein (1984), S. 4

[880] Meyer, Heimerl-Wagner (2000), S. 171

[881] vgl. Schreyögg (1995), S. 114; Kobi (1996), S. 26 und Wagner, Kreuter (1998), S. 34

[882] vgl. Greschner (1996), S. 155; Conner, Clements (1998), S. 45 und Oelsnitz (1999), S. 153

[883] vgl. Schreyögg (1995), S. 114

[884] vgl. Greschner (1996), S. 155

Erst die Ebene der *Symbole* besteht aus wahrnehmbaren, oft aber noch interpretationsbedürftigen *Artefakten*, wie bspw. Verhaltensweisen, Sitten, Ritualen, Mythen, Sprache, Kleidung, Umgangsformen, Architektur der Gebäude usw.[885] Sie stellt den sichtbaren und daher am einfachsten zugänglichen Teil der Unternehmenskultur dar, der aber erst im Zusammenhang mit den zugrundeliegenden Werten und Normen verstehbar ist.[886]

Die Einteilung verdeutlicht, daß hinsichtlich des Hinwirkens auf eine vermeintlich erstrebenswerte Unternehmenskultur ein fundamentales Gestaltungsproblem besteht. Abseits der Ebene der Symbole und Artefakte ist eine direkte Einflußnahme kaum möglich, gleichzeitig läßt sich aber auch diese Ebene nur über die dahinter verborgenen Werte und Normen ernsthaft und nachhaltig verändern.[887] Diese Überlegungen führen zu der Erkenntnis, daß die Unternehmenskultur in ihrer Gesamtheit offensichtlich nur durch indirekte Einflußnahme veränderbar ist.[888]

„Je turbulenter das Umfeld, desto wichtiger werden die mentalen, weichen irrationalen Elemente."[889]

Gerade für Unternehmen in sich radikal wandelnden Umfeldern ist es somit von größter Bedeutung, Einfluß auf ihre Kultur zu nehmen. Denn mit zunehmender Radikalität des Wandels in den Unternehmensumfeldern steigt die Veränderungsdynamik im Unternehmen. Damit schwindet die Möglichkeit, den Mitarbeitern durch stabile Strukturen Orientierung und Sicherheit zu vermitteln. An ihre Stelle müssen vielmehr transparente und stabile Werte und Normen im Sinne einer „Moral Identity"[890] treten, welche die Orientierungsfunktion übernehmen.[891]

Zusätzlich zu der steigenden Bedeutung der Unternehmenskultur muß sich in derartigen Umfeldern aber auch die Art der Kultur verändern. Sie muß zukunftsge-

---

[885] vgl. Macharzina (1993), S. 190 und Greschner (1996), S. 154

[886] vgl. Schreyögg (1995), S. 115

[887] vgl. hierzu auch Reinhardt (1993), S. 173ff.

[888] vgl. Greschner (1996), S. 155

[889] Kobi (1996), S. 23
Der in diesem Zitat von Kobi verwendete Begriff des „turbulenten Umfeldes" entspricht der Definition von „radikalem Wandel" in dieser Arbeit.

[890] Steinle, Ahlers, Gradtke (2000), S. 209

[891] vgl. Doppler, Lauterburg (2000), S. 391

220

richtet und offen für Neues sein, um notwendige Veränderungsprozesse unterstützen und vorantreiben zu können.

Fünf wesentliche Elemente einer solchen veränderungsfreundlichen Unternehmenskultur wurden von CLIFFORD und CAVANAGH erarbeitet und zusammengefaßt.[892] Diese Kulturelemente bilden gewissermaßen die Grundlage für unternehmensinterne Veränderungsprozesse und lassen sich als Katalysatoren mentaler Beweglichkeit verstehen (vgl. Abbildung 4-42):

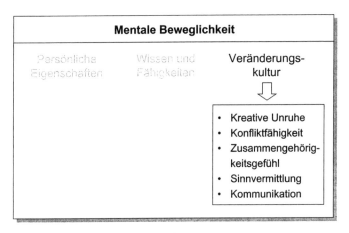

Abbildung 4-42: Elemente einer Veränderungskultur

- *Kreative Unruhe* im Unternehmen stellt eine der wichtigsten Quellen für Veränderungen im Unternehmen dar. Zusätzlich zu der oben beschriebenen individuellen Kreativität einzelner Mitarbeiter muß eine Unternehmenskultur geschaffen werden, die über permanente Unruhe eine regelrecht ansteckende Wirkung auf sämtliche Mitarbeiter besitzt. Das Ziel ist es, Experimente und Wandlungsprozesse als Dauerzustand im Unternehmen zu verankern.[893] Alle Prozesse sind immer wieder in Frage zu stellen. Jeder bürokratischen Verkrustung muß von vornherein konsequent entgegengetreten werden, neue Ideen, Mobilität und Veränderungs-

---

[892] Clifford und Cavanagh (1985) haben in einer empirischen Studie eine größere Anzahl von Firmen untersucht, die im internationalen Wettbewerb besonders radikalem Wandel unterworfen und sehr erfolgreich waren.

[893] vgl. Greschner (1996), S. 156

bemühungen sind zu belohnen.[894] Kollektiver Pioniergeist, Risikobejahung, Experimentierfreude sowie Fehlertoleranz bzw. eine regelrecht positive Einstellung zu Fehlern sind notwendig.[895] Fehler sind nicht ausschließlich Ausdruck des Versagens, sondern erweisen sich häufig als wertvolle Quelle für Lernvorgänge.[896] Unternehmen, in denen Fehler hart sanktioniert werden, konditionieren ihre Mitarbeiter negativ gegenüber Veränderungen. Da mit Veränderungen die Gefahr steigt, Fehler zu begehen, verharren sie in bekannten Denkweisen und Handlungsmustern.[897]

• Das zweite Element, das von CLIFFORD und CAVANAGH als entscheidende Grundlage einer Veränderungskultur erkannt wurde, ist *Konfliktfähigkeit*. Wann immer sich Menschen zusammenfinden und miteinander interagieren, um ein gemeinsames Ziel zu erreichen, kann es aufgrund unterschiedlicher Präferenzen zu Konflikten kommen.[898] Konflikte können zwischen einzelnen Mitarbeitern, zwischen Gruppen oder Unternehmensbereichen,[899] d.h. auf allen Ebenen des Gesamtunternehmens auftreten.[900] Insbesondere dann, wenn Veränderungen im Unternehmen angestrebt oder vollzogen werden, sind Konflikte nach DOPPLER und LAUTERBURG vorprogrammiert:[901] Veränderungen bedingen neue Denk- und Verhaltensweisen, Bekanntes ist durch Unbekanntes zu ersetzen – dabei entstehen häufig Konflikte. Konflikte sollten aber nicht als grundsätzlich negativ eingestuft werden.[902] Sie beinhalten meist ein konstruktives Potential für Lern- und Erneuerungsprozesse.[903] Die ständige Konfrontation mit unterschiedlichen Ideen,

---

[894] vgl. Doppler, Lauterburg (2000), S. 54

[895] vgl. Greschner (1996), S. 156; Doppler, Lauterburg (2000), S. 54 und Steinle, Ahlers, Gradtke (2000), S. 208

[896] vgl. Kiechl (1990), S. 29 und Leonard-Barton (1994), S. 94ff.

[897] vgl. Schein (1993), S. 87f.

[898] vgl. hierzu auch Knyphausen (1993a), S. 148
Knyphausen bezieht sich auf eine Studie von Eisenhardt in acht amerikanischen Unternehmen. In der Studie werden fünf Punkte hervorgehoben, worin sich „schnelle" von „langsamen" Unternehmen unterscheiden. Einer der in der Studie hervorgehobenen Punkte ist der Umgang mit Konflikten. Demnach wird in „schnellen" Unternehmen mit Konflikten realistischer umgegangen; Konflikte gelten als etwas Natürliches.

[899] vgl. Jost (1998), S. 11 und Jost (2000), S. 512

[900] Vgl. hierzu die Ausführungen in Kapitel 3.2.1.

[901] vgl. Doppler, Lauterburg (2000), S. 369

[902] vgl. Grunwald (2000), S. 20

[903] vgl. Hillig (1997), S. 204

Methoden, Interessen und Ansprüchen hilft zu verhindern, daß das Unternehmen sich einseitig auf einen einmal eingeschlagenen Kurs versteift und sich alternativen Entwicklungsmöglichkeiten verschließt. Dieses Potential gilt es mit Hilfe eines geeigneten Konfliktmanagements zu erschließen. Prinzipiell lassen sich dabei fünf Grundstile der Konflikthandhabung unterscheiden:[904] Vermeidung („avoiding"[905]), Anpassung („accomodating"[906]), Kompromiß („compromising"[907]), Konkurrenz („competing"[908]) und Zusammenarbeit („collaborating"[909]). Insbesondere der letztgenannte Strategietyp bildet zwar die fruchtbarste, zugleich aber nicht immer realisierbare Form des Konfliktmanagements. Ziel muß daher die Erschließung einer „konstruktiven Streitkultur"[910] sein. Sie basiert auf der Fähigkeit, Spannungsfelder frühzeitig zu erkennen und daraus resultierende Konflikte offen und konstruktiv auszutragen, anstatt sie zu verdrängen. Eine konstruktive Streitkultur wird daher im Sinne der Konfliktfähigkeit zu einem substanziellen Erfolgsfaktor.

Die beschriebene Auffassung von Konflikten als Quelle von Verbesserungen läßt die Schlußfolgerung zu, daß es in einem Unternehmen mithin nicht die Absicht sein darf, eine über alle Einheiten hinweg einheitliche Unternehmenskultur zu verankern. Um der Herausbildung einseitiger Wertmuster und eingleisiger Denkstrukturen entgegenzuwirken, ist die Entwicklung einer dominanten Einheitskultur zu vermeiden.[911] TUSHMAN und O'REILLY bezeichnen gerade das Zulassen verschiedenartiger Subkulturen als wertvollen Ansatz zur Förderung innovative Prozesse. „Multiple Kulturen"[912] erweitern ihrer Meinung nach den Horizont der Mit-

---

[904] vgl. Perich (1992), S. 418f.

[905] Vermeidungsstrategien helfen zwar die Spannung von Konfliktsituationen zu ertragen, vermögen das Konfliktproblem jedoch in der Regel nicht zu beseitigen.

[906] Anpassungsstrategien beinhalten z.B. Formen des „Sich-Arrangierens", des Konformismus, des Nachgebens, der Unterordnung und der Absorption.

[907] Zu den Kompromißstrategien zählen z.B. Formen des Aushandelns (bargaining), die Kanalisierung des Entscheidungsprozesses oder Einschalten einer Schlichtungsstelle.

[908] Konkurrenzstrategien entstehen in der Regel durch Ausnutzen individueller Machtpositionen (Weisungsbefugnisse, Manipulation, sozialer Druck).

[909] Zusammenarbeitsstrategien beinhalten z.B. Formen der Kommunikation, der toleranten Konfrontation und der partizipativen Entscheidungsfindung.

[910] Doppler, Lauterburg (2000), S. 55

[911] vgl. Perich (1992), S. 414

[912] Tushman, O'Reilly (1998), S. 42

arbeiter im Unternehmen und verhindern aufgrund ihrer differenzierten Vielschichtigkeit das Entstehen mentaler Routinen und Blockaden.

- Das *Zusammengehörigkeitsgefühl* der Mitarbeiter eines Unternehmens wird als
drittes Element einer Veränderungskultur angesehen. Inwieweit sich im Unternehmen ein Zusammengehörigkeitsgefühl etablieren kann, ist vor allem von kul-
turkreisspezifischen Eigenarten und Mentalitätsunterschieden abhängig.[913] Während Werte wie sozialer Friede, Dialogbereitschaft, Verantwortungsbewußtsein
und Solidarität eher einer partnerschaftlichen Beziehungsgestaltung förderlich
sind, führt das Fehlen dieser Werthaltungen in der Regel zum Aufkeimen dys-
funktionaler Entwicklungen wie Mißtrauen, Konfrontation, Demotivation oder Un-
loyalität.[914] Ein Sicherheit stiftender Gemeinschaftssinn kann aber nur dann entstehen, wenn der Umgang der Mitarbeiter durch Offenheit und gegenseitige fachliche und persönliche Akzeptanz gekennzeichnet ist.[915] Eine Kultur, welche Verschiedenartigkeit zuläßt und fördert, jedoch gleichzeitig die Zusammengehörigkeit
betont, vereinfacht es dem Einzelnen, auch ausgefallene und unorthodoxe Ideen
vorzubringen, ohne deshalb Sanktionen befürchten zu müssen. Auf diese Weise
werden Diskussionsbeiträge generiert, die über die Grenzen des Bekannten hinausgehen und neue Denkhaltungen provozieren.

- Als viertes Kulturelement wird von CLIFFORD und CAVANAGH die Funktion der
Sinnvermittlung angeführt. Insbesondere vor dem Hintergrund sich radikal wandelnder Bedingungen besteht die Aufgabe der Unternehmenskultur darin, durch
das kollektive Definieren und Strukturieren von Sinnzusammenhängen an der
Konstruktion der individuellen Wirklichkeit jedes einzelnen mitzuwirken und damit
ein „gemeinsames Fundament von Wirklichkeitsinterpretationen"[916] zu schaffen.
Neben der allgemeinen Koordinationsfunktion, die insofern ausgefüllt wird, als die
Mitarbeiter den gemeinsamen Sinn ihres Handelns verstehen, steigert die Sinnvermittlung in der Regel ihr Engagement. Je klarer dem Einzelnen seine Aufgaben bzw. ihr übergeordneter Zweck ist, desto eher ist er bereit, dafür zusätzliche

---

[913] Vgl. hierzu auch die Arbeiten von Ouchi (1981), der die Bedeutung kultureller Mentalitäten auf die
Innovationskraft von Unternehmen aufzeigt.

[914] vgl. Perich (1992), S. 409

[915] vgl. Doppler, Lauterburg (2000), S. 55

[916] Perich (1992), S. 404

Belastungen auf sich zu nehmen.[917] Veränderungen können dann eher umgesetzt werden, wenn die Sinnvermittlung der angestrebten Veränderung vor der Umsetzung konkreter Maßnahmen steht.

• Das letzte und gleichwohl wichtigste Element ist schließlich die *Kommunikation*. Sie hat für die Unternehmenskultur und somit für das gesamte Unternehmensgeschehen und seine Veränderung besondere Bedeutung. BREHM definiert in diesem Sinne Kommunikation als „Nervensystem der Unternehmung und als Katalysator des Wandels"[918]. Nach ihm ist Kommunikation gleichzeitig Voraussetzung und Schlüssel zur Veränderung eines Unternehmens.[919] Damit rücken bei der Betrachtung von Wandlungsprozessen im Unternehmen weniger die Menschen selbst, als vielmehr die Kommunikationsprozesse, die zwischen ihnen stattfinden, in den Mittelpunkt.[920] In Kapitel 3.1.2 wurde dargestellt, daß die Wahrnehmung der Wirklichkeit eines jeden Menschen von seiner Cognitive Map abhängt. Auch hinsichtlich des Unternehmens verfügen die Mitarbeiter über Cognitive Maps. Durch die darin gespeicherten gemeinsamen Interpretationen ist es ihnen möglich, zweckgerichtet miteinander zu interagieren. „Gemeinsame Interpretationen können jedoch nur durch Kommunikation entstehen."[921] Mittels laufender Kommunikation wird die Abstimmung der Handlungen und auf diese Weise nach und nach eine Annäherung in den Cognitive Maps erreicht.[922] Um Veränderungen im Unternehmen zu ermöglichen, müssen die Aktivitäten vor allem darauf abzielen, eingefahrene, d.h. nicht bewußtseinsfähige, Cognitive Maps durch Kommunikation aufzuweichen und abzuwandeln.[923] Die besondere Herausforderung besteht also darin, eine Kommunikation zu ermöglichen und damit auch Interpretationen zuzulassen, die nicht in den gewohnten Cognitive Maps verharren.[924] Wenn dies gelingt, ist eine Veränderung der bestehenden Cognitive Maps und damit auch des Unternehmens möglich.

---

[917] vgl. Doppler, Lauterburg (2000), S. 55

[918] Brehm (2000), S. 263

[919] vgl. Brehm (2000), S. 263

[920] vgl. Luhmann (1991), S. 193ff.

[921] Brehm (2000), S. 264

[922] vgl. Kieser, Hegele, Klimmer (1998), S. 139ff.

[923] vgl. Kieser, Hegele, Klimmer (1998), S. 55

[924] vgl. Brehm (2000), S. 264

Obige Ausführungen haben gezeigt, daß mentale Beweglichkeit der Mitarbeiter von vielen, teilweise nur schwer beeinflußbaren Größen abhängt. Neben die *persönlichen Eigenschaften* des Einzelnen treten sein *Wissen und* seine *Fähigkeiten.* Sie prägen in erheblichem Maße die Konfiguration seiner Cognitive Map mitsamt ihrer Beweglichkeit. Zudem spielen aber die Cognitive Maps der mit ihm interagierenden Menschen eine große Rolle. In ihnen sind Werte und Normen verankert, die das Denken und Handeln des Einzelnen im Unternehmen beeinflussen. Aus Sicht der Theorie der Cognitive Maps konstruieren diese in ihrer Gesamtheit aufgrund von identitätsstiftenden und verhaltenssteuernden Wirkungen die *Unternehmenskultur.* Nur wenn die im Unternehmen gelebte Kultur mentale Beweglichkeit des Einzelnen zuläßt, fördert und fordert, ist die Voraussetzung für mitarbeiterbedingte Vielseitigkeit gegeben.

4.3.2.4.2 Wandlungsbereitschaft als notwendige Bedingung für Veränderungen

Die mentale Beweglichkeit der Mitarbeiter ist zwar eine grundlegende Voraussetzung für den Anstoß von Veränderungsvorhaben. Neben das „Können" muß jedoch das „Wollen" treten, um entsprechende Veränderungen auch tatsächlich erfolgreich vollziehen zu können. Demgemäß kann die Wandlungsbereitschaft der Mitarbeiter als ein Schlüssel zu erfolgreichem Wandel verstanden werden.[925] KRÜGER versteht darunter die Einstellungen und das Verhalten der am Wandlungsprozeß beteiligten bzw. von ihm betroffenen Mitarbeiter(-gruppen) und Unternehmensbereiche gegenüber den festgelegten Zielen und Maßnahmen.[926]

Mangelnde Wandlungsbereitschaft kann unterschiedlichste Ursachen besitzen.[927] Meist lassen sich die Gründe jedoch auf das Fehlen zumindest eines der wesentlichen Grundelemente der Wandlungsbereitschaft zurückführen. *Mangelnde Motivation, fehlendes Vertrauen* oder *Perspektivenlosigkeit* stellen letztlich die im folgenden zu erläuternden Ursachen dar (vgl. Abbildung 4-43).

---

[925] vgl. Krüger (2000b), S. 20

[926] vgl. Krüger (2000b), S. 20

[927] Vgl. hierzu die Ausführungen in Kapitel 3.2.3.

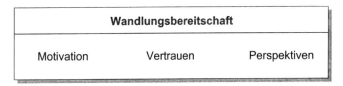

Abbildung 4-43: Grundelemente der Wandlungsbereitschaft

Motivation

Ein entscheidendes Grundelement der Wandlungsbereitschaft eines Mitarbeiters ist seine Motivation, Veränderungen mitzutragen oder sogar anzustoßen. Sie zu steuern, zu steigern und langfristig aufrecht zu erhalten ist eines der zentralen Ziele wandlungsfähiger Unternehmen.

„Motivierende Steuerungsimpulse"[928] in Form von Anreizen haben die Funktion, das Verhalten der Mitarbeiter zu beeinflussen.[929] Es lassen sich gemeinhin materielle und immaterielle Anreize unterscheiden. Viele Studien belegen, daß immaterielle Anreize in Ergänzung zu materiellen Belohnungen die Motivation und Einsatzfreude der Mitarbeiter fördern.[930] Folglich haben erfolgversprechende Anreizsysteme in der Regel neben den üblichen materiellen Anreizen, wie Gehalt, Erfolgsbeteilgungen und Sozialleistungen, auch eine immaterielle Komponente.[931] Hierzu zählt beispielsweise, Menschen mit Integrität zu behandeln, d.h. ihre persönlichen Eigenschaften und Fähigkeiten zu respektieren, und sie durch Teilen rechtzeitiger und wertvoller Information zu entsprechendem Handeln zu bevollmächtigen.[932] Zudem sind Respekt und die aus dem Erreichen selbstgesetzter Ziele abgeleitete Zufriedenheit ebenfalls starke immaterielle Motivationsfaktoren.[933]

Allerdings reicht die Beachtung solcher Hinweise bei weitem nicht aus. Traditionelle Anreizsysteme weisen aus der Sicht eines Management des Wandels zwei Hauptmängel auf: Zum einen belohnen sie in der Regel die aktuell erbrachten Leistungen von Mitarbeitern. Damit fördern sie kurzfristiges und auf Effizienz gerichtetes Denken

---

[928] Hinterhuber (1997), S. 214

[929] vgl. Klimecki, Probst, Gmür (1993), S. 66 und Becker (2000), S. 300

[930] vgl. Goldman u.a. (1996), S. 90

[931] vgl. Becker (2000), S. 299

[932] vgl. Goldman u.a. (1996), S. 90

[933] vgl. Goldman u.a. (1996), S. 90

und Handeln im Unternehmen, welches grundlegendem Wandel meist diametral entgegensteht. Zum anderen gefährden sie die gewünschte Wandlungsbereitschaft der Mitarbeiter, indem sie Gewöhnungseffekte erzeugen. Diese bestehen darin, daß Verhaltensweisen, wenn sie erst einmal zum Erfolg geführt haben, tendenziell immer wiederholt werden.[934]

Insbesondere in Phasen radikalen Wandels müssen Anreizsysteme daher wohlüberlegt gestaltet sein. Ihnen obliegt die Rolle als „Enabler des Wandels"; ihre Aufgabe ist es, geeignete Rahmenbedingungen für notwendigen Wandel zu schaffen.[935] Anreizsysteme sind somit ein wichtiges Instrument des Wandlungsmanagements, da sie nicht nur neue positive Impulse geben, sondern auch helfen können, Barrieren und Widerstände abzubauen bzw. zu überwinden. Allerdings verschlechtert sich gerade in Phasen radikalen Wandels häufig das Anreizprofil im Bereich der immateriellen Anreize (Arbeitsplatzsicherheit, Betriebsklima etc.). Solche negativen Folgen von Veränderungsprozessen führen zum Aufbau negativer mentaler Modelle gegenüber Wandel als solchem und beeinträchtigen die Wandlungsbereitschaft der Mitarbeiter. Um derartige negative Begleiterscheinungen des Wandels auszugleichen, können „kompensatorische Anreize"[936] eingesetzt werden. Hierzu zählen bspw. befristete Arbeitsplatzgarantien oder das Angebot interessanter neuer Arbeitsinhalte. Mit Hilfe solcher oder ähnlicher Maßnahmen läßt sich schließlich die Bereitschaft steigern, sich unvoreingenommen mit Wandel auseinanderzusetzen und ihn anzunehmen.

Vertrauen

Die Motivation, Wandelprozessen unvoreingenommen zu begegnen und sie zusätzlich voranzutreiben, setzt eine Atmosphäre des Vertrauens voraus. Vertrauen ist elementarer Tatbestand des sozialen Lebens[937] – es trägt zu einem Abbau der psychologischen Distanz zwischen Menschen bei und erleichtert bzw. beschleunigt das Handeln.[938] Ziel muß es also sein, ein gesundes Vertrauensverhältnis im Unternehmen zu schaffen, das die Leistungs- und Wandlungsbereitschaft der

---

[934] vgl. Klimecki, Probst, Gmür (1993), S. 66

[935] Becker (2000), S. 300

[936] Reiß (1995b), S. 296 und Becker (2000), S. 303

[937] vgl. Hinterhuber, Stahl (2000), S. 85

[938] vgl. Perich (1992), S. 410

Mitarbeiter stimuliert. Insbesondere in Phasen häufiger Veränderungen ist die Errichtung einer „Vertrauensorganisation"[939] von höchster Bedeutung.[940] Da sich viele Orientierungspunkte am Horizont des einzelnen Mitarbeiters immer wieder verschieben, dient ein Vertrauensverhältnis der Kompensation von Unsicherheit oder Angst. Der Aufbau einer solchen „Vertrauensorganisation" läßt sich jedoch nicht anordnen. Vielmehr kann sie nur allmählich durch aktive Pflege und Gestaltung im Unternehmen entstehen. Vertrauen muß erarbeitet werden und sich permanent im Umgang miteinander von neuem rechtfertigen.[941]

"The accumulation of trust is a measure of legitimacy of leadership. It cannot be mandated or purchased; it must be earned."[942]

Vertrauensbildendes Führungsverhalten basiert auf der Annahme eines positiven Menschenbildes (gemäß Theorie Y von MCGREGOR[943]) und setzt sich nach SOLARO aus verschiedenen Wesensmerkmalen und Handlungsweisen im Umgang von Menschen zusammen: Ehrlichkeit, Offenheit, Toleranz, Humor, Partnerschaft, Würde und Sicherheit.[944] Ein vertrauensgeprägtes Management des Wandels sollte den Mitarbeitern daher auch das nötige Selbstvertrauen für die Bewältigung neuer Aufgaben vermitteln und damit verhindern, daß Wandel als Bedrohung empfunden wird.[945] Auch sind neue Bewertungsmaßstäbe zu definieren, die Mitarbeiter nicht mehr allein anhand ihrer quantifizierbaren ökonomischen Erfolge messen, sondern darüber hinaus nach der moralischen Integrität ihres Handels beurteilen.[946] Gleichzeitig gilt es jedoch zu verhindern, daß sich im Unternehmen durch falsch verstandenes Vertrauen eine künstliche Harmonie entwickelt, die zu „bequemen" Konfliktvermeidungsstrategien führt und schließlich im Erlahmen von Wandlungsprozessen mündet.

---

[939] Bleicher (1989), S. 215 und Stahl (2000), S. 152

[940] vgl. Perich (1994), S. 36 und Steinle, Ahlers, Gradtke (2000), S. 208

[941] vgl. Steinle, Ahlers, Gradtke (2000), S. 209

[942] Bennis, Nanus (1985), S. 153

[943] vgl. McGregor (1973), S. 61f.

[944] vgl. Solaro (1989), S. 3ff.

[945] vgl. Steinle, Ahlers, Gradtke (2000), S. 209

[946] vgl. Steinle, Ahlers, Gradtke (2000), S. 209

Perspektiven

Ehrliche Wandlungsbereitschaft ist langfristig nur aufrechtzuerhalten, wenn neben ausreichender Motivation und Vertrauen den am Wandel beteiligten Mitarbeitern auch langfristige Perspektiven eröffnet werden. Dabei ist unbedingt zu differenzieren, welche Rolle der einzelne Mitarbeiter im Wandlungsprozeß einnehmen will und kann. Die Berücksichtigung seiner Wünsche und Ängste wird zu einem zentralen Erfolgsfaktor im Wandlungsprozeß.

Die besondere Aufgabe im Management des Wandels ist es deshalb, einerseits ein richtungsweisendes, herausforderndes, gemeinsam entworfenes und emotional wahrnehmbares Bild einer neuen, wünschenswerten Zukunft zu schaffen, das alle Mitarbeiter anspricht.[947] Andererseits müssen neben dieser „kollektiven Mobilisierung" die Bedürfnisse jedes einzelnen genau ergründet werden, um ihm persönliche Entwicklungschancen sowie neue, glaubwürdige Perspektiven zu eröffnen. Nur wer die Möglichkeit sieht, sich in einer von ihm als positiv empfundenen Weise zu verändern, ist bereit, den Wandel mitzutragen und voranzutreiben.

Wandlungsbereitschaft aller Beteiligten und Betroffenen wird in der neueren Literatur fast ausnahmslos als einer der entscheidenden Faktoren für den Erfolg von Wandlungsvorhaben angesehen. Während fehlendes „Können" mit Hilfe verschiedener Maßnahmen der Personalentwicklung oft sogar recht kurzfristig kompensiert werden kann, sind die Elemente der Wandlungsbereitschaft nur langsam zu entwickeln und auf Dauer nur durch größte Anstrengungen aufrecht zu erhalten. Mitarbeiter immer wieder von neuem für notwendige Veränderungsvorhaben zu motivieren, gegenseitiges Vertrauen aufzubauen und zu wahren und ihnen stets interessante Perspektiven aufzuzeigen, um sie zum Wandel zu ermutigen, erfordert außergewöhnliche Führungsfähigkeiten („Managerial Excellence"[948]).

---

[947] vgl. Kobi (1996), S. 41

[948] Hinterhuber (1997), S. 145

4.3.2.4.3 Empowerment der Mitarbeiter führt zu mitarbeiterbedingter Vielseitigkeit

Hinter dem Schlagwort „Empowerment" verbergen sich Gestaltungsempfehlungen, die letztlich in der Tradition der Human-Relations-Bewegung[949] verwurzelt sind.[950] Der Grundgedanke ist dabei, die Mitarbeiter in hohem Maße an den Entscheidungen im Unternehmen teilhaben zu lassen, d.h. sie zu eigenen Entscheidungen zu ermächtigen und ihnen mehr Verantwortung und damit auch mehr Macht zu übertragen.[951] Die wesentlichen Ansatzpunkte für ein Empowerment der Mitarbeiter sind also in der *Partizipation* und der Übertragung von *Verantwortung* zu sehen (vgl. Abbildung 4-44).

Empowerment der Mitarbeiter

Partizipation   Verantwortung

Abbildung 4-44: Ansatzpunkte für ein Empowerment der Mitarbeiter

Partizipation

Unter Partizipation wird das Ausmaß der Beteiligung von Mitarbeitern an Entscheidungen höherer Hierarchieebenen verstanden.[952] Mit einem ausgeprägten partizipativen Verhalten ist einerseits die Vorstellung verbunden, daß die Zielsetzungen und Wissensbasen vieler in den Entscheidungsprozeß einfließen und somit zu ökonomisch anspruchsvolleren Entscheidungen führen.[953] Andererseits wurde in verschiedenen Studien belegt, daß Partizipation die Identifikation mit den getroffenen Ent-

---

[949] Aufgrund der in den 20er und 30er Jahren zunehmenden Kritik am tayloristischen Konzept formierte sich in der amerikanischen Betriebspsychologie und -soziologie die sogenannte Human Relations-Bewegung. Sie hat ihren Ursprung in den durch Mayo (1933) und seine Mitarbeiter in den Hawthorne-Werken der Western Electric Company in Chicago durchgeführten Untersuchungen.

[950] vgl. Bea, Göbel (1999), S. 351

[951] vgl. Schreyögg (1996), S. 269 und Kotter (1997), S. 141f.

[952] vgl. Yukl (1971), S. 414; Hill, Fehlbaum, Ulrich (1981), S. 235; Wiedemann (1986), S. 262 und Vahs (1997), S. 21

[953] vgl. Bleicher (1992b), S. 284; Reiß (1997c), S. 107 und Benz (2000), S. 93

scheidungen und damit in der Regel die Zufriedenheit und Motivation der Mitarbeiter steigern kann.[954] Um die beiden genannten positiven Effekte der Partizipation nachvollziehen zu können, ist es nützlich, zwischen tatsächlicher und wahrgenommener Partizipation zu differenzieren: Während die Auswirkungen auf die Entscheidungsqualität an die tatsächliche Partizipation gekoppelt sind, ist die motivierende Wirkung eng mit der wahrgenommen Partizipation verbunden.[955]

Den genannten positiven Auswirkungen der Partizipation auf die Prozesse im Unternehmen stehen allerdings auch negative Aspekte gegenüber. So verlängert die Partizipation von Mitarbeitern an Entscheidungsprozessen in der Regel den Zeitraum der Entscheidungsfindung.[956]

KIRSCH, ESSER und GABELE beurteilen dieses Spannungsfeld zwischen der „Dauer der Entscheidungsfindung" und der „Identifikation mit der Entscheidung" in dem Sinne, daß zwar das Treffen einer Entscheidung durch die Partizipation von Mitarbeitern schwieriger wird, die Umsetzung unter Umständen aber leichter.[957]

Besonderes Augenmerk verdient die Partizipation in Phasen radikalen Wandels. Insbesondere bei der Durchführung von Wandlungsvorhaben im Unternehmen entstehen gerade dann Widerstände, wenn Mitarbeiter nicht in die Entscheidungsfindung mit einbezogen werden.[958] Wenngleich verschiedenste Größen Einfluß auf den Widerstand von Mitarbeitern haben, gilt seit der Studie von COCH und FRENCH mit dem Titel „Overcoming Resistance to Change"[959] Partizipation als eine entscheidende Einflußgröße.[960]

Eine allgemeingültige und grundsätzlich positive Beantwortung der Frage nach einer optimalen Partizipationsgestaltung ist mithin nicht möglich.[961] Vielmehr muß man die differenziertere Frage des „wer", des „wie" und vor allem des „wann"[962] bezüglich der Partizipation stellen.[963] Je nach Art und Gegenstand der Entscheidung sowie ihrer

---

[954] vgl. Vroom, Jago (1991), S. 19ff. und Domsch, Ladwig, Siemers (1995), S. 22

[955] vgl. Vroom, Jago (1991), S. 15

[956] vgl. Vroom, Jago (1991), S. 27

[957] vgl. Kirsch, Esser, Gabele (1979), S. 300f.

[958] vgl. Ram, Jung (1991), S. 117ff.

[959] vgl. Coch, French (1948), S. 512ff.

[960] vgl. Krallmann (1996), S. 27

[961] vgl. Veil (1999), S. 311

[962] vgl. hierzu auch Veil (2000), S. 52

[963] vgl. Zeyer (1996), S. 69

Dringlichkeit und Tragweite kann ein unterschiedlicher Partizipationsgrad sinnvoll erscheinen. Die Schwierigkeit liegt somit im Austarieren eines situativ geeigneten Partizipationsgrades. Vor allem bei radikalem Wandel, bei dem sich die situativen Bedingungen sehr schnell ändern können, muß ein sensibler Balanceakt vollbracht werden:

"Managing participation is a balancing act between management control and team opportunity, between getting the work done quickly and giving people a chance to learn, ... and between too little team spirit and too much."[964]

Zusammenfassend kann in bezug auf Partizipation festgehalten werden, daß Partizipation gerade in Phasen radikalen Wandels deshalb wertvoll sein kann, weil sie die Kreativität und das Urteilsvermögen vieler nutzt. Sind jedoch schnelle Entscheidungen notwendig, um bereits entstandene Turbulenzen bewältigen zu können, ist der Ansatz der Partizipation denkbar ungeeignet.

Da Turbulenzen aber nur entstehen, wenn der externe Wandlungsdruck die interne Wandlungsfähigkeit eines Unternehmens bereits überstiegen hat,[965] ergibt sich die paradoxe Situation, daß der Partizipationsgrad erst mit steigender interner Wandlungsfähigkeit erhöht werden sollte. Denn erst wenn ein Unternehmen bereits ausreichende Wandlungsfähigkeit besitzt, können Turbulenzen vermieden und damit die zur Verfügung stehenden Entscheidungszeiträume zugunsten der Partizipation verlängert werden.

Verantwortung

Im Rahmen des Empowerments wird den Mitarbeitern jedoch nicht nur die Möglichkeit zur Partizipation gegeben. In gleichem Maße steigt durch ihre verstärkte Einbindung in Entscheidungsprozesse deren Verantwortung.[966] Denn es wird ihnen nicht ausschließlich die Einzelverantwortung für Einzelaufgaben übertragen, sondern es besteht so darüber hinaus eine von allen geteilte, gemeinsame Verantwortung für das Gesamtergebnis.[967]

---

[964] Kirkpatrick (1985), S. 275f.

[965] Vgl. hierzu die Ausführungen in Kapitel 3.1.6.

[966] vgl. Bea, Göbel (1999), S. 352

[967] vgl. Doppler, Lauterburg (2000), S. 118

Die Anwendung dieses Prinzips impliziert wiederum das Zugrundeliegen eines sehr optimistischen Menschenbildes (gemäß Theorie Y von MCGREGOR[968]): Demnach wollen Menschen Verantwortung tragen, sind lern- und leistungsbereit. Sie sind daran interessiert, ihr Wissen und ihre Fähigkeiten in den Dienst des Unternehmens zu stellen. Will das Unternehmen nun einen möglichst hohen Anteil der darin verteilten vielseitigen Initiative und Expertise nutzen, muß es im Gegenzug einen gewissen Kontrollverlust über das Handeln der einzelnen Mitarbeiter hinnehmen.[969] Dies setzt indes großes Vertrauen in das Wissen und die Fähigkeiten sowie die Loyalität der Mitarbeiter voraus.[970]

Das Übertragen von Verantwortung auf die Mitarbeiter ist also unausweichlich mit einer Substitution von Fremdkontrolle und Berechenbarkeit durch Selbstkontrolle auf der Ebene des Einzelnen verbunden.[971] Doch in Phasen radikalen Wandels ist das Unternehmen auf die breite Nutzung aller Potentiale angewiesen. Insofern muß es die Aufgabe der Unternehmensführung sein, rechtzeitig vor dem Auftreten von Turbulenzen mehr Verantwortung auf die Mitarbeiter zu übertragen. Ansonsten entsteht – analog zur Partizipationsproblematik – das Dilemma, in ohnehin engen Zeitfenstern massiv in das bestehende Machtgefüge im Unternehmen eingreifen zu müssen.

Dem Empowerment der Mitarbeiter, als drittem und letztem Schritt auf dem Weg zu mitarbeiterbedingter Vielseitigkeit im Unternehmen, kommt eine besondere Bedeutung zu. Die „Ermächtigung" der Mitarbeiter soll es ermöglichen, viele im Unternehmen brachliegende Potentiale zu fördern und zu nutzen. Damit verfolgt auch die Ermächtigung der Mitarbeiter letztlich Effizienzziele.[972] Mit Hilfe partizipativer Führungsmodelle und der Delegation von Verantwortung soll eine bessere Ausnutzung der Mitarbeiterpotentiale erreicht werden. Es ist aber zu berücksichtigen, daß dies langfristig nur in einem Umfeld der Offenheit und des Vertrauens gelingen kann.

---

[968] vgl. McGregor (1973), S. 61f.

[969] vgl. Baitsch (1993), S. 33

[970] vgl. Bea, Göbel (1999), S. 352

[971] vgl. Rüegg-Stürm, Achtenhagen (2000), S. 6

[972] vgl. Bea, Göbel (1999), S. 352

4.3.2.4.4 Zwischenfazit: Gestaltung der mitarbeiterbedingten Vielseitigkeit

Die vorangegangenen Ausführungen haben verdeutlicht, von wie vielen verschiedenen Aspekten der Beitrag der Mitarbeiter zur Wandlungsfähigkeit des Unternehmens abhängt. Wie auch bei den übrigen Gestaltungsfeldern lassen sich die Elemente zu einem mehrstufigen Prozeß zusammenfügen. Untenstehende Abbildung gibt einen Überblick über die drei wesentlichen Prozeßschritte (vgl. Abbildung 4-45).

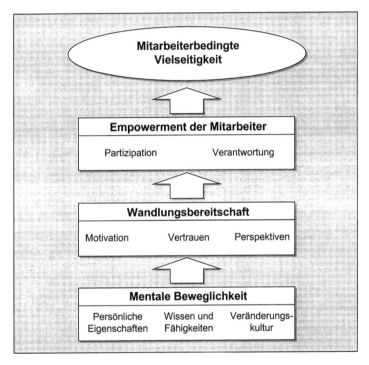

Abbildung 4-45: Der Weg zu mitarbeiterbedingter Vielseitigkeit

Mitarbeiterbedingte Vielseitigkeit hat ihren Ursprung zweifellos in den Köpfen der einzelnen Mitarbeiter. Von ihrer *mentalen Beweglichkeit* hängt es letztlich ab, wie veränderbar und vielseitig sämtliche Elemente im Unternehmen sind. Dabei spielen neben den persönlichen Eigenschaften der Mitarbeiter ihr Wissen und ihre spezifischen Fähigkeiten eine herausragende Rolle. Über diese, jeweils individuell zuordenbaren Eigenschaften und Fähigkeiten hinaus, besitzen aber auch die im Unternehmen vorhandenen und kollektiv gelebten Werte und Normen enorme Bedeutung. Sie beeinflussen langfristig die Cognitive Maps aller Akteure und damit deren mentale Beweglichkeit in hohem Maße.

Die drei beschriebenen Elemente der mentalen Beweglichkeit determinieren die grundsätzlich vorhandene Vielseitigkeit im Denken und Handeln der Mitarbeiter. Sie tatsächlich umzusetzen bedingt allerdings zugleich die *Bereitschaft der Mitarbeiter*, ihre Kreativität und Expertise in das Unternehmen einzubringen. Hier ist die Aufgabe der Unternehmensführung darin zu sehen, unter Verwendung geeigneter Anreizmechanismen die Motivation der Mitarbeiter zu lenken. Gleichzeitig ist mit Hilfe glaubwürdiger Verhaltensweisen eine Atmosphäre des Vertrauens zu schaffen, um gerade in Phasen schneller Veränderungen den Mitarbeitern größtmögliche Sicherheit und neue Perspektiven zu vermitteln.

In welchem Umfang die beschriebenen Maßnahmen aber auch für die Unternehmensentwicklung Nutzen stiften hängt davon ab, inwiefern die Mitarbeiter die Möglichkeit bekommen, ihre Expertise und Initiative auch in die Tat umsetzen zu können. Daher ist die Stärkung der Mitarbeiter im Unternehmen (*Empowerment*) als konsequente Fortsetzung auf dem Weg zu mitarbeiterbedingter Vielseitigkeit unbedingt notwendig. Zentrale Instrumente sind in diesem Zusammenhang in der Partizipation der Mitarbeiter an Entscheidungsprozessen sowie der Delegation von Verantwortung an diese zu sehen. Auf diese Weise kann mentale Beweglichkeit gepaart mit dem Willen zum Wandel direkt in konkrete Veränderungen münden, ohne zuvor in vertikalen Abstimmungsprozessen verzögert und gefiltert zu werden.

4.3.2.5 Integriertes Konzept für die Gestaltung der Wandlungsfähigkeit

Die Wandlungsfähigkeit eines Unternehmens wird in erster Linie geprägt durch die Konfiguration ihrer einzelnen Gestaltungsfelder. Deren Grundkonfiguration erfährt zwar in der Regel durch die in Kapitel 4.3.1 vorgestellten Einflußfaktoren – das aktuelle Entwicklungsstadium sowie den bewältigten umweltbedingte Wandlungsdruck der Vergangenheit – eine gewisse Prägung. Doch läßt sich die Wandlungsfähigkeit vom Unternehmen selbst in weiten Teilen aktiv gestalten.

In den vier vorangegangenen Kapiteln wurden wesentliche Elemente der Gestaltungsfelder Strategie, Struktur, Ressourcen und Mitarbeiter vorgestellt und erörtert. In untenstehender Abbildung 4-46 sind die vier Gestaltungsfelder mit ihren zentralen Elementen zusammengestellt.

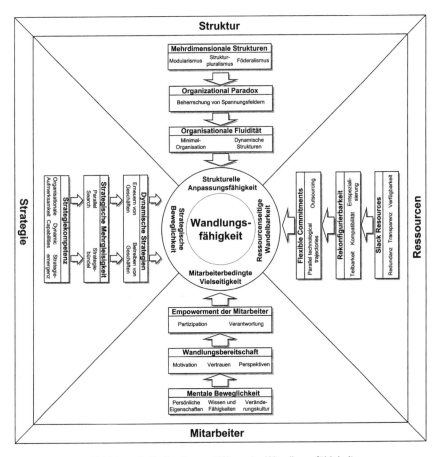

Abbildung 4-46: Quellen und Wege der Wandlungsfähigkeit

Das Ziel im Rahmen eines Managements wandlungsfähiger Unternehmen läßt sich nun beschreiben als situationsspezifische Konfiguration der Gestaltungsfelder, wobei jedes Gestaltungsfeld zielbewußt konfiguriert werden muß, um seinen Beitrag zur Wandlungsfähigkeit des gesamten Unternehmens leisten zu können. Der Ausgangspunkt in jedem Gestaltungsfeld kann gewissermaßen als eine „Quelle" der Wandlungsfähigkeit verstanden werden: *Strategiekompetenz* stellt demnach die Quelle für strategische Beweglichkeit dar, *mehrdimensionale Strukturen* speisen die strukturelle Anpassungsfähigkeit und ohne *Slack Resources* kann keine ressourcenseitige Wandelbarkeit entstehen. Entscheidend für die Wandlungsfähigkeit ist aber die Quelle des Gestaltungsfeldes „Mitarbeiter" – *mentale Beweglichkeit*. Sie stellt das wohl größte Potential eines Unternehmens dar, das es insbesondere in Phasen radikalen Wandels zu nutzen gilt.

Es reicht aber nicht aus, allein dafür Sorge zu tragen, daß die genannten vier Quellen der Wandlungsfähigkeit eines Unternehmens nicht versiegen. In diesem Sinne sind sie lediglich als notwendige, nicht jedoch als hinreichende Bedingung für Wandel zu verstehen. Ebenso wichtig ist es, die konsequente und zielbewußte Nutzung dieser Potentiale sicherzustellen. Dies erfordert das Beschreiten eines Weges von jeder Quelle in Richtung Wandlungsfähigkeit. Bevor die vier Wege integriert werden, gilt es darauf hinzuweisen, daß keiner der vier Wege zur Wandlungsfähigkeit wirklich endlich ist. Vielmehr muß jeder Weg permanent von neuem gegangen, hinterfragt und verbessert werden. Das Bestreben sollte somit darin liegen, einen fortwährenden Strom zu erschaffen, der die vier oben genannten Quellen tatsächlich mit unternehmensinterner Wandlungsfähigkeit wirksam verbindet, ohne dabei zu viele Potentiale im Unternehmen ungenutzt versickern zu lassen.

So darf beispielsweise die im Unternehmen vorhandene *Strategiekompetenz*, als eine Quelle der Wandlungsfähigkeit, nicht zu früh auf eine singuläre Strategie fokussiert werden. Erforderlich ist dagegen ein mehrgleisiges Vorgehen, das parallele Aktivitäten ermöglicht und so den Handlungsspielraum erweitert. Nur auf diese Weise können dynamische Strategien entstehen, die sowohl für die aktuellen Anforderungen, als auch für verschiedene mögliche Zukünfte geeignet sind.

In ähnlicher Form muß auch die zweite Quelle der Wandlungsfähigkeit – *mehrdimensionale Strukturen* – erschlossen werden. Die aufgrund der Mehrdimensionalität zwangsläufig entstehenden Spannungsfelder und Widersprüche (Organizational Paradox) sind in einer geeigneten Kombination aus „Beherrschung" und „Tolerierung" so zu nutzen, daß situationsgerechte Mischungsverhältnisse der Strukturparameter vorherrschen. Nur dann läßt sich organisationale Fluidität erzeugen, die sich den immerwährenden Verkrustungstendenzen langfristig entziehen kann.

Als dritte Quelle der Wandlungsfähigkeit wurden in Kapitel 4.3.2.3.1 *Slack Resources* vorgestellt. Auch sie leisten erst dann einen Beitrag, wenn sie bestimmte Bedingungen erfüllen. Ihre Rekonfigurierbarkeit bestimmt die Vielseitigkeit und damit die Wandelbarkeit der Ressourcenbasis im Unternehmen. Je höher das Ausmaß der Rekonfigurierbarkeit ist, desto eher lassen sich Flexible Commitments realisieren, die das Unternehmen davor bewahren, sich allzu frühzeitig auf einzelne Entwicklungspfade festzulegen.

Als letzte Quelle der Wandlungsfähigkeit eines Unternehmens ist die *mentale Beweglichkeit* der darin arbeitenden Menschen zu betrachten. Sie ist letztlich Voraussetzung auch für die langfristige Konfiguration der übrigen Gestaltungsfelder. Es gilt daher, die mentalen Potentiale der Mitarbeiter zu erschließen und ihnen die Möglichkeit zu geben, ihre Intelligenz und Kreativität in das Unternehmen einfließen zu lassen. Dies kann nur gelingen, wenn ihre Wandlungsbereitschaft mit Hilfe geeigneter Motivationsmaßnahmen in einem durch gegenseitiges Vertrauen geprägten Umfeld stimuliert wird. Darüber hinaus ist den Mitarbeitern durch die Übertragung von Verantwortung Gelegenheit zu geben, an den Entscheidungsprozessen im Unternehmen zu partizipieren und somit ihre Ideen tatsächlich einbringen und realisieren zu können.

Trotz der offensichtlich herausragenden Bedeutung des Faktors „Mensch" für die Wandlungsfähigkeit eines Unternehmens darf indes keines der beschriebenen Gestaltungsfelder vernachlässigt werden. Denn die Gesamtwirkung und damit der Erfolg resultiert maßgeblich aus dem Zusammenklang der einzelnen Konfigurationen, mit KRÜGER gesprochen aus ihrer „Orchestrierung"[973].
Welche der vorgestellten Maßnahmen in einer konkreten Situation tatsächlich erfolgversprechend sind, hängt stark von der aktuellen Konfiguration der Gestaltungsfelder ab. In den seltensten Fällen wird es zielführend sein, in allen Gestaltungsfeldern in gleichem Maße aktiv zu werden. Sinnvoller erscheint es, zunächst die spezifischen Defizite einzelner Gestaltungsfelder zu analysieren und auf ihre Wirkungszusammenhänge zu Elementen anderer Gestaltungsfelder hin zu untersuchen. Auf dieser Basis lassen sich anschließend wandelhemmende Bereiche von übergeordneter Bedeutung ermitteln, die dann in den Mittelpunkt des Interesses rücken. Rekonfigurationen in solchen Bereichen bewirken in einem ersten Schritt, bestehende Differenzen hinsichtlich des Ausmaßes der Wandlungsfähigkeit innerhalb des Unternehmens auszugleichen und damit Wandlungsfähigkeit über das Unternehmen hinweg gleichmäßig zu verteilen. Erst wenn anschließend weiterer Handlungsbedarf erkannt wird, sollten Maßnahmen zur harmonisch abgestimmten Steigerung der Wandlungsfähigkeit in allen Gestaltungsfeldern ergriffen werden.

---

[973] Krüger (2000), S. 368

5. Schlußbetrachtung

Die Unternehmensumwelt ist seit jeher durch einen permanenten und vielschichtigen Wandel geprägt. Als offene Systeme sind Unternehmen gezwungen, diesen Wandel als Herausforderung anzunehmen und sich koevolutiv mit ihrer Umwelt zu entwickeln. Zu diesem Zweck ist es eine ihrer dringlichsten Aufgaben, ungerichtete Potentiale im Unternehmen aufzubauen und immer wieder zu erneuern. Nur solche Potentiale versetzen Unternehmen in die Lage, ihren Handlungsspielraum bei Bedarf über vorgedachte Grenzen hinaus zu erweitern und auf diese Weise langfristig wettbewerbsfähig zu bleiben.

Ihr langfristiges Überleben hängt somit von ihrer Wandlungsfähigkeit ab, d.h. von der Fähigkeit, den sich wandelnden Anforderungen immer wieder neue Antworten entgegenstellen zu können. Ein unreflektiertes Steigern der Wandlungsfähigkeit unter der pauschalisierenden Annahme eines permanent hohen externen Wandlungsdrucks ist jedoch nicht zielführend. Das anzustrebende Maß sollte stets im Einklang mit dem tatsächlichen externen Wandlungsdruck stehen. Ihn zuverlässig zu ermitteln und mit Hilfe einer kontextgerechten Wandlungsfähigkeit zu absorbieren, stellt daher eine der Hauptaufgaben von Unternehmen dar.

Zu diesem Zweck wurde in der vorliegenden Arbeit ein Instrument in Form eines Portfolios vorgestellt, das Hilfestellungen bei der Ermittlung der Ausgangsposition hinsichtlich der Wandlungsfähigkeit eines Unternehmens und dem Wandlungsdruck durch seine Umwelt gibt. Darüber hinaus unterstützt das Instrument die Ableitung eines für die jeweilige Positionierung geeigneten Managementfokusses. Der Managementfokus aufzeigt, welche Verhaltensweise der Unternehmensführung unter den gegebenen Rahmenbedingungen erfolgversprechend erscheint.

Aufgrund der zur Zeit in Theorie und Praxis geführten Diskussion wurde aus den vier vorgestellten Alternativen jener Managementfokus in den Mittelpunkt gerückt, der auf eine Steigerung der Wandlungsfähigkeit zielt (Erneuerungsmanagement). Dieser Managementfokus konzentriert sich auf die zielbewußte Konfiguration verschiedener Gestaltungsfelder der Wandlungsfähigkeit.

Im Rahmen dieser Arbeit wurden die Gestaltungsfelder Strategie, Struktur, Ressourcen und Mitarbeiter unterschieden. Für jedes Gestaltungsfeld wurden wichtige Elemente und Prinzipien identifiziert, die als Quellen der Wandlungsfähigkeit verstanden werden können. Die Kenntnis dieser Quellen bildet die Grundlage für die

Bewältigung weiterer Schritte auf dem Weg zu einer höheren Wandlungsfähigkeit. Sie wurden für jedes Gestaltungsfeld aufgezeigt. Schließlich erfolgte die Zusammenführung der vier Gestaltungsfelder zu einem integrierten Konzept, das vor allem hinsichtlich der gleichmäßigen Gestaltung der Wandlungsfähigkeit im Unternehmen Aufschluß geben soll.

Da bekanntermaßen ein Konzept nicht gleichzeitig einfach, allgemeingültig und genau sein kann,[974] wurde der Fokus hier auf die Attribute einfach und allgemein gelegt. Das Ziel der Arbeit bestand vor allem darin, die Wandlungsfähigkeit auf ihre Determinanten hin zu untersuchen und damit die Konturen des wandlungsfähigen Unternehmens herauszuarbeiten. Weiterer Forschungsbedarf besteht nun darin, durch eine Konkretisierung die erarbeiteten Konturen zu schärfen. Insbesondere die Fragestellung, wie das Phänomen der Wandlungsfähigkeit operationalisiert und meßbar gemacht werden kann, um gegebenenfalls das situativ erforderliche Maß an Wandlungsfähigkeit quantifizieren zu können, verlangt weitere Forschungsbemühungen.

Bei der Diskussion um das richtige Maß an Wandlungsfähigkeit von Unternehmen darf aber nicht übersehen werden, daß selbst ausreichend vorhandene unternehmensinterne Wandlungsfähigkeit lediglich eine notwendige Voraussetzung für den situativ erforderlichen Wandel in Unternehmen darstellt. Sie ist noch kein Garant für erfolgreiche Wandlungsprozesse, da Wandlungsfähigkeit zunächst nur ein ungerichtetes Potential umfaßt, das es von einem Unternehmen kontextgerecht auszuschöpfen gilt. Um dieses Potential bei Bedarf auch substantiell nutzen zu können, ist ein Impuls notwendig, der es aktiviert und den Wandlungsprozeß auslöst. Vereinfacht ausgedrückt ist Wandlungsfähigkeit eine wesentliche Bedingung für die Überlebensfähigkeit eines Unternehmens. Das Überleben eines Unternehmens läßt sich aber nur durch das tatsächliche Auslösen von Wandel sichern.

---

[974] vgl. Thorngate (1976), S. 406

LITERATURVERZEICHNIS

Abell, D.F. (1999), Competing Today While Preparing for Tomorrow, in: Sloan Management Review, 39, 1999, Spring, S. 73-81

Abrahamson, E. (2001), Unternehmenswandel ohne Schmerzen, in: Harvard Business Manager, 23, 2001, 1, S. 95-99

Adizes, I. (1979), How to Solve Mismanagement Crisis, Homewood 1979

Adizes, I. (1988), Corporate Life Cycles: How and Why Corporations Grow and Die and What to do About it, New York 1988

Adler, N. (1997), International Dimensions of Organizational Behavior, 3. Auflage, Cincinnati 1997

Agility Forum (1995, Hrsg.), Creating the Agile Organization: Models, Metrics and Pilots, Bethlehem 1995

Al-Ani, A. (1996), Das Neue Strategische Management – Strategieentwicklung in der Post-Reengineering Ära, in: Hinterhuber, H.H. (Hrsg., 1996), S. 11-32

Albers, W.; Born, K.E. u.a. (1979, Hrsg.), Handwörterbuch der Wirtschaftswissenschaften, Stuttgart, New York u.a. 1979

Aldrich, H.E. (1979), Organizations and Environments, Englewood Cliffs 1979

Allison, G.T. (1971), Essence of Decision: Explaining the Cuban Missile Crisis, Boston 1971

Amos, J.; Gibson, D.; Kodish, J.L. (1995), The Development and Operation of an Agile Manufacturing Consortium, in: Agility Forum (Hrsg., 1995), S. 70-95

Ansoff, H.I. (1965), Corporate Strategy: An Analytical Approach to Business Policy for Growth and Expansion, New York 1965

Ansoff, H.I. (1975), Managing Strategic Surprise by Response to Weak Signals, in: California Management Review, 17, 1975, 2, S. 21-33

Ansoff, H.I. (1976), Managing Surprise and Discontinuity. Strategic Responses to Weak Signals, in: Zeitschrift für betriebswirtschaftliche Forschung, 28, 1976, 3, S. 129-152

Ansoff, H.I. (1979), Strategic Management, London-Basingstoke 1979

Ansoff, H.I. (1984), Implanting Strategic Management, Englewood Cliffs, New Jersey u.a. 1984

Ansoff, H.I. (1991), Strategic Management in a Historical Perspective, in: International Review of Strategic Management, 12, 1991, S. 3-69

Ansoff, H.I.; Declerck, R.P.; Hayes, R.L. (1976, Hrsg.), From Strategic Planning to Strategic Management, London 1976

Ansoff, H.I.; McDonnell, E.J. (1996), Implanting Strategic Management, 2. Auflage, New York, London u.a. 1996

Ansoff, H.I.; Sullivan, P.A. (1993), Optimizing Profitability in Turbulent Environments: A Formula for Strategic Success, in: Long Range Planning, 26, 1993, 5, S. 11-23

Argyris, C. (1990), Overcoming Organizational Defenses, Boston 1990

Argyris, C.; Schön, D.A. (1978), Organizational Learning: A Theory of Action Perspective, Reading 1978

Ashby, G. (1956), An Introduction to Cybernetics, New York u.a. 1956

Ashby, W.R. (1972), Design for a Brain: The Origin of Adaptive Behavior, 2. Auflage, London 1972

Ashkenas, R. (2000), How to Loosen Organizational Boundaries, in: Journal of Business Strategy, 2000, March/April, S. 11-12

Bach, N. (2000), Wandel individuellen und kollektiven Mitarbeiterverhaltens, in: Krüger, W. (Hrsg., 2000), S. 221-260

Baitsch, C. (1993), Was bewegt Organisationen? Selbstorganisation aus psychologischer Perspektive, Frankfurt 1993

Bamberger, I.; Wrona, T. (1996), Der Ressourcenansatz und seine Bedeutung für die Strategische Unternehmensführung, in: Zeitschrift für betriebswirtschaftliche Forschung, 48, 1996, 2, S. 130-153

Barney, J. (1991), Firm Resources and Sustained Competitive Advantage, in: Journal of Management, 17, 1991, 1, S. 99-120

Barr, P.; Stimpert, L.; Huff, L. (1992), Cognitive Change, Strategic Action, and Organizational Renewal, in: Strategic Management Journal, 13, 1992, Special Issue Summer, S. 15-36

Bartölke, K. (1980), Organisationsentwicklung, in: Grochla, E. (Hrsg., 1980), S. 1446-1460

Bateson, G. (1972), Steps to an Ecology of Mind, New York 1972

Bauer, H.H.; Huber, F.; Betz, J. (1998), Erfolgsgrößen im Automobilhandel, in: Zeitschrift für Betriebswirtschaft, 68, 1998, 9, S. 979-1008

Bea, F.X.; Dichtl, E.; Schweitzer, M. (1993, Hrsg.), Allgemeine Betriebswirtschaftslehre, Band 2, Stuttgart 1993

Bea, F.X.; Göbel, E. (1999), Organisation, 6. Auflage, Stuttgart 1999

Bechtler, T.W. (1986, Hrsg.), Management und Intuition, Zürich 1986

Becker, L. (2000), Unterstützung des Wandels durch Systeme, in: Krüger, W. (Hrsg., 2000), S. 291-324

Beer, S. (1962), Kybernetik und Management, Hamburg 1962

Beinhocker, E.D. (1999a), On the Origin of Strategies, in: The McKinsey Quarterly, 1999, 4, S. 47-57

Beinhocker, E.D. (1999b), Robust Adaptive Strategies, in: Sloan Management Review, 39, 1999, Spring, S. 95-106

Beljean, R. (1999), Führen in turbulenten Zeiten, Landsberg 1999

Bennis, W.G. (1972), Organisationsentwicklung. Ihr Wesen, ihr Ursprung, ihre Aussichten, Baden-Baden 1972

Bennis, W.G.; Benne, D.D.; Chin, R. (1969), The Planning of Change, New York 1969

Bennis, W.G.; Nanus, B. (1985), Leaders: the Strategies for Taking Charge, New York 1985

Bennis, W.G.; Slater, P. (1968), The Temporary Society, New York 1968

Benz, M. (2000), Partizipation und Kommunikation als Motivatoren, in: Zeitschrift Führung und Organisation, 69, 2000, 1, S. 92-96

Beriger, P.; Wyssen, R. (1998), Integrierte Unternehmensentwicklung, in: io management, 67, 1998, 12, S. 46-48

Berktold, K. (1999), Strategien zur Revitalisierung von strategischen Geschäftseinheiten, Frankfurt u.a. 1999

Berndt, R. (1998, Hrsg.), Unternehmen im Wandel, Berlin, Heidelberg, New York u.a. 1998

Bertalanffy, L.v. (1951), General Systems Theory: A New Approach to Unity of Science, in: Winsor, C. (Hrsg., 1951), S. 306-361

Bertalanffy, L.v. (1956), General Systems, in: Hall, A.D.; Fagen, R.E. (Hrsg., 1956), S. 1-10

Bertalanffy, L.v. (1971), General System Theory, London 1971

Bettis, R.A.; Prahalad, C.K. (1995), The Dominant Logic: Retrospective and Extension, in: Strategic Management Journal, 16, 1995, Special Issue Summer, S. 5-14

Beuthner, A. (1993), Fraktale Fabrik in der Praxis, in: Der Fraunhofer, 1993, 4, S. 28-30

Bierfelder, W. (1991), Entwicklungsdynamik von Unternehmen: Gestaltung von Übergängen und Selbstorganisation, Wiesbaden 1991

Blau, P.M. (1955), The Dynamics of Bureaucracy, Chicago 1955

Bleicher, K. (1989), Chancen für Europas Zukunft - Führung als internationaler Wettbewerbsfaktor, Wiesbaden 1989

Bleicher, K. (1991), Organisation Strategien - Strukturen - Kulturen, 2. Auflage, Wiesbaden 1991

Bleicher, K. (1992a), Change Management als unternehmerische Herausforderung, in: Thexis, 9, 1992, 2, S. 4-12

Bleicher, K. (1992b), Das Konzept integriertes Management, 2. Auflage, Frankfurt a.M. 1992

Bleicher, K. (1993), Organisation, in: Bea, F.X.; Dichtl, E.; Schweitzer, M. (Hrsg., 1993), S. 103-186

Bleicher, K. (1995a), Aufgaben der Unternehmensführung, in: Corsten, H.; Reiß, M. (Hrsg., 1995), S. 19-32

Bleicher, K. (1995b), Vertrauen als kritischer Erfolgsfaktor, in: Müller-Stewens, G.; Spickers, J. (Hrsg., 1995), S. 207-220

Bleicher, K. (1995c), Organisation als Erfolgsfaktor - Möglichkeiten und Grenzen der Selbstorganisation, in: Gablers Magazin, 9, 1995, 9, S. 13-16

Bleicher, K. (1995d), Zum Wandel im Umgang mit Wandel, in: Müller-Stewens, G.; Spickers, J. (Hrsg., 1995), S. 207-220

Blickle, G. (1993), Ist Führen immer ein auswegloses Unterfangen?, in: Zeitschrift für Planung, 1993, 4, S. 404-415

Boeker, W. (1989), Strategic Change: The Effects of Founding and History, in: Academy of Management Journal, 32, 1989, 3, S. 489-515

Böning, U. (1997), Veränderungsmanagement auf dem Prüfstand: Eine Zwischenbilanz aus der Unternehmenspraxis, Freiburg 1997

Börner, C.J. (2000a), Die Integration marktorientierter und ressourcenorientierter Strategien, in: WISU, 29, 2000, 6, S. 817-821

Börner, C.J. (2000b), Porter und der "Resource-based View", in: WISU, 29, 2000, 5, S. 689-693

Bourgeois, L.J. (1984), Strategic Management and Determinism, in: Academy of Management Review, 9, 1984, 4, S. 586-596

Bower, J.L. (1970), Managing the Resource Allocation Process, Cambridge 1970

Braun, H.-J. (1995), Unternehmensstrukturierung vom "Scheitel bis zur Sohle", in: Sihn, W. (Hrsg., 1995), S. 33-63

XXIII

Brehm, C. (2000), Kommunikation im Unternehmungswandel, in: Krüger, W. (Hrsg., 2000), S. 261-290

Brehm, C.; Jantzen-Homp, D. (2000), Organisation des Wandels, in: Krüger, W. (Hrsg., 2000), S. 177-220

Brockhaus (1993), Brockhaus Enzyklopädie Band 22, 19. Auflage, Mannheim 1993

Bronner, R.; Röder, R. (1999), Marathon oder Sprint? - Management Konzepte, in: absatzwirtschaft, 1999, 6, S. 92-98

Brown, S.L.; Eisenhardt, K.M. (1998), Competing on the Edge: Strategy as Structured Chaos, Boston 1998

Bruhn, M. (1997), Hyperwettbewerb - Merkmale, treibende Kräfte und Management einer neuen Wettbewerbsdimension, in: Die Unternehmung, 51, 1997, 5, S. 339-357

Bruhn, M.; Steffenhagen, H. (1998, Hrsg.), Marktorientierte Unternehmensführung: Reflexionen - Denkanstöße - Perspektiven, 2. Auflage, Wiesbaden 1998

Buchner, H. (1998), Gestaltung der Planung im turbulenten Umfeld - Controlling-Forschungsbericht Nr. 54, Stuttgart 1998

Buchner, H.; Krause, S.; Weigand, A. (1998), Turbulenzgerechte Planung, in: Controller-Magazin, 23, 1998, 6, S. 451-457

Buckley, W. (1967), Sociology and Modern Systems Theory, Englewood Cliffs 1967

Bühner, R.; Tuschke, A. (1999), Organisation - Entwicklungstendenzen und Zukunftsperspektiven, in: Die Unternehmung, 53, 1999, 6, S. 449-464

Bullinger, H.-J. (1996, Hrsg.), Lernende Organisationen, Stuttgart 1996

Bullinger, H.-J.; Gommel, M. (1995), Führungsverhalten, kreatives Humanpotential: Unternehmen leben vom Mitmachen, in: Gablers Magazin, 9, 1995, 5, S. 21-23

Bullinger, H.-J.; Warnecke, H.-J. (1996, Hrsg.), Neue Organisationsformen im Unternehmen - ein Handbuch für das moderne Management, Berlin, Heidelberg u.a. 1996

Bullinger, H.-J.; Wiedmann, G.; Niemeier, J. (1995), Business Reengineering, Stuttgart 1995

Burke, W.W. (1982), Organization Development: Principles and Practices, Boston 1982

Burns, T.; Stalker, G.M. (1971), The Management of Innovation, 3. Auflage, London 1971

Burr, W. (1999), Koordination durch Regeln in selbstorganisierenden Unternehmensnetzwerken, in: Zeitschrift für Betriebswirtschaft, 69, 1999, 10, S. 1159-1179

Campbell, D.T. (1969), Variation and Selective Retention in Socio-Cultural Evolution, in: General Systems, 14, 1969, S. 69-85

Carrell, M.R.; Jennings, D.F.; Heavrin, C. (1997), Fundamentals of Organizational Behavior, Upper Saddle River 1997

Cevey, B.; Prange, P. (1998), Vom Nutzen der Veränderung - Personalentwicklung und Organisationsentwicklung im Zeichen des Wandels, in: Spalink, H. (Hrsg., 1998), S. 113-142

Chakravarthy; B. (1997), A New Strategy Framework for Coping with Turbulence, in: Sloan Management Review, 37, 1997, Winter, S. 69-82

Chandler, A.D.jr. (1962), Strategy and Structure - Chapters in the History of the Industrial Enterprise, Cambridge, London 1962

Chandler, A.D.jr. (1977), The Visible Hand. The Managerial Revolution in American Business, Cambridge 1977

Chandler, A.D.jr.; Hagström, P.; Sölvell, Ö. (1998, Hrsg.), The Dynamic Firm, New York 1998

Child, J. (1972), Organizational Structure, Environment and Performance: The Role of Strategic Choice, in: Sociology, 6, 1972, 1, S. 1-22

Christen, G.; Dürsteler, U. (1999), Fit für den Wandel, in: io management, 68, 1999, 9, S. 66-70

Christensen, U.M. (1997), The Innovator's Dilemma, Boston 1997

Churchman, C.W. (1973), Perspektiven des Systemansatzes, in: Hentsch, B.; Malik, F. (Hrsg., 1973), S. 23-46

Clifford, D.K.; Cavanagh, R.E. (1985), The Winning Performance, New York 1985

Coch, L.; French, J.R. (1948), Overcoming Resistance to Change, in: Human Relations, 2, 1948, 1, S. 512-532

Cohen, W.M.; Levinthal, D.A. (1990), Absorptive Capacity - A New Perspective on Learning an Innovation, in: Administrative Science Quarterly, 35, 1990, 1, S. 128-152

Conner, D.R.; Clements, E. (1998), Die strategischen und operativen Gestaltungs-faktoren für erfolgreiches Implementieren, in: Spalink, H. (Hrsg., 1998), S. 22-64

Conner, K.R. (1991), A Historical Comparison of Resource-based Theory and Five Schools of Thought within Industrial Organization Economics. Do we have a New Theory of the Firm?, in: Journal of Management, 17, 1991, 1, S. 121-154

Connor, P.E.; Lake, L.K. (1994), Managing Organizational Change, Westport 1994

Cooper, W.W.; Leavitt, H.J.; Shelly, M.W. (1964, Hrsg.), New Perspectives in Organization Research, New York, London, Syndey 1964

XXV

Corsten, H. (1994, Hrsg.), Handbuch Produktionsmanagement, Wiesbaden 1994

Corsten, H. (1994), Gestaltungsbereiche des Produktionsmanagements, in: Corsten, H. (Hrsg., 1994), S. 5-21

Corsten, H. (1995, Hrsg.), Produktion als Wettbewerbsfaktor: Beiträge zur Wettbewerbs- und Produktionsstrategie, Wiesbaden 1995

Corsten, H.; Reiß, M. (1995, Hrsg.), Handbuch Unternehmensführung, Wiesbaden 1995

Corsten, H.; Will, T. (1995, Hrsg.), Unternehmensführung im Wandel, Stuttgart, Berlin, Köln 1995

Courtney, H.; Kirkland, J.; Viguerie, P. (1999), Strategy Under Uncertainty, in: Harvard Business Review on Managing Uncertainty, S. 1-32

Cummings, L.L.; Staw, B.M. (1985, Hrsg.), Research in Organizational Behavior, Greenwich 1985

Cummings, T.G.; Worley, C.G. (1993), Organization Development and Change, Minneapolis 1993

Cyert, R.M.; March, J.G. (1963), A Behavioral Theory of the Firm, Englewood Cliffs 1963

D´Aveni, R.A. (1994), Hypercompetition, Managing the Dynamics of Strategic Maneuvering, New York 1994

D´Aveni, R.A. (1999), Strategic Supremacy through Disruption and Dominance, in: Sloan Management Review, 39, 1999, Spring, S. 127-135

Dahrendorf, R. (1959), Class and Class Conflict in Industrial Society, Stanford 1959

Dalheimer, V.; Krainz, E.E.; Oswald, M. (1998, Hrsg.), Change Management auf Biegen und Brechen, Wiesbaden 1998

Davidow, W.H.; Malone, M.S. (1996), Das virtuelle Unternehmen: Der Kunde als Co-Produzent, Frankfurt a.M., New York 1996

Decker Pierce, B.; White, R. (1999), The Evolution of Social Structure: Why Biology Matters, in: Academy of Management Review, 24, 1999, 4, S. 843-853

Deeg, J.; Weibler, J. (2000), Organisationaler Wandel als konstruktive Destruktion, in: Schreyögg, G.; Conrad, P. (Hrsg., 2000), S. 143-193

Demmer, C.; Gloger, A.; Hoerner, R. (1996), Erfolgreiche Reengineering-Praxis in Deutschland, Düsseldorf, München 1996

Dichtl, E.; Issing, O. (1994, Hrsg.), Vahlens Großes Wirtschaftslexikon, 2. Auflage, München 1994

Dienstbach, H. (1972), Dynamik der Unternehmensorganisation, Wiesbaden 1972

Dill, W.R. (1958), Environment as an Influence on Managerial Autonomy, in: Administrative Science Quarterly, 3, 1958, 2, S. 404-443

Dillerup, R. (1998), Strategische Optionen für vertikale Wertschöpfungssysteme, Frankfurt a.m. u.a. 1998

Dixon, N.M. (1994), The Organizational Learning Cycle - How We Can Learn Collectively, London, New York, St. Louis u.a. 1994

Dodgson, M. (1991), The Management of Technological Learning, Berlin, New York 1991

Domsch, M.E.; Ladwig, D.H.; Siemers, S.H.A. (1995), Innovation durch Partizipation, Stuttgart 1995

Doppler, K.; Lauterburg, C. (2000), Change Management - Den Unternehmenswandel gestalten, Frankfurt a.m., New York 2000

Dörner, D. (1989), Die Logik des Mißlingens. Strategisches Denken in komplexen Situationen, 9. Auflage, Reinbeck 1989

Dosi, G. (1982), Technological Paradigms and Technological Trajectories, in: Research Policy, 11, 1982, 4, S. 147-162

Dosi, G.; Teece, D.J.; Chytry, J. (1998, Hrsg.), Technology, Organization, and Competitiveness - Perspectives on Industrial and Corporate Change, Oxford, New York 1998

Drevdahl, J.E. (1956), Factors of Importance for Creativity, in: Journal of Clinical Psychology, 12, 1956, 12, S. 21-26

Droege, W.P.J.; Hüsch, H.-J. (1994), Lean Management und Strukturoptimierung, in: Mehdorn, H.; Töpfer, A. (Hrsg., 1994), S. 321-344

Drucker, P.F. (1971), The Age of Discontinuity: Guidelines to our Changing Society, London 1971

Drucker, P.F. (1980), Managing in Turbulent Times, New York 1980

Drumm, H.J. (1996), Das Paradigma der Neuen Dezentralisation, in: Die Betriebswirtschaft, 56, 1996, 1, S. 7-20

Duden (1996), Duden Band 1, Rechtschreibung der deutschen Sprache, 21. Auflage, Mannheim, Leipzig u.a. 1996

Dülfer, E. (1991), Internationales Management in unterschiedlichen Kulturbereichen, München, Wien 1991

Duncan, R. (1972), Characteristics of Organizational Environments and Perceived Environmental Uncertainty, in: Administrative Science Quarterly, 17, 1972, 3, S. 313-327

Duncan, R.; Weiss, A. (1979), Organizational Learning: Implications for Organizational Design, in: Research in Organizational Behavior, 1, 1979, S. 75-123

Dunette, M.D. (1976, Hrsg.), Handbook of Industrial and Organizational Psychology, Chicago 1976

Dyllick, T. (1988), Management der Umweltbeziehungen, in: Die Unternehmung, 42, 1988, 3, S. 190-205

Eggers, B.; Bertram, U.; Ahlers, F. (1995), Notwendigkeit und Förderung ganzheitlichen Denkens und Handelns von Führungskräften, in: Der Betriebswirt, 1995, 3, S. 8-15

Einhaus, G.M. (2000), Embracing Paradox: Innovation Leadership in Large Corporations, in: Strategy and Leadership, 2000, April, S. 32-34

Eisenhardt, K.M.; Brown, S.L. (1998), Time Pacing: Den Rhythmus der Veränderung vorgeben, in: Harvard Business Manager, 20, 1998, 5, S. 65-74

Eisenhardt, K.M.; Brown, S.L. (1999), Patching – Restitching Business Portfolios in Dynamic Markets, in: Harvard Business Review, 67, 1999, May-June, S. 72-82

Eisenhardt, K.M.; Martin, J.A. (2000), Dynamic Capabilities: What Are They?, in: Strategic Management Journal, 21, 2000, 10-11, S. 1105-1121

Eisenhardt, P.; Kurth, D.; Stiehl, H. (1988), Du steigst nie zweimal in denselben Fluß. Die Grenzen der wissenschaftlichen Erkenntnis, Reinbek 1988

El Sawy, O.A.; Gomes, G.M.; Gonzalez, M.V. (1986), Preserving Institutional Memory: The Management of History as an Organizational Resource, in: Academy of Management Proceedings, 46th Annual Conference, Chicago August 13-16, 1986, S. 118-122

Emery, F. (1969), Systems Thinking, Harmondsworth 1969

Emery, F.; Trist, E. (1965), The Causal Texture of Organizational Environments, in: Human Relations, 18, 1965, S. 21-32

Emery, F.; Trist, E. (1973), Toward a Social Ecology, London 1973

Engel, A. (1990), Beyond CIM: Bionic Manufacturing Systems in Japan, in: IEEE Expert, 1990, August, S. 79-81

Engelhardt, H.D.; Graf, P.; Schwarz, G. (2000), Organisationsentwicklung, 2. Auflage, Augsburg 2000

Engelhardt, W.H.; Freiling, J. (1998), Aktuelle Tendenzen der marktorientierten Unternehmensführung, in: WiSt, 27, 1998, 11, S. 565-572

Eriksson, K.; Majkgård, D.; Sharma, D.D. (2000), Path Dependence and Knowledge Development in the Internationalization Process, in: Management International Review, 40, 2000, 4, S. 307-328

Eversheim, W.; Breit, S. (2000), Voraussetzungen für erfolgreiches Reengineering, in: io management, 69, 2000, 3, S. 18-22

Eyerer, P. (1996, Hrsg.), Ganzheitiche Bilanzierung, Heidelberg, Berlin u.a. 1996

Fagen, R.E. (1956), Definition of a System, in: Hall, A.D.; Fagen, R.E. (Hrsg., 1956), S. 18-28

Fayol, H. (1916), Administration industrielle et générale, Paris 1916

Fink, A.; Schlake, O.; Siebe, A. (2000a), Wie Sie mit Szenarien die Zukunft voraus-denken, in: Harvard Business Manager, 22, 2000, 2, S. 34-47

Fink, A.; Schlake, O.; Siebe, A. (2000b), Szenariogestützte Strategieentwicklung, in: Zeitschrift für Planung, 2000, 11, S. 41-59

Fiol, C.M.; Lyles, M.A. (1985), Organizational Learning, in: Academy of Management Review, 10, 1985, 4, S. 803-813

Fischer, H.P. (1996), Von der Herausforderung das Verlernen und Umlernen zu organisieren, in: Sattelberger, T. (Hrsg., 1996), S. 229-244

Flechtner, H.J. (1966), Grundbegriffe der Kybernetik: Eine Einführung, Stuttgart 1966

Floyd, S.W.; Lane, P.J. (2000), Strategizing Throughout the Organization: Managing Role Conflict in Strategic Renewal, in: Academy of Management Review, 25, 2000, 1, S. 154-177

Foerster, H.v. (1981), Das Konstruieren einer Wirklichkeit, in: Watzlawick, P. (Hrsg., 1981), S. 39-60

Foerster, H.v. (1992), Entdecken oder Erfinden: Wie läßt sich Verstehen verstehen?, in: Gunin, H.; Meier, H. (Hrsg., 1992), S. 45-72

Fondation, L.; Tufano, P.; Walker, P. (1999), Collaborating with Congregations, in: Harvard Business Review, 67, 1999, July-August, S. 57-68

Forrester, J.W. (1972), Grundzüge einer Systemtheorie, Wiesbaden 1972

Fortmüller, R. (1991), Lernpsychologie, Wien 1991

Foschiani, S. (1995), Strategisches Produktionsmanagement: ein Modellsystem zur Unterstützung produktionsstrategischer Entscheidungen, Frankfurt a.M., Berlin, Bern u.a. 1995

Foschiani, S. (2000), Projektorientierte Strategieentwicklung, in: Foschiani, S.; Habenicht, W.; Schmid, U. u.a. (Hrsg., 2000), S. 341-370

Foschiani, S.; Habenicht, W.; Schmid, U. u.a. (2000, Hrsg.), Strategisches Manage-ment im Zeichen von Umbruch und Wandel, Stuttgart 2000

Franz, G.; Herbert, W. (1987), Wertewandel und Mitarbeitermotivation, in: Harvard Manager, 9, 1987, 1, S. 97-102

French, W.L.; Bell jr., C.H. (1990), Organisationsentwicklung - Sozialwissenschaftliche Strategien zur Organisationsveränderung, 3. Auflage, Bern, Stuttgart 1990

Frese, E. (1992, Hrsg.), Handwörterbuch der Organisation, 3. Auflage, Stuttgart 1992

Frese, E. (1992), Organisationstheorie, Wiesbaden 1992

Frese, E.; Beecken, T. (1995), Dezentrale Unternehmungsstrukturen, in: Corsten, H.; Reiß, M. (Hrsg., 1995), S. 133-146

Fujimoto, T. (1998), Reinterpreting the Resource-Capability View of the Firm: A Case of the Development-Production System of the Japanese Auto-Makers, in: Chandler, A.D.jr.; Hagström, P.; Sölvell, Ö. (Hrsg., 1998), S. 15-44

Gabele, E. (1978), Das Management von Neuerungen, in: Zeitschrift für betriebswirtschaftliche Forschung, 30, 1978, S. 194-217

Gaitanides, M.; Sjurts, I. (1995), Wettbewerbsvorteile durch Prozeßmanagement - eine ressourcenorientierte Analyse, in: Corsten, H.; Will, T. (Hrsg., 1995), S. 61-82

Gardner, J.W. (1964), Self-renewal. The Individual and the Innovative Society, New York 1964

Garvin, D.A. (1994), Nicht schöne Worte - Taten zählen, in: Harvard Business Manager, 16, 1994, 1, S. 74-85

Gattermeyer, W.; Al-Ani, A. (2000, Hrsg.), Change Management und Unternehmenserfolg, Wiesbaden 2000

Gaugler, E.; Weber, W. (1992, Hrsg.), Handwörterbuch des Personalwesens, 2. Auflage, Stuttgart 1992

Geißler, H. (1994), Grundlagen des Organisationslernen, Weinheim 1994

Geißler, H. (1996), Vom Lernen in der Organisation zum Lernen der Organisation, in: Sattelberger, T. (Hrsg., 1996), S. 79-96

Gelinas, M.V.; James, R.G.; Akiyoshi, L.F.; Wüst, P. (1998), Implementierungsqualität gestalten durch Collaborative Organizational Design, in: Spalink, H. (Hrsg., 1998), S. 65-94

George, J.M.; Jones, G.R. (1996), Understanding and Managing Organizational Behavior, Reading 1996

Geus, A.P. de (1989), Unternehmensplaner können Lernprozesse beschleunigen, in: Harvard Manager, 11, 1989, 1, S. 28-34

Ghemawat, P. (1991), Commitment: The Dynamic of Strategy, New York 1991

Ghemawat, P.; del Sol, P. (1998), Commitment versus Flexibility, in: California Management Review, 40, 1998, 4, S. 26-42

Giddens, A. (1995), Die Konstitution der Gesellschaft, 2. Auflage, Frankfurt 1995

Glansdorff, P.; Prigogine, I. (1971), Thermodynamic Theory of Structure, Stability, and Fluctuations, New York 1971

Glasersfeld, E.v. (1981), Einführung in den radikalen Konstruktivismus, in: Watzlawick, P. (Hrsg., 1981), S. 16-38

Glassman, R. (1973), Persistence and Loose Coupling, in: Behavioral Science, 18, 1973, 3, S. 83-98

Goldman, S.L.; Nagel, R.N.; Preiss, K.; Warnecke, H.-J. (1996, Hrsg.), Agil im Wettbewerb, Berlin, Heidelberg u.a. 1996

Goleman, D. (1999), Emotionale Intelligenz – zum Führen unerläßlich, in: Harvard Business Manager, 21, 1999, 3, S. 27-36

Gomez, P.; Hahn, D.; Müller-Stewens, G.; Wunderer, R. (1994, Hrsg.), Unternehmerischer Wandel: Konzepte zur organisatorischen Erneuerung, Wiesbaden 1994

Gomez, P.; Zimmermann, T. (1997), Unternehmensorganisation: Profile, Dynamik, Methodik, 3. Auflage, Frankfurt 1997

Goodman, P.S. u.a. (1982, Hrsg.), Change in Organizations: New Perspectives in Theory, Research, and Practice, San Francisco 1982

Götz, K. (1999, Hrsg.), Führungskultur: die organisationale Perspektive, München 1999

Gouillart, F.J.; Kelly, J.N. (1995), Business Transformation, Wien 1995

Grant, R.M.; Krishnan, R.; Shani, A.; Baer, R. (1991), Appropriate Manufacturing Technology - A Strategic Approach, in: Sloan Management Review, 31, 1991, 1, S. 43-54

Greiner, L.E. (1972), Evolution and Revolution as Organizations Grow, in: Harvard Business Review, 50, 1972, 4, S. 37-46

Greiner, L.E. (1989), Evolution and Revolution as Organizations Grow, in: Tushman, M.L.; O'Reilly, C.A., Nadler, D.A. (Hrsg., 1989), S. 123-133

Greiner, L.E.; Schein, V. (1988), Power and Organization Development. Mobilizing Power to Implement Change, Reading 1988

Greschner, J. (1996), Lernfähigkeit von Unternehmen, Frankfurt a.M. u.a. 1996

Grochla, E. (1975, Hrsg.), Organisationstheorie, 1. Teilband, Stuttgart 1975

Grochla, E. (1980, Hrsg.), Handwörterbuch der Organisation, 2. Auflage, Stuttgart 1980

Grochla, E.; Wittmann, W. (1976, Hrsg.), Handwörterbuch der Betriebswirtschaft, 4. Auflage, Stuttgart 1976

Grunwald, W. (2000), Umgang mit Konflikten, in: io management, 69, 2000, 3, S. 18-24

Gunin, H.; Meier, H. (1992, Hrsg.), Einführung in den Konstruktivismus, München 1992

Haas, J. (1997), Die Entwicklungsfähigkeit von Unternehmungen. Eine theoretische und pragmatische Analyse, Frankfurt a.m. 1997

Hacker, W. (1997), Lernen, in: Luczak, H.; Volpert, W. (Hrsg., 1997), S. 439-443

Häflinger, G.E.; Meier, J.D. (2000, Hrsg.), Aktuelle Tendenzen im Innovationsmanagement. Festschrift für W. Popp zum 65. Geburtstag, Heidelberg 2000

Hage, J.; Powers, C.H. (1992), Post-Industrial Lives: Roles and Relationships in the 21st Century, Newbury Park 1992

Hahn, D. (1994), Unternehmungsziele im Wandel, in: Gomez, P.; Hahn, D.; Müller-Stewens, G.; Wunderer, R. (Hrsg., 1994), S. 59-84

Hahn, D. (1999), Stand und Entwicklungstendenzen der strategischen Planung, in: Hahn, D.; Taylor, B. (Hrsg., 1999), S. 3-51

Hahn, D.; Taylor, B. (1999, Hrsg.), Strategische Unternehmensplanung, strategische Unternehmensführung, 8. Auflage, Heidelberg 1999

Hall, A.D.; Fagen, R.E. (1956, Hrsg.), Yearbook of the Society for the Advancement of General Systems Theory, New York 1956

Hall, R.H. (1972), Organizations: Structures, Processes and Outcomes, Englewood Cliffs 1972

Hall, R.H. (1991), The Contribution of Intangible Resources to Business Success, in: Journal of General Management, 16, 1991, 4, S. 41-51

Hall, R.H. (1993), A Framework Linking Intangible Resources and Capabilities to Sustainable Competitive Advantage, in: Strategic Management Journal, 14, 1993, S. 607-618

Hammann, P.; Freiling, J. (2000, Hrsg.), Die Ressourcen- und Kompetenzperspektive des Strategischen Managements, Wiesbaden 2000

Hammer, M.; Champy, J. (1993), Reengineering the Corporation: A Manifesto for Business Revolution, New York 1993

Hammer, M.; Champy, J. (1996), Business Reengineering - Die Radikalkur für das Unternehmen, 6. Auflage, New York 1996

Hannan, M.T.; Freeman, J. (1977), The Population Ecology of Organizations, in: American Journal of Sociology, 82, 1977, S. 929-964

Hannan, M.T.; Freeman, J. (1989), Organizational Ecology, Cambridge 1989

Hansmann, K.-W. (1997, Hrsg.), Management des Wandels, Wiesbaden 1997

Hawley, A. (1950), Human Ecology, New York 1950

Hax, H. (1965), Die Koordination von Entscheidungen, Köln 1965

Hayek, F.A.v. (1969), Freiburger Studien, Tübingen 1969

Hedberg, B.L.T. (1981), How Organizations Learn and Unlearn, in: Nystrom, P.C.; Starbuck, W.H. (Hrsg., 1981), S. 3-27

Hedberg, B.L.T.; Nystrom, P.C.; Starbuck, W.H. (1976), Camping on Seesaws: Prescriptions for a self-designing Organization, in: Administrative Science Quarterly, 21, 1976, 1, S. 41-65

Hedlund, G. (1994), A Model of Knowledge Management and the N-form Corporation, in: Strategic Management Journal, 15, 1994, Special Issue, S. 73-90

Heeg, F.J. (1994), Arbeitsorganisation als Instrument des Human-Ressource-Management, in: Corsten, H. (Hrsg., 1994), S. 913-928

Heifetz, R.A.; Laurie, D.L. (1997), Den Wandel steuern - nicht vorantreiben, in: Harvard Business Manager, 19, 1997, 4, S. 54-64

Heinen, E. (1986), Unternehmenskultur, in: Zeitschrift für Betriebswirtschaft, 56, 1986, 3, S. 200-218

Heinen, E.; Dill, P. (1990), Unternehmenskultur aus betriebswirtschaftlicher Sicht, in: Simon, H. (Hrsg., 1990), S. 12-24

Heintel, P.; Krainz, E.E. (1998), Veränderungswiderstand von Organisationen, in: Dalheimer, V.; Krainz, E.E.; Oswald, M. (Hrsg., 1998), S. 201-233

Helm, R.; Janzer, T.M. (2000), Vertrauen aufbauen und erfolgreich kooperieren, in: io management, 69, 2000, 12, S. 24-31

Hentsch, B.; Malik, F. (1973, Hrsg.), Systemorientiertes Management, Bern 1973

Hersey, P.; Blanchard, K.H.; Johnson, D.E. (1997), Management of Organizational Behavior: Utilizing Human Resources, 7. Auflage, London 1997

Hilb, M. (1999), Integriertes Personalmanagement, 7. Auflage, Neuwied 1999

Hill, W.; Fehlbaum, R.; Ulrich, P. (1981), Organisationslehre, 3. Auflage, Bern, Stuttgart 1981

Hillig, A. (1997), Die Kooperation als Lernarena in Prozessen fundamentalen Wandels, Bern, Stuttgart, Wien 1997

Hilse, H.; Götz, K.; Zapf, D. (1999), Netzwerk contra Hierarchie: die Abbildung organisationsstruktureller Widersprüche in einem neuartigen Potential für Rollenstress, in: Götz, K. (Hrsg., 1999), S. 29-44

Hinings, C.R.; Greenwood, R. (1988), The Dynamics of Strategic Change, Oxford 1988

Hinterhuber, H.H. (1996, Hrsg.), Das neue strategische Management: Elemente und Perspektiven einer zukunftsorientierten Unternehmensführung, Wiesbaden 1996

Hinterhuber, H.H. (1997), Strategische Unternehmensführung – II Strategisches Handeln, 6. Auflage, Berlin, New York 1997

Hinterhuber, H.H. (1999), Struktur und Dynamik der strategischen Unternehmensführung, in: Hahn, D.; Taylor, B. (Hrsg., 1999), S. 51-74

Hinterhuber, H.H.; Popp, W. (1994), Der Beitrag der strategischen Führung zu unternehmerischen Veränderungsprozessen, in: Gomez, P.; Hahn, D.; Müller-Stewens, G.; Wunderer, R. (Hrsg., 1994), S. 107-134

Hinterhuber, H.H.; Stahl, H.K. (2000, Hrsg.), Unternehmensführung im Wandel: Perspektiven - Konzepte - Denkanstöße, Wien 2000

Hinterhuber, H.H.; Stahl, H.K. (2000), Führung im Spannungsfeld zwischen Autonomie und Fremdbestimmtheit, in: Hinterhuber, H.H.; Stahl, H.K. (Hrsg., 2000), S. 77-95

Holtbrügge, D. (2000), Entwicklung, Evolution oder Archäologie? Ansätze zu einer postmodernen Theorie des organisatorischen Wandels, in: Schreyögg, G.; Conrad, P. (Hrsg., 2000), S. 99-142

Homp, C. (2000), Strategische Optionen im erfolgreichen Unternehmungswandel, in: Krüger, W. (Hrsg., 2000), S. 99-138

Horn, C.; Wolterskirchen, M. v.; Wolff, J. (1973, hrsg. v.), Umweltpolitik in Europa, Frauenfeld, Stuttgart 1973

Horváth, P. (1994, Hrsg.), Kunden und Prozesse im Fokus, Stuttgart 1994

Horváth, P. (2000), Strategiekompetenz und Umsetzungskompetenz verbinden: Controllingunterstützung für das strategische Management, in: Foschiani, S.; Habenicht, W.; Schmid, U. u.a. (Hrsg., 2000), S. 77-93

Hrebiniak, L.G.; Joyce, W.F. (1985), Organizational Adaptation: Strategic Choice and Environmental Determinism, in: Administrative Science Quarterly, 30, 1985, S. 336-349

Huse, E.F. (1985), Organization Development and Change, 3. Auflage, St. Paul 1985

Iacocca Institute (1991), 21st Century Manufacturing Enterprise Strategy. An Industry-Led View, Bethlehem 1991

Jacobi, J.-M. (1996), Qualität im Wandel, 2. Auflage, Stuttgart 1996

Janz, A.; Krüger, W. (2000), Topmanager als Promotoren des Wandels, in: Krüger, W. (Hrsg., 2000), S. 139-176

Jarillo, J.C. (1988), On Strategic Networks, in: Strategic Management Journal, 9, 1988, 1, S. 31-41

Jenner, T. (1998), Aufbau und Umsetzung strategischer Erfolgspotentiale als Kernaufgabe des strategischen Managements, in: Die Unternehmung, 52, 1998, 3, S. 145-159

Johansson, H.J. (1993), Business Process Reengineerig: Breakpoint Strategies for Market Dominance, New York 1993

Johnson, R.A.; Kast, F.E.; Rosenzweig, J.E. (1963), The Theory and Management of Systems, New York 1963

Jones, G.N. (1969), Planned Organizational Change - A Study in Change Dynamics, New York, Washington 1969

Jost, P.-J. (1998), Strategisches Konfliktmanagement in Organisationen, Wiesbaden 1998

Jost, P.-J. (2000), Konfliktmanagement und das Organisationsproblem, in: WISU, 29, 2000, 4, S. 510-523

Jung, R.H.; Kleine, M. (1993), Management - Personen-Strukturen-Funktionen-Instrumente, München, Wien 1993

Kamiske, G.F.; Malorny, C. (1992), Total Quality Management - Ein bestechendes Führungsmodell mit hohen Anforderungen und großen Chancen, in: Zeitschrift Führung und Organisation, 61, 1992, 5, S. 274-278

Kamiske, G.F.; Malorny, C. (1994), Total Quality Management - Führen und Organisieren benötigt eine ganzheitliche, qualitätsorientierte Perspektive, in: Corsten, H. (Hrsg., 1994), S. 965-982

Kanter, R.M. (1989a), When Giants Learn to Dance, New York 1989

Kanter, R.M. (1989b), Swimming in Newstreams: Mastering Innovation Dilemmas, in: California Management Review, 31, 1989, 4, S. 45-69

Kanter, R.M.; Stein, B.A.; Jick, T.D. (1992), The Challenge of Organizational Change, New York 1992

Kasper, H. (1990), Die Handhabung des Neuen in organisierten Sozialsystemen, Berlin 1990

Katz, D.; Kahn, R.L. (1978), The Social Psychology of Organizations, 2. Auflage, New York 1978

Keller, H.B.; Weinberger, T. (1992), Lernmodelle und Wissensverarbeitung. Manuskript Nr. 5002 des Kernforschungszentrums Karlsruhe, Karlsruhe 1992

Khandwalla, P.N. (1975), Unsicherheit und "optimale" Gestaltung von Organisationen, in: Grochla, E. (Hrsg., 1975), S. 140-156

Khandwalla, P.N. (1977), The Design of Organizations, New York 1977

Kiechl, R. (1990), Intrepreneuship bringt neuen Elan, in: io management, 59, 1990, 12, S. 27-29

Kieser, A. (1992), Lebenszyklus von Organisationen, in: Gaugler, E.; Weber, W. (Hrsg., 1992), Sp. 1222-1239

Kieser, A. (1994), Fremdorganisation, Selbstorganisation und evolutionäres Management, in: Zeitschrift für betriebswirtschaftliche Forschung, 46, 1994, 3, S. 199-228

Kieser, A. (1996a), Business Process Reengineering - neue Kleider für den Kaiser?, in: Zeitschrift Führung und Organisation, 65, 1996, 3, S. 179-185

Kieser, A. (1996b), Moden & Mythen des Organisierens, in: Die Betriebswirtschaft, 56, 1996, 1, S. 21-39

Kieser, A. (1999, Hrsg.), Organisationstheorien, 3. Auflage, Stuttgart, Berlin, Köln 1999

Kieser, A.; Hegele, C.; Klimmer, M. (1998), Kommunikation im organisatorischen Wandel, Stuttgart 1998

Kieser, A.; Kubicek, H. (1978), Organisationstheorien: Wissenschaftstheoretische Anforderungen und kritische Analyse klassischer Ansätze, Berlin 1978

Kieser, A.; Kubicek, H. (1983), Organisation, 2. Auflage, Berlin 1983

Kieser, A.; Woywode, M. (1999), Evolutionstheoretische Ansätze, in: Kieser, A. (Hrsg., 1999), S. 253-285

Kiesler, S.; Sproull, L. (1982), Managerial Response to Changing Environments: Perspectives on Problem Sensing from Social Cognition, in: Administrative Science Quarterly, 27, 1982, 4, S. 548-570

Kilman, R. (1985, Hrsg.), Gaining Control of Corporate Culture, San Francisco 1985

Kilman, R.; Covin, T. (1989), Corporate Transformation, San Francisco, London 1989

Kim, D.H. (1993), The Link between Individual and Organisational Learning, in: Sloan Management Review, 33, 1993, 1, S. 37-50

Kimberly, J.R. (1980), Initation, Innovation and Institutionalization in the Creation Process, in: Kimberly, J.R.; Miles, R.H. (Hrsg., 1980), S. 18-43

Kimberly, J.R.; Miles, R.H. (1980, Hrsg.), The Organizational Life Cycle, San Francisco 1980

Kirkpatrick, D.L. (1985), How to Manage Change Effectively. Approaches, Methods, and Case Examples, San Francisco 1985

Kirsch, W. (1973, Hrsg.), Unternehmensführung und Organisation, Wiesbaden 1973

Kirsch, W. (1973), Betriebswirtschaftspolitik und geplanter Wandel, in: Kirsch, W. (Hrsg., 1973), S. 15-46

Kirsch, W. (1979), Die Idee der Fortschrittsfähigen Organisation, in: Wunderer (Hrsg., 1979), S. 91-150

Kirsch, W. (1981), Aspekte einer Lehre von der Führung, in: Zeitschrift für Betriebswirtschaft, 51, 1981, 7, S. 656-671

Kirsch, W. (1991), Grundzüge des Strategischen Managements, in: Kirsch, W. (Hrsg., 1991), S. 3-37

Kirsch, W. (1991, Hrsg.), Beiträge zum Management strategischer Programme, München 1991

Kirsch, W. (1992), Kommunkatives Handeln, Autopoiese, Rationalität. Sondierungen zu einer evolutionären Führungslehre, Herrsching 1992

Kirsch, W. (1997), Strategisches Management: Die geplante Evolution von Unternehmen, München 1997

Kirsch, W. (1997, Hrsg.), Beiträge zu einer evolutionären Führungslehre, Stuttgart 1997

Kirsch, W.; Esser, W.-M.; Gabele, E. (1979), Das Management des geplanten Wandels von Organisationen, Stuttgart 1979

Kleingarn, H. (1997), Change Management - Instrumentarium zur Gestaltung und Lenkung einer lernenden Organisation, Wiesbaden 1997

Klimecki, R.G.; Gmür, M. (1997), Strategie und Flexibilität, in: Zeitschrift Führung und Organisation, 66, 1997, 4, S. 206-212

Klimecki, R.G.; Laßleben, H.; Thomae, M. (2000), Organisationales Lernen - zur Integration von Theorie, Empirie und Gestaltung, in: Schreyögg, G.; Conrad, P. (Hrsg., 2000), S. 63-98

Klimecki, R.G.; Probst, G.J.B.; Eberl, P. (1991), Systementwicklung als Managementproblem, in: Staehle, W.H.; Sydow, J. (Hrsg., 1991), S. 103-162

Klimecki, R.G.; Probst, G.J.B.; Eberl, P. (1994), Entwicklungsorientiertes Management, Stuttgart 1994

Klimecki, R.G.; Probst, G.J.B.; Gmür, M. (1993), Flexibilisierungsmanagement, in: Die Orientierung, 1993, 102, S. 3-93

Knyphausen, D.z. (1988), Unternehmungen als evolutionsfähige Systeme, München 1988

Knyphausen, D.z. (1993a), Überleben in turbulenten Umwelten: Zur Behandlung der Zeitproblematik im Strategischen Management, in: Zeitschrift für Planung, 1993, 2, S. 143-162

Knyphausen, D.z. (1993b), Why are Firms different?, in: Die Betriebswirtschaft, 53, 1993, 6, S. 771-792

Knyphausen-Aufsess, D.z. (1995), Theorie der strategischen Unternehmensführung, Wiesbaden 1995

Kobi, J.-M. (1996), Management des Wandels: Die weichen und harten Bausteine efolgreicher Veränderung, 2. Auflage, Bern, Stuttgart, Wien 1996

Koch, H. (1998), Unternehmenspolitik und Flexibilität, in: Bruhn, M.; Steffenhagen, H. (Hrsg., 1998), S. 471-486

Koll, M.; Scherm, E. (1999), Selbstorganisation vs. organisatorische Gestaltung - eine Analyse, in: JFB, 1999, 1, S. 12-26

Kortzfleisch, G. v.; Zahn, E. (1979), Wachstum - Betriebswirtschaftliche Probleme, in: Albers, W.; Born, K.E., u.a. (Hrsg., 1979), S. 432-449

Kosiol, E. (1959), Grundlagen der Methoden der Organisationsforschung, Berlin 1959

Kotter, J.P. (1997), Chaos, Wandel, Führung - Leading Change, Düsseldorf 1997

Krallmann, H. (1996), Systemanalyse im Unternehmen: Geschäftsprozeßoptimierung, partizipative Vorgehensmodelle, objektorientierte Analyse, München 1996

Krebsbach-Gnath, C. (1992a), Den Wandel in Unternehmen steuern, in: Krebsbach-Gnath, C. (Hrsg., 1992), S. 7-18

Krebsbach-Gnath, C. (1992b), Wandel und Widerstand, in: Krebsbach-Gnath, C. (Hrsg., 1992), S. 37-56

Krebsbach-Gnath, C. (1992, Hrsg.), Den Wandel in Unternehmen steuern: Faktoren für ein erfolgreiches Change Management, Frankfurt a.M. 1992

Krüger, W. (1994a), Organisation der Unternehmung, 3. Auflage, Stuttgart, Berlin, Köln 1994

Krüger, W. (1994b), Transformations-Management: Grundlagen, Strategien, Anforderungen, in: Gomez, P.; Hahn, D.; Müller-Stewens, G.; Wunderer, R. (Hrsg., 1994), S. 199-228

Krüger, W. (1995), Management-by-Konzepte, in: Corsten, H.; Reiß, M. (Hrsg., 1995), S. 173-186

Krüger, W. (2000a), Strategische Erneuerung: Probleme, Programme und Prozesse, in: Krüger, W. (Hrsg., 2000), S. 31-98

Krüger, W. (2000b), Das 3W-Modell: Bezugsrahmen für das Wandlungsmanagement, in: Krüger, W. (Hrsg., 2000), S. 15-29

Krüger, W. (2000, Hrsg.), Excellence in Change - Wege zur strategischen Erneuerung, Wiesbaden 2000

Krystek, U.; Redel, W.; Reppegather, S. (1997), Grundzüge virtueller Organisationen: Elemente und Erfolgsfaktoren, Chancen und Risiken, Wiesbaden 1997

XXXVIII

Kubicek, H.; Thom, N. (1976), Umsystem, betriebliches, in: Grochla, E.; Wittmann, W. (Hrsg., 1976), Sp. 3977-4017

Kuhn, T.S. (1967), Die Struktur wissenschaftlicher Revolutionen, Frankfurt a.m. 1967

Kullmann, G.; Kühl, S. (1998), Der Krieg zwischen dezentralen Einheiten im Unternehmen, in: io management, 67, 1998, 6, S. 42-47

Kumar, S.; Hentschel, R. (1985, Hrsg.), Viele Wege - Paradigmen zu einer neuen Politik, München 1985

Landau, M. (1969), Redundancy, Rationality, and the Problem of Duplication and Overlap, in: Public Aministration Review, 29, 1969, 7/8, S. 346-358

Laszlo, E. (1992), Evolutionäres Management: Globale Handlungskonzepte, Fulda 1992

Lauterburg, C. (1980), Organisationsentwicklung - Strategie der Evolution, in: Industrielle Organisation, 49, 1980, 1, S. 1-4

Lawrence, P.R.; Lorsch, J.W. (1969), Organization and Environment. Managing Differentiation and Integration, Homewood 1969

Leavitt, H.J. (1964), Applied Organization Change in Industry: Structural, Technical, and Human Approches, in: Cooper, W.W.; Leavitt, H.J.; Shelly, M.W. (Hrsg., 1964), S. 55-71

Lenhard, S.; Haas, A. (1999), Überlebt die Personalfunktion, in: io management, 68, 1999, 7/8, S. 44-49

Leonard-Barton, D. (1992), Core Capabilities and Core Rigidities: A Paradox in Managing New Product Development, in: Strategic Management Journal, 13, 1992, Special Issue Summer, S. 111-125

Leonard-Barton, D. (1994), Die Fabrik als Ort der Forschung, in: Harvard Business Manager, 16, 1994, 1, S. 87-99

Lewin, K. (1946), Action Research and Minority Problems, in: Journal of Social Issues, 2, 1946, 2, S. 34-46

Lewin, K. (1947), Frontiers in Group Dynamics, in: Human Relations, 1, 1947, S. 5-41

Lewin, K. (1951), Field Theory in Social Sciences, New York 1951

Lievegood, B.C.J. (1974), Organisationen im Wandel, Bern, Stuttgart 1974

Likert, R. (1961), New Patterns of Management, New York 1961

Lippitt, G.L.; Schmidt, W.H. (1967), Crisis in a Developing Organization, in: Harvard Business Review, 45, 1967, Nov/Dec, S. 102-112

Lippitt, R. (1974), Von der Trainingsgruppe zur Organisationsentwicklung, in: Gruppendynamik, 1974, 4, S. 270-282

Luczak, H.; Volpert, W. (1997, Hrsg.), Handbuch Arbeitswissenschaft, Stuttgart 1997

Luhmann, N. (1991), Soziale Systeme – Grundriß einer allgemeinen Theorie, 4. Auflage, Frankfurt a.m. 1991

Lukas, A. (1992), Die neue Balance im Zeitverständnis, in: Schuppert, D.; Walsh, I.; Kielbassa, M.; Lukas, A.; Hobbeling, R.-G. (Hrsg., 1992), S. 11-19

Macharzina, K. (1984, Hrsg.), Diskontinuitätenmanagement, Berlin 1984

Macharzina, K. (1989), Die Wettbewerbsfähigkeit der Bundesrepublik Deutschland im internationalen Vergleich, in: Betriebswirtschaftliche Forschung und Praxis, 41, 1989, 5, S. 472-488

Macharzina, K. (1993), Unterhehmensführung - Das internationale Managementwissen, Wiesbaden 1993

Macharzina, K.; Wolf, J.; Döbler, T. (1993), Werthaltungen in den neuen Bundesländern - Strategien für das Personalmanagement, Wiesbaden 1993

Majer, H. (1998), Wirtschaftswachstum und nachhaltige Entwicklung, 3. Auflage München, Wien 1998

Malik, F. (1992), Turbulenzen - die Komplexität des Wandels als Herausforderung annehmen, in: Schuppert, D.; Walsh, I.; Kielbassa, M.; Lukas, A.; Hobbeling, R.-G. (Hrsg., 1992), S. 73-124

Malik, F. (1996), Strategie des Managements komplexer Systeme, 5. Auflage Bern, Stuttgart, Wien 1996

Malik, F.; Probst, G.J.B. (1981), Evolutionäres Management, in: Die Unternehmung, 35, 1981, 2, S. 122-140

Malorny, C.; Kassebohm, K. (1994), Brennpunkt Total Quality Management, Stuttgart 1994

Mandl, H.; Spada, H. (1988, Hrsg.), Wissenspsychologie, München, Weinheim 1988

March, J.G. (1962), The Business Firm as a Political Coalition, in: Journal of Politics, 24, 1962, S. 662-678

March, J.G.; Olsen, J.P. (1975), The Uncertainity of the Past: Organizational Learning under Ambiguity, in: European Journal of Political Research, 3, 1975, 2, S. 147-171

March, J.G.; Olsen, J.P. (1976), Ambiguity and Choice in Organizations, Bergen, Oslo, Tromso 1976

Markides, C.C. (1998), Strategic Innovation in Established Companies, in: Sloan Management Review, 38, 1998, 3, S. 31-42

Markides, C.C. (1999a), In Search of Strategy, in: Sloan Management Review, 39, 1999, Spring, S. 6-7

Markides, C.C. (1999b), A Dynamic View of Strategy, in: Sloan Management Review, 39, 1999, Spring, S. 55-63

Marschak, J. (1955), Elements of a Theory of Teams, in: Management Science, 1, 1955, S. 127-137

Maucher, H.O. (1995), Führung im Wandel, in: Müller-Stewens, G.; Spickers, J. (Hrsg., 1995), S. 89-100

Mayo, E. (1933), The Human Problems of an Industrial Civilization, New York 1933

McCann, J.E. (1984), Hyperturbulence and the Emergence of Type 5 Environments, in: Academy of Management Review, 9, 1984, 3, S. 460-470

McGregor, D. (1973), Der Mensch im Unternehmen, 3. Auflage, Düsseldorf, Wien 1973

Mehdorn, H.; Töpfer, A. (1994, Hrsg.), Besser-schneller-schlanker, Neuwied, Berlin, Kriftel 1994

Mentzel, K. (1997), Unternehmensführung im Wandel, in: Hansmann, K.-W. (Hrsg., 1997), S. 29-55

Merry, U.; Brown, G.I. (1987), The Neurotic Behavior of Organizations, New York 1987

Meyer, M.; Heimerl-Wagner, P. (2000), Organisationale Veränderung: Transformationsreife und Umweltdruck, in: Die Betriebswirtschaft, 60, 2000, 2, S. 167-181

Milberg, J.; Reinhart, G. (1997, Hrsg.), Mit Schwung zum Aufschwung, Landsberg a.L. 1997

Mildenberger, U. (1998), Selbstorganisation von Produktionsnetzwerken - Erklärungsansatz auf Basis der neueren Systemtheorie, Wiesbaden 1998

Miles, R.E.; Snow, C.C. (1978), Organizational Strategy, Structure, and Process, New York 1978

Mintzberg, H. (1979), The Structuring of Organizations, Englewood Cliffs 1979

Mintzberg, H. (1983a), Power in and around Organizations, Englewood Cliffs 1983

Mintzberg, H. (1983b), Structures in Fives: Designing effective Organizations, Englewood Cliffs 1983

Mintzberg, H. (1984), Power and Organizational Life Cycles, in: Academy of Management Review, 9, 1984, 2, S. 207-224

Mintzberg, H. (1985), The Organization as a Political Arena, in: Journal of Management Studies, 22, 1985, 2, S. 133-154

Mintzberg, H. (1989), Mintzberg on Management, Führung und Organisation; Mythos und Realität, Wiesbaden 1989

Mintzberg, H. (1994), That's not "Turbulence", in: Planning Review, 22, 1994, 6, S. 7-9

Mintzberg, H. (1995), Die strategische Planung: Aufstieg, Niedergang und Neubestimmung, München, Wien 1995

Mintzberg, H.; Waters, J.A. (1985), Of Strategies, Deliberate and Emergent, in: Strategic Management Journal, 6, 1985, 6, S. 257-272

Mohr, N. (1997), Kommunikation und organisatorischer Wandel - Ein Ansatz für ein effizientes Kommunikationsmanagement im Veränderungsprozeß, Wiesbaden 1997

Mohr, R. (2000), Bedeutung und Vermittlung sozialer Kompetenzen, in: io management, 69, 2000, 3, S. 30-34

Morgan, G.; Ramirez, R. (1983), Actions Learning: A Holographic Metapher for Guiding Social Change, in: Human Relations, 37, 1983, 1, S. 1-28

Müller, G. (1992, Hrsg.), Lexikon Technologie, Berlin 1992

Müller-Böling, D.; Seibt, D.; Winand, U. (1991, Hrsg.), Innovations- und Technologiemanagement, Stuttgart 1991

Müller-Stewens, G. (1997, Hrsg.), Virtualisierung von Organisationen, Stuttgart 1997

Müller-Stewens, G.; Fontin, M. (1997), Management unternehmerischer Dilemmata - Ein Ansatz zur Erschließung neuer Handlungspotentiale, Stuttgart 1997

Müller-Stewens, G.; Lechner, C. (2001), Strategisches Management: Wie strategische Initiativen zum Wandel führen, Stuttgart 2001

Müller-Stewens, G.; Pautzke, G. (1991), Führungskräfteentwicklung und organisatorisches Lernen, in: Sattelberger, T. (Hrsg., 1991), S. 183-205

Müller-Stewens, G.; Spickers, J. (1995, Hrsg.), Unternehmerischen Wandel erfolgreich bewältigen, Wiesbaden 1995

Mumford, A. (1995), Learning at the Top, London u.a. 1995

Nadler, D.A. (1989), Concepts for the Management of Organizational Change, in: Tushman, M.L.; O'Reilly, C.A., Nadler, D.A. (Hrsg., 1989), S. 490-504

Nadler, D.A.; Tushman, M.L. (1997), Implementing New Designs: Managing Organizational Change, in: Tushman, M.L.; Anderson, P.C. (Hrsg., 1997), S. 595-606

Nelson, D.L.; Quick, J.C. (1997), Organizational Behavior: Foundations, Realities and Challanges, 2. Auflage, St. Paul 1997

Newman, K.L.; Nollen, S.D. (1998), Managing Radical Organizational Change, Michigan 1998

Nicholson, N. (1997), The Bleckwell Encyclopedic Dictionary of Organizational Behavior, Cambridge 1997

Nordsieck, F. (1934), Grundlagen der Organisationslehre, Stuttgart 1934

Nothhelfer, R. (1999), Lernen in der Organisation: Individueller Wissenserwerb und soziale Wissensverbreitung, in: Zeitschrift Führung und Organisation, 68, 1999, 4, S. 207-213

Nystrom, P.C.; Starbuck, W.H. (1981, Hrsg.), Handbook of Organizational Design, Oxford 1981

o.V. (1994, Hrsg.), Japan - USA Symposium on Flexible Automation, Kobe 1994

o.V. (1995), Intelligenz, in: Das Bertelsmann Lexikon, Band 11, Stuttgart 1995

Oelsnitz, D.v.d. (1999), Transformationale Führung im organisationalen Wandel: Ist alles machbar? Ist alles erlaubt?, in: Zeitschrift Führung und Organisation, 68, 1999, 3, S. 151-155

Oess, A. (1993), Total Quality Management: die ganzheitliche Qualitätsstrategie, 3. Auflage, Wiesbaden 1993

Okino, N. (1988), Bionical Manufacturing Systems, in: Sata, T. (Hrsg., 1988), S. 65-81

Ortmann, G.; Sydow, J. (1999), Grenzmanagement in Unternehmungsnetzwerken, in: Die Betriebswirtschaft, 59, 1999, 2, S. 205-220

Osterhold, G. (1996), Veränderungsmanagement, Wiesbaden 1996

Osterloh, M.; Frost, J. (1996), Prozeßmanagement als Kernkompetenz, Wiesbaden 1996

Ott, H.J. (1997), Interessenskonflikte und Selbstorganisation, in: Zeitschrift Führung und Organisation, 66, 1997, 2, S. 94-98

Ouchi, W.G. (1981), Theory Z, Reading 1981

Pascale, R.T. (1999), Surfing the Edge of Chaos, in: Sloan Management Review, 39, 1999, Spring, S. 83-94

Pasmore, W.A. (1994), Creating Strategic Change - Designing the Flexible, High-Performing Organization, New York, Chichester u.a. 1994

Pautzke, G. (1989), Die Evolution der organisatorischen Wissensbasis, München 1989

Pawlowsky, P. (1992), Betriebliche Qualifikationsstrategien und organisationales Lernen, in: Staehle, W.H.; Conrad, P. (Hrsg., 1992), S. 177-237

Penrose, E.G. (1959), The Theory of the Growth of the Firm, New York 1959

Perich, R. (1992), Unternehmungsdynamik - Zur Entwicklungsfähigkeit von Organisationen aus zeitlich-dynamischer Sicht, Bern, Stuttgart, Wien 1992

Perich, R. (1994), Wie können Vorgesetzte und Mitarbeiter Veränderungen erfolgreich bewältigen?, in: io management, 63, 1994, 1, S. 33-37

Peters, T.; Waterman, R.H. (1982), In Search of Excellence, New York 1982

Peters, T.; Waterman, R.H. (1990), Auf der Suche nach Spitzenleistungen, München 1990

Peters, T. (1987), Thriving on Chaos - Handbook for a management revolution, New York 1987

Pettigrew, A. (1972), Information Control as a Power Resource, in: Sociology, 6, 1972, S. 187-204

Pettigrew, A.; Whipp, R. (1993), Managing Change for Competitive Success, Cambridge 1993

Pfeffer, J.; Salancik, G.R. (1978), The External Control of Organizations: A Resource Dependence Perspective, New York 1978

Picot, A.; Freudenberg, H.; Gaßner, W. (1999), Management von Organisationen, Wiesbaden 1999

Picot, A.; Reichwald, R.; Wigand, R.T. (1998), Die grenzenlose Unternehmung, 3. Auflage, Wiesbaden 1998

Porter, M.E. (1980), Competitive Advantage. Techniques for Analyzing Industries and Competitors, New York, London 1980

Porter, M.E. (1985), Competitive Strategy, New York, London 1985

Porter, M.E. (1991), Towards a Dynamic Theory of Strategy, in: Strategic Management Journal, 12, 1991, Special Issue Winter, S. 95-117

Porter, M.E. (1993), Nationale Wettbewerbsvorteile: erfolgreich konkurrieren auf dem Weltmarkt, Wien 1993

Prahalad, C.; Hamel, G. (1990), The Core Competence and the Corporation, in: Harvard Business Review, 68, 1990, May/June, S. 79-91

Preßmar, D.B. (1995, Hrsg.), Total Quality Management I, Wiesbaden 1995

Probst, G.J.B. (1987), Selbst-Organisation, Berlin 1987

Probst, G.J.B. (1992a), Organisation: Strukturen, Lenkungsinstrumente und Entwicklungsperspektiven, Landsberg a.L. 1992

Probst, G.J.B. (1992b), Selbstorganisation, in: Frese, E. (Hrsg., 1992), Sp. 2255-2270

Probst, G.J.B. (1993), Organisieren und Organisationales Lernen, in: Schweizerische Gesellschaft für Organisation (Hrsg., 1993), S. 301-328

Probst, G.J.B. (1994), Organisationales Lernen und die Bewältigung von Wandel, in: Gomez, P.; Hahn, D.; Müller-Stewens, G.; Wunderer, R. (Hrsg., 1994), S. 295-320

Probst, G.J.B.; Büchel, B.S.T. (1998), Organisationales Lernen: Wettbewerbsvorteil der Zukunft, 2. Auflage, Wiesbaden 1998

Probst, G.J.B.; Deussen, A.; Eppler, M.J.; Raub, S.P. (2000), Kompetenz-Management, Wiesbaden 2000

Pümpin, C. (1994), Unternehmenseigner und Unternehmensentwicklung, in: Gomez, P.; Hahn, D.; Müller-Stewens, G.; Wunderer, R. (Hrsg., 1994), S. 273-292

Pümpin, C.; Kobi, M.; Wüthrich, H. (1985), Unternehmenskultur, in: Die Orientierung, 1985, 85, S. 3-65

Pümpin, C.; Prange, J. (1991), Management der Unternehmensentwicklung. Phasengerechte Führung und der Umgang mit Krisen, Frankfurt a.M., New York 1991

Quinn, R.E.; Cameron, K.S. (1983), Organizational Life Cycles and Shifting Criteria of Effectiveness: Some Preliminary Evidence, in: Management Science, 29, 1983, 1, S. 33-51

Quinn, R.E.; Cameron, K.S. (1988a, Hrsg.), Paradox and Transformation. Toward a Theory of Change in Organization and Management, Cambridge 1988

Quinn, R.E.; Cameron, K.S. (1988b), Paradox and Transformation. A Framework for Viewing Organization and Management, in: Quinn, R.E.; Cameron, K.S. (Hrsg., 1988), S. 289-308

Ram, S.; Jung, H.-S. (1991), "Forced" Adoption of Innovations in Organizations: Consequences and Implications, in: Journal of Product Innovation Management, 8, 1991, 1, S. 117-126

Rasche, C.; Wolfrum, B. (1994), Ressourcenorientierte Unternehmensführung, in: Die Betriebswirtschaft, 54, 1994, 4, S. 501-517

Reber, G. (1992), Lernen, organisationales, in: Frese, E. (Hrsg., 1992), Sp. 1240-1256

Reichwald, R.; Wildemann, H. (1995, Hrsg.), Kreative Unternehmen, München 1995

Reinhardt, R. (1993), Das Modell Organisationaler Lernfähigkeit und die Gestaltung Lernfähiger Organisationen, Frankfurt u.a. 1993

Reinhart, G. (1997a), Autonome Produktionssysteme, in: Schuh, G.; Wiendahl, H.-P. (Hrsg., 1997), S. 243-255

Reinhart, G. (1997b), Innovative Prozesse und Systeme - Der Weg zu Flexibilität und Wandlungsfähigkeit, in: Milberg, J.; Reinhart, G. (Hrsg., 1997), S. 173-202

Reinhart, G. (1999), Vom Wandel der Zeit, in: ZWF, 94, 1999, 1/2, S. 14

Reinhart, G.; Dürrschmidt, S.; Hirschberg, A.; Selke, C. (1999a), Wandel - Bedrohung oder Chance?, in: io management, 68, 1999, 5, S. 20-24

Reinhart, G.; Dürrschmidt, S.; Hirschberg, A.; Selke, C. (1999b), Reaktionsfähigkeit für Unternehmen, in: ZWF, 94, 1999, 1/2, S. 21-24

Reiß, M. (1992a), "Lean Management" ist "Heavy Management"!, in: Office Management, 40, 1992, 5, S. 38-41

Reiß, M. (1992b), Mit Blut, Schweiß und Tränen zur schlanken Organisation, in: Harvard Manager, 14, 1992, 2, S. 57-62

Reiß, M. (1994a), Kann die Reengineering-Revolution gelingen?, in: absatzwirtschaft, 1994, Sondernummer Oktober, S. 38-44

Reiß, M. (1994b), Optimale Komplexität von Führungsorganisationen, in: Die Unternehmung, 48, 1994, 2, S. 83-97

Reiß, M. (1994c), Reengineering: radikale Revolution oder realistische Reform?, in: Horváth, P. (Hrsg., 1994), S. 9-26

Reiß, M. (1995a), Temporäre Organisationsformen des Technologiemanagements, in: Zahn, E. (Hrsg., 1995a), S. 521-552

Reiß, M. (1995b), Implementierung, in: Corsten, H.; Reiß, M. (Hrsg., 1995), S. 291-302

Reiß, M. (1997a), Optimierung des Wandels, in: Reiß, M.; Rosenstiel, L.v.; Lanz, A. (Hrsg., 1997), S. 123-144

Reiß, M. (1997b), Aktuelle Konzepte des Wandels, in: Reiß, M.; Rosenstiel, L.v.; Lanz, A. (Hrsg., 1997), S. 31-90

Reiß, M. (1997c), Instrumente der Implementierung, in: Reiß, M.; Rosenstiel, L.v.; Lanz, A. (Hrsg., 1997), S. 91-108

Reiß, M. (1997d), Change Management als Herausforderung, in: Reiß, M.; Rosenstiel, L.v.; Lanz, A. (Hrsg., 1997), S. 5-29

Reiß, M.; Rosenstiel, L.v.; Lanz, A. (1997, Hrsg.), Change Management: Programme, Projekte und Prozesse, Stuttgart 1997

Reiß, M.; Zeyer, U. (1994a), Widerstände vermeiden durch Opportunismus, in: io management, 63, 1994, 7/8, S. 87-90

Reiß, M.; Zeyer, U. (1994b), Transitionsstrategien im Management des Wandels, in: Organisationsentwicklung, 1994, 4, S. 36-44

Rieckmann, H. (1991), Organisationsentwicklung - von der Euphorie zu den Grenzen, in: Sattelberger, T. (Hrsg., 1996), S. 125-143

Ringlstetter, M.; Knyphausen-Aufseß, D.z. (1995), Evolutionäres Management, in: Corsten, H.; Reiß, M. (Hrsg., 1995), S. 197-206

Robbins, S.P. (1998), Organizational Behavior: Concepts, Controversies, Applications, 8. Auflage, Upper Saddle River 1998

Roethlisberger, F.J.; Dickson, W.J. (1939), Management and the Worker, Cambridge 1939

Rohe, C. (1998), Risiko- und Erfolgsfaktor Nr. 1: Implementierung, in: Spalink, H. (Hrsg., 1998), S. 13-21

Rosenstiel, L.v. (1997), Verhaltenswissenschaftliche Grundlagen von Veränderungsprozessen, in: Reiß, M.; Rosenstiel, L.v.; Lanz, A. (Hrsg., 1997), S. 191-212

Rüegg-Stürm, J.; Achtenhagen, L. (2000), Management Mode oder unternehmerische Herausforderung: Überlegungen zur Entstehung netzwerkartiger Organisations- und Führungsformen, in: Die Unternehmung, 54, 2000, 1, S. 3-21

Rühli, E. (1994), Die Resourced-based View of Strategy, in: Gomez, P.; Hahn, D.; Müller-Stewens, G.; Wunderer, R. (Hrsg., 1994), S. 31-57

Rühli, E. (1995), Ressourcenmanagement, in: Die Unternehmung, 49, 1995, 2, S. 91-106

Rumelt, R.P. (1974), Strategy, Structure, and Economic Performance, Boston 1974

Runge, J.H. (1994), Schlank durch Total Quality Management - Strategien für den Standort Deutschland, Frankfurt a.M., New York 1994

Runkle, D.L. (1991), Taught in America, in: Sloan Management Review, 31, 1991, 1, S. 67-72

Sabel, H.; Weiser, C. (1995), Dynamik im Marketing: Umfeld-Strategie-Strukur-Kultur, Wiesbaden 1995

Sachs, S. (1997), Evolutionäre Organisationstheorie, in: Die Unternehmung, 51, 1997, 2, S. 91-104

Sander, J.E. (1999), Im Double Loop zur dynamischen Planung, in: Diebold Management Report, 1999, 10/11, S. 18-22

Sata, T. (1988, Hrsg.), Organization of Engineering Knowledge for Product Modelling in Computer Integrated Manufacturing, Elsevier 1988

Sathe, V. (1985), How to Decipher and Change Corporate Culture, in: Kilman, R. (Hrsg., 1985), S. 230-261

Sattelberger, T. (1996), Die lernende Organisation im Spannungsfeld von Strategie, Struktur und Kultur, in: Sattelberger, T. (Hrsg., 1996), S. 11-55

Sattelberger, T. (1996, Hrsg.), Die Lernende Organisation: Konzepte für eine neue Qualität der Unternehmensentwicklung, 3. Auflage, Wiesbaden 1996

Saynisch, M. (1997), Dynamik und Chaos meistern lernen, in: Gablers Magazin, 11, 1997, 8, S. 34-37

Schanz, G.; Döring, H. (1998), Kontinuität im Wandel, in: Zeitschrift für Betriebswirtschaft, 68, 1998, 9, S. 911-936

Scharfenberg, H. (1998), Die Kunst der Umsetzung, in: Office Management, 46, 1998, 4, S. 32-33

Schein, E.H. (1984), Coming to a New Awareness of Organizational Culture, in: Sloan Management Review, 24, 1984, 2, Winter, S. 3-16

Schein, E.H. (1985), Organizational Culture and Leadership, San Francisco 1985

Schein, E.H. (1993), How Can Organizations Learn Faster? The Challenge of Entering the Green Room, in: Sloan Management Review, 33, 1993, 2, S. 85-92

Schendel, D. (1992), Introducion to the Summer 1992 Special Issue on "Strategy Process Research", in: Strategic Management Journal, 13, 1992, Special Issue Summer, S. 1-4

Schewe, G. (1999), Unternehmensstrategie und Organisationsstruktur, in: Die Betriebswirtschaft, 59, 1999, 1, S. 61-75

Schildknecht, R. (1992), Total Quality Management: Konzeption und State of the Art, Frankfurt a.M., New York 1992

Schmid, U. (1996), Ökologiegerechte Wertschöpfung in Industrieunternehmungen – Industrielle Produktion im Spannungsfeld zwischen Markterfolg und Naturbewahrung, Frankfurt a.M. u.a. 1996

Schmidheiny, S. (1986), Föderalismus als unternehmerisches Gestaltungsprinzip, in: Bechtler, T.W. (Hrsg., 1986), S. 99-114

Schreyögg, G. (1984), Unternehmensstrategie: Grundfragen einer Theorie strategischer Unternehmensführung, Berlin, New York 1984

Schreyögg, G. (1993), Umfeld der Unternehung, in: Wittmann, W. u.a. (Hrsg., 1993), S. 4231-4247

Schreyögg, G. (1995), Unternehmungskultur, in: Corsten, H.; Reiß, M. (Hrsg., 1995), S. 111-122

Schreyögg, G. (1996), Grundlagen moderner Organisationsgestaltung, Wiesbaden 1996

Schreyögg, G. (1999), Strategisches Management - Entwicklungstendenzen und Zukunftsperspektiven, in: Die Unternehmung, 53, 1999, 6, S. 387-407

Schreyögg, G.; Conrad, P. (2000, Hrsg.), Organisatorischer Wandel und Transformation, Wiesbaden 2000

Schreyögg, G.; Noss, C. (2000), Von der Episode zum fortwährenden Prozeß - Wege jenseits der Gleichgewichtslogik im Organisatorischen Wandel, in: Schreyögg, G.; Conrad, P. (Hrsg., 2000), S. 33-62

Schuh, G. (1998, Hrsg.), Change Management - von der Strategie zur Umsetzung, Aachen 1998

Schuh, G. (1998), Erfahrungen mit Change Management Projekten, in: Schuh, G. (Hrsg., 1998), S. 9-21

Schuh, G.; Millarg, K.; Göransson, A. (1998), Virtuelle Fabrik: neue Marktchancen durch dynamische Netzwerke, München 1998

Schuh, G.; Wiendahl, H.-P. (1997, Hrsg.), Komplexität und Agilität: Steckt die Produktion in der Sackgasse?, Berlin, Heidelberg, New York, Barcelona u.a. 1997

Schuhmacher, E.F. (1985), Minimal-Organisation als Prinzip, in: Kumar, S.; Hentschel, R. (Hrsg., 1985), S. 222-235

Schulz, K.-P.; Aderhold, J.; Baitsch, C.; Beelitz, N. (2000), Wie lernt man Innovationen zu managen?, in: io management, 69, 2000, 11, S. 56-65

Schuppert, D.; Walsh, I.; Kielbassa, M.; Lukas, A.; Hobbeling, R.-G. (1992, Hrsg.), Langsamkeit entdecken - Turbulenz meistern, Wiesbaden 1992

Schwaninger, M. (1995), Unternehmens-Entwicklungs-Systeme, in: Siegwart, H. (Hrsg., 1995), S. 131-158

Schweizer, R. (1995), Unternehmensführung in instabilen Zeiten, in: Siegwart, H. (Hrsg., 1995), S. 301-315

Schweizerische Gesellschaft für Organisation (1993, Hrsg.), Jahresbericht 1992, Zürich 1993

Schwuchow, K.; Gutmann, J. (1997, Hrsg.), Jahrbuch Weiterbildung 1997, Düsseldorf 1997

Seebacher, U.G. (1999), Dualistischer Ansatz für Change Management in einer Projekt-Management-Organisation, in: Information Management & Consulting, 14, 1999, 4, S. 65-68

Seghezzi, H.D. (1997, Hrsg.), Ganzheitliche Unternehmensführung, Stuttgart 1997

Selznick, P. (1957), Leadership in Administration, Evanston 1957

Senge, P. (1990), The Fifth Discipline - The Art and Practice of the Learning Organization, New York 1990

Servatius, H.-G. (1991), Vom Strategischen Management zur Evolutionären Führung, Stuttgart 1991

Servatius, H.-G. (1994), Reengineering-Programme umsetzen: Von erstarrten Strukturen zu fließenden Prozessen, Stuttgart 1994

Shrivstava, P. (1983), A Typology of Organizational Learning Systems, in: Journal of Management Studies, 20, 1983, 1, S. 7-20

Siegwart, H.; Mahari, J. (1995, Hrsg.), Meilensteine im Management: Unternehmens-politik und Unternehmensstrategie, Stuttgart 1995

Sievers, B. (1977), Organisationsentwicklung als Problem, Stuttgart 1977

Sihn, W. (1995, Hrsg.), Unternehmensmanagement im Wandel, München, Wien 1995

Simon, H. (1945), Administrative Behavior, A Study of Decision-Making-Processes in Administrative Organizations, New York 1945

Simon, H. (1990, Hrsg.), Herausforderung Unternehmenskultur, Stuttgart 1990

Simon, H. (2000, Hrsg.), Das große Handbuch der Strategiekonzepte, Frankfurt a.M., New York 2000

Simon, H. (2000), Qualitätsmanagement, in: Simon, H. (Hrsg., 2000), S. 82-103

Smith, A. (1937), The Wealth of Nations, New York 1937

Solaro, D. (1989), Betriebswirtschaftslehre und Ethik. Festvortrag an der Universität Stuttgart, Stuttgart 1989

Som, J.C. (1998), The Key Role of Purchasing within Virtualizing Organizations, in: Berndt, R. (Hrsg., 1998), S. 139-171

Spalink, H. (1998, Hrsg.), Werkzeuge für das Change-Management, Frankfurt 1998

Stacey, R.D. (1991), The Chaos Frontier: Creative Strategic Control for the Business, London 1991

Stacey, R.D. (1995), Das Chaos managen: Kreativität und Innovation in einer Welt des Wandels, Wiesbaden 1995

Stacey, R.D. (1997), Unternehmen am Rande des Chaos: Komplexität und Kreativität in Organisationen, Stuttgart 1997

Staehle, W.H. (1999), Management: eine verhaltenswissenschaftliche Perspektive, 8. Auflage, München 1999

Staehle, W.H.; Conrad, P. (1992, Hrsg.), Managementforschung, Band 2, Berlin, New York 1992

Staehle, W.H.; Sydow, J. (1991, Hrsg.), Managementforschung, Band1, Berlin, New York 1991

Stahl, H.K. (2000), Vertrauen und "Dezentrale Führung", in: Hinterhuber, H.H.; Stahl, H.K. (Hrsg., 2000), S. 136-138

Stahl, H.K.; Hejl, P.M. (2000), Marktorientierte Unternehmensführung aus konstrukti-vistischer Sicht, in: Hinterhuber, H.H.; Stahl, H.K. (Hrsg., 2000), S. 1-9

Starbuck, W.H. (1976), Organizations and their Environment, in: Dunette, M.D. (Hrsg., 1976), S. 1069-1123

L

Stata, R. (1989), Organizational Learning - The Key to Management Innovation, in: Sloan Management Review, 29, 1989, 3, S. 63-74

Steers, R.M.; Black, J.S. (1996), Organizational Behavior, 5. Auflage, New York 1996

Steinle, C. (1985), Organisation und Wandel, Berlin, New York 1985

Steinle, C.; Ahlers, F.; Gradtke, B. (2000), Vertrauensorientiertes Management, in: Zeitschrift Führung und Organisation, 69, 2000, 4, S. 208-217

Steinle, C.; Eggers, B.; Ahlers, F. (1995), Ganzheitlichkeit als Leitidee der St. Galler Problemlösungsmethodik "Vernetztes Denken", in: Der Betriebswirt, 1995, 3, S. 16-22

Steinmann, H.; Schreyögg, G. (1997), Management: Grundlagen der Unternehmensführung, 4. Auflage, Wiesbaden 1997

Streitferdt, L. (1994), Kostenmanagement im Produktionsbereich, in: Corsten, H. (Hrsg., 1994), S. 477-495

Suarez, F.; Cusumano, M.; Fine, C.H. (1995), An Empirical Study of Flexibility in Manufacturing, in: Sloan Management Review, 35, 1995, 3, S. 37-39

Sydow, J. (1991), Strategische Netzwerke in Japan, in: Zeitschrift für betriebswirtschaftliche Forschung, 43, 1991, 3, S. 238-254

Sydow, J. (1992), Strategische Netzwerke. Evolution und Organisation, Wiesbaden 1992

Sydow, J.; Windeler, A. (1994, Hrsg.), Management interorganisationaler Beziehungen, Opladen 1994

Taylor, F. (1911), The Principles of Scientific Management, New York 1911

Teece, D.; Pisano, G. (1998), The Dynamic Capabilities of Firms: an Introduction, in: Dosi, G.; Teece, D.J.; Chytry, J. (Hrsg., 1998), S. 193-212

Teece, D.J.; Pisano, G.; Shuen, A. (1997), Dynamic Capabilities and Strategic Management, in: Strategic Management Journal, 18, 1997, 7, S. 509-533

Thom, N. (1994), Innovationen als Gestaltungsaufgabe in einem sich wandelnden Umfeld, in: Gomez, P.; Hahn, D.; Müller-Stewens, G.; Wunderer, R. (Hrsg., 1994), S. 321-360

Thom, N. (1995), Change Management, in: Corsten, H.; Reiß, M. (Hrsg., 1995), S. 869-880

Thom, N. (1997), Management des Wandels, in: Die Unternehmung, 51, 1997, 3, S. 201-214

Thompson, J. (1967), Organizations in action, New York 1967

Thompson, J. (1997), Strategic Management: Awareness and Change, 3. Auflage, Boston 1997

Thorngate (1976), „In General" vs. „It Depends": Some Comments on the Gergen-Schlenker Debate, in: Personality and Social Psychology Bulletin, 1976, 2, S. 404-410

Tichy, N.M. (1983), Managing Strategic Change. Technical, Political, and Cultural Dynamics, New York 1983

Tichy, N.M. (1995), Regieanweisung für Revolutionäre: Unternehmenswandel in drei Akten, Frankfurt a.m., New York 1995

Tilebein, M.; Schindera, F.; Schwarz, C. (1998), Konzeption eines Führungssystems für wandlungsfähige Unternehmen, in: Controlling, 1998, 4, S. 218-225

Toffler, A. (1970), Future Shock, New York 1970

Toffler, A. (1985), The Adaptive Corporation, Aldershot 1985

Tomasko, R.M. (1987), Running Lean, Staying Lean, in: Management Review, 1987, 11, S. 32-38

Trebesch, K. (1980), Ursprünge und Ansätze der Organisationsentwicklung, in: Industrielle Organisation, 49, 1980, 1, S. 9-12

Türk, K. (1989), Neuere Entwicklungen in der Organisationsforschung, Stuttgart 1989

Turnheim, G. (1995), Chaotische Unternehmensstrategien - Einfluß der Chaosforschung auf die Erarbeitung von Unternehmensstrategien, in: Siegwart, H.; Mahari, J. (Hrsg., 1995), S. 501-513

Tushman, M.L.; Anderson, P.C. (1997, Hrsg.), Managing Strategic Innovation and Change, Oxford, New York, u.a. 1997

Tushman, M.L.; Anderson, P.C.; O´Reilly, C.A. (1997), Technology Cycles, Innovation Streams, and Ambidextrous Organizations: Organization Renewal Through Innovation Streams and Strategic Change, in: Tushman, M.L.; Anderson, P.C. (Hrsg., 1997), S. 3-23

Tushman, M.L.; Nadler, D. (1986), Organizing for Innovation, in: California Management Review, 28, 1986, 3, S. 74-92

Tushman, M.L.; O´Reilly, C.A., Nadler, D.A. (1989, Hrsg.), The management of Organizations, Oxford, New York, u.a. 1989

Tushman, M.L.; Romanelli, E. (1985), Organizational Evolution, in: Cummings, L.L.; Staw, B.M. (Hrsg., 1985), S. 171-222

Ueda, K. (1994), Biological-Orientated Paradigm for Artifical Systems, in: o.V. (Hrsg., 1994), S. 1263-1266

Ulrich, H. (1970), Die Unternehmung als produktives soziales System, 2. Auflage, Stuttgart 1970

Ulrich, H. (1987), Unternehmenspolitik, 2. Auflage, Bern 1987

Ulrich, H. (1994), Reflexionen über Wandel und Management, in: Gomez, P.; Hahn, D.; Müller-Stewens, G.; Wunderer, R. (Hrsg., 1994), S. 5-29

Ulrich, H.; Probst, G. (1995), Anleitung zum ganzheitlichen Denken und Handeln, 4. Auflage, Bern, Stuttgart 1995

Urban, K. (1994), Die Rolle der Human Resources im Total Quality Management, in: Mehdorn, H.; Töpfer, A. (Hrsg., 1994), S. 265-319

Vahs, D. (1997), Unternehmenswandel und Widerstand, in: io management, 66, 1997, 12, S. 18-24

Van de Ven, A.H.; Poole, M.S. (1995), Explaining Development and Change in Organizations, in: Academy of Management Review, 20, 1995, 3, S. 510-540

Veil, P. (1999), Der Zeitfaktor im Change Management, München 1999

Veil, P. (2000), Change-Management - alles zu seiner Zeit, in: io management, 69, 2000, 6, S. 48-55

Volberda, H.W. (1997), Building Flexible Organizations for Fast-moving Markets, in: Long Range Planning, 30, 1997, 2, S. 169-183

Volberda, H.W. (1998), Building the Flexible Firm: How to Remain Competitive, Oxford, New York 1998

Vroom, V.H.; Jago, A.G. (1991), Flexible Führungsentscheidungen - Management der Partizipation in Organisationen, Stuttgart 1991

Wagner, M.; Kreuter, A. (1998), Erfolgsfaktoren innovativer Unternehmen, in: io management, 67, 1998, 10, S. 34-41

Walsh, J.; Ungson, G. (1991), Organizational memory, in: Academy of Management Review, 16, 1991, 1, S. 57-91

Walz, H.; Bertels, T. (1995), Das intelligente Unternehmen: schneller lernen als der Wetbewerb, Landsberg a.L. 1995

Warnecke, H.J. (1993), Revolution der Unternehmenskultur - das Fraktale Unternehmen, 2. Auflage, Berlin 1993

Warnecke, H.J. (1995a), Die Fraktale Fabrik, in: Corsten, H. (Hrsg., 1995), S. 211-222

Warnecke, H.J. (1995b), Das Fraktale Unterrnehmen - Antwort auf ein turbulentes Umfeld, in: Warnecke, H.J.; Bullinger, H.-J. (Hrsg., 1995), S. 9-26

Warnecke, H.J. (1996), Fraktales Unternehmen - eine Struktur mit Zukunft, in: Goldman, S.L.; Nagel, R.N.; Preiss, K.; Warnecke, H.-J. (Hrsg., 1996), S. 331-333

Warnecke, H.J.; Bullinger, H.-J. (1995, Hrsg.), Fraktales Unternehmen, Berlin u.a. 1995

Waterman, R.H.; Peters, T.; Philips, J.R. (1980), Structure is not organization, in: The McKinsey Quarterly, 1980, Summer, S. 2-20

Watzlawick, P. (1976), Wie wirklich ist die Wirklichkeit?: Wahn, Täuschung, Verstehen, München 1976

Watzlawick, P. (1981, Hrsg.), Die erfundene Wirklichkeit: Wie wissen wir, was wir zu wissen glauben?, München, Zürich 1981

Weber, B. (1994), Unternehmungsnetzwerke aus systemtheoretischer Sicht - Zum Verhältnis von Autonomie und Abhängigkeit in Interorganisationsbeziehungen, in: Sydow, J.; Windeler, A. (Hrsg., 1994), S. 275-297

Weber, M. (1972), Wirtschaft und Gesellschaft. Grundriß der verstehenden Soziologie, 5. Auflage, Tübingen 1972

Weick, K.E. (1976), Educational Organizations as Loosely Coupled Systems, in: Administrative Science Quarterly, 21, 1976, 1, S. 1-19

Weick, K.E. (1977), Organization Design: Organizations as Self-designing Systems, in: Organizational Dynamics, 6, 1977, 2, S. 30-46

Weick, K.E. (1979), The Social Psychology of Organizing, 2. Auflage, Reading 1979

Weick, K.E. (1982), Management of Organizational Change among loosely coupled systems, in: Goodman, P.S. u.a. (Hrsg., 1982), S. 375-408

Weidler, A. (1996), Entwicklung integrierter Innovationsstrategien, Stuttgart 1996

Weinberg, G. (1975), An Introduction to General Systems Thinking, New York 1975

Welge, M.K.; Al-Laham, A. (1999), Strategisches Management, 2. Auflage, Wiesbaden 1999

Welge, M.K.; Häring, K.; Voss, A. (2000, Hrsg.), Management-Development: Praxis, Trends und Perspektiven, Stuttgart 2000

Wernerfelt, B. (1984), A Resource-based View of the Firm, in: Strategic Management Journal, 5, 1984, 2, S. 171-180

Westkämper, E. (1996), Wandlungsfähige Unternehmensstrukturen, in: Siemens-Zeitschrift, 1996, Special, S. 5-7

Westkämper, E. (1999), Die Wandlungsfähigkeit von Unternehmen, in: wt Werkstatttechnik, 89, 1999, 4, S. 131-140

Westkämper, E.; Zahn, E.; Balve, P.; Tilebein, M. (2000), Ansätze zur Wandlungsfähigkeit von Produktionsunternehmen, in: Werkstatttechnik, 90, 2000, 1/2, S. 22-26

Whyte, W.F.; Hamilton, E.L. (1964), Action Research for Management, Homewood 1964

Wiedemann, H. (1986), Mitarbeiter richtig führen, Ludwigshafen 1986

Wiendahl, H.-H.; Rempp, B.; Schanz, M. (2000), Turbulenzen erschweren die Planungssicherheit, in: io management, 69, 2000, 5, S. 38-43

Wildemann, H. (1997), Organisationsentwicklung für Unternehmen mit Zukunft, in: Milberg, J.; Reinhart, G. (Hrsg., 1997), S. 271-300

Williamson, O.E. (1975), Markets and Hierarchy: Analysis and Antitrust Implications, New York 1975

Williamson, P.J. (1999), Strategy as Options on the Future, in: Sloan Management Review, 39, 1999, Spring, S. 117-126

Willke, H. (1993), Systemtheorie - eine Einführung in die Grundprobleme der Theorie sozialer Systeme, Stuttgart, Jena 1993

Winsor, C. (1951, Hrsg.), Human Biology, 4. Auflage, Baltimore 1951

Witte, E. (1973), Organisation für Innovationsentscheidungen - Das Promotoren-Modell, Göttingen 1973

Wittmann, W. u.a. (1993, Hrsg.), Handwörterbuch der Betriebswirtschaft, 5. Auflage, Stuttgart 1993

Wiener, N. (1948), Cybernetics, Control and Communication in the Animal and the Machine, Cambridge 1948

Wojda, F. (2000, Hrsg.), Innovative Organisationsformen: Neue Entwicklungen in der Unternehmensorganisation, Stuttgart 2000

Womack, J.P.; Jones, D.T.; Roos, D. (1990), The Machine that Changed the World, New York 1990

Woodward, J. (1958), Management and Technology, London 1958

Wunderer, R. (1979, Hrsg.), Humane Personal- und Organisationsentwicklung, Berlin 1979

Wunderer, R. (1994), Der Beitrag der Mitarbeiterführung für unternehmerischen Wandel, in: Gomez, P.; Hahn, D.; Müller-Stewens, G.; Wunderer, R. (Hrsg., 1994), S. 229-271

Yukl, G. (1971), Toward a Behavioral Theory of Leadership, in: Organizational Behavior and Human Performance, 1971, 6, S. 414-440

Zahn, E. (1972), Systemforschung in der Bundesrepublik Deutschland, Göttingen 1972

Zahn, E. (1973), Wachstumsbegrenzung als Voraussetzung einer wirksamen Umweltpolitik, in: Horn, C.; Wolterskirchen, v. M.; Wolff, J. (1973), S. 73-109

Zahn, E. (1979a), Diskontinuitäten im Verhalten sozio-technischer Systeme, in: Die Betriebswirtschaft, 39, 1979, 1b, S. 119-141

Zahn, E. (1979b), Strategische Planung zur Steuerung der langfristigen Unternehmensentwicklung, Berlin 1979

Zahn, E. (1984), Diskontinuitätentheorie - Stand der Entwicklung und betriebswirtschaftliche Anwendungen, in: Macharzina, K. (Hrsg., 1984), S. 19-75

Zahn, E. (1986, hrsg. v.), Technologie- und Innovationsmanagement – Festgabe für Gerd v. Kortzfleisch zum 65. Geburtstag, Berlin 1986

Zahn, E. (1986), Innovations- und Technologiemanagement, in: Zahn, E. (1986, hrsg. v.), S. 9-48

Zahn, E. (1991), Innovation und Wettbewerb, in: Müller-Böling, D.; Seibt, D.; Winand, U. (Hrsg., 1991), S. 115-133

Zahn, E. (1992, Hrsg.), Erfolg durch Kompetenz - Strategie der Zukunft, Stuttgart 1992

Zahn, E. (1992), Konzentration auf Kompetenz - ein Paradigmawechsel im Strategischen Management?, in: Zahn, E. (Hrsg., 1992), S. 1-38

Zahn, E. (1995a), Unternehmensführung im fraktalen Unternehmen, in: Warnecke, H.J.; Bullinger, H.-J. (Hrsg., 1995), S. 151-165

Zahn, E. (1995b), Kreativität als Erfolgsfaktor, in: Zahn, E. (Hrsg., 1995b), S. 1-24

Zahn, E. (1995a, Hrsg.), Handbuch Technologiemanagement, Stuttgart 1995

Zahn, E. (1995b, Hrsg.), Mit Kreativität die Zukunft meistern, Stuttgart 1995

Zahn, E. (1996), Führungskonzepte im Wandel, in: Bullinger, H.-J.; Warnecke, H.-J. (Hrsg., 1996), S. 279-296

Zahn, E. (1997), Rüsten für den Wettbewerb um die Zukunft, in: Zahn, E.; Foschiani, S. (Hrsg., 1997), S. 1-17

Zahn, E. (1998), Innovation, Wachstum, Ertragskraft - Wege zur nachhaltigen Unternehmensentwicklung, in: Zahn, E.; Foschiani, S. (Hrsg., 1998), S. 1-23

Zahn, E. (1999), Strategiekompetenz - Voraussetzung für maßgeschneiderte Strategien, in: Zahn, E.; Foschiani, S. (Hrsg., 1999), S. 1-22

Zahn, E. (2000a), Innovative Strategien für die „New Economy", in: Zahn, E.; Foschiani, S. (Hrsg., 2000), S. 1-20

Zahn, E. (2000b), Strategische Innovationen für den dynamischen Wettbewerb, in: Häflinger, G.E.; Meier, J.D. (Hrsg., 2000), S. 155-171

Zahn, E. (2001), Wertorientierung mit dynamischen Strategien, in: Zahn, E.; Foschiani, S. (2001, Hrsg.), erscheint 2001

Zahn, E.; Barth, T.; Hertweck, A. (1997), Outsourcing: Ein Leitfaden als Hilfe, in: IHK Magazin Wirtschaft, 53, 1997, 10, S. 30-34

Zahn, E.; Dillerup, R. (1995), Beherrschung des Wandels durch Erneuerung, in: Wildemann, H. (Hrsg., 1995), S. 35-76

Zahn, E.; Dillerup, R.; Foschiani, S. (1997), Ansätze eines ganzheitlichen strategischen Produktionsmanagement, in: Seghezzi, H.D. (Hrsg., 1997), S. 129-166

Zahn, E.; Dillerup, R.; Tilebein, M. (1997), Organisationales Lernen im Fraktalen Unternehmen, in: Schwuchow, K.; Gutmann, J. (Hrsg., 1997), S. 184-188

Zahn, E.; Foschiani, S. (1997, Hrsg.), Wettbewerb um die Zukunft, Stuttgart 1997

Zahn, E.; Foschiani, S. (1998, Hrsg.), Innovation, Wachstum, Ertragskraft - Wege zur nachhaltigen Unternehmensentwicklung, Stuttgart 1998

Zahn, E.; Foschiani, S. (1999, Hrsg.), Maßgeschneiderte Strategien - der Weg zur Alleinstellung im Wettbewerb, Stuttgart 1999

Zahn, E.; Foschiani, S. (2000, Hrsg.), Erfolgsstrategien für den Wandel, Stuttgart 2000

Zahn, E.; Foschiani, S. (2000), Strategien und Strukturen für den Hyperwettbewerb, in: Wojda, F. (Hrsg., 2000), S. 89-113

Zahn, E.; Foschiani, S. (2001, Hrsg.), Geschäftsstrategien im dynamischen Wettbewerb, erscheint 2001

Zahn, E.; Foschiani, S.; Tilebein, M. (2000), Wissen und Strategiekompetenz als Basis für die Wettbewerbsfähigkeit von Unternehmen, in: Hammann, P.; Freiling, J. (Hrsg., 2000), S. 47-68

Zahn, E.; Gagsch, B.; Herbst, C. (2000), Strategische Optionen zur Führung wandlungsfähiger Produktionsnetzwerke, in: Industrie Management, 16, 2000, 6, S. 24-28

Zahn, E.; Greschner, J. (1996), Strategische Erneuerung durch organisationales Lernen, in: Bullinger, H.-J. (Hrsg., 1996), S. 41-74

Zahn, E.; Schmid, U. (1996), Produktionswirtschaft I - Grundlagen und operatives Produktionsmanagement, Stuttgart 1996

Zahn, E.; Schmid, U. (1997), Produktionswirtschaft im Wandel, in: WiSt, 26, 1997, 9, S. 455-460

Zahn, E.; Schmid, U.; Seebach, A. (1996), Zusammenspiel von Ökonomie und Ökologie, in: Eyerer (Hrsg., 1996), S. 65-93

Zahn, E.; Tilebein, M. (1998), Führung wandlungsfähiger Unternehmen - eine Herausforderung in neuen Dimensionen, in: Industrie Management, 14, 1998, 6, S. 49-52

Zahn, E.; Tilebein, M. (2000), Lernprozesse in Organisationen, in: Welge, M.K.; Häring, K.; Voss, A. (Hrsg., 2000), S. 117-137

Zeyer, U. (1996), Implementierungsmanagement. Ein konzeptioneller Ansatz am Beispiel der Implementierung von Lean Management, München 1996

Zimmer, D. (2001), Wenn Kreativität zu Innovationen führen soll, in: Harvard Business Manager, 23, 2001, 1, S. 42-56

Zimmer, M.; Ortmann, G. (1996), Strategisches Management, strukturationstheoretisch betrachtet, in: Hinterhuber, H.H. (Hrsg., 1996), S. 87-114

Zink, K.J. (1989, Hrsg.), Qualität als Managementaufgabe - Total Quality Management, Landsberg a. Lech 1989

Zink, K.J. (1989), Qualität als Herausforderung, in: Zink, K.J. (Hrsg., 1989), S. 9-46

Zink, K.J. (1995a), TQM: Begriff und Aufgaben - ein Überblick, in: Preßmar, D.B. (Hrsg., 1995), S. 3-18

Zink, K.J. (1995b), TQM als integratives Managementkonzept - Das europäische Qualitätsmodell und seine Umsetzung, München, Wien 1995

Band 43 Nicole Karle-Komes: Anwenderintegration in die Produktentwicklung. Generierung von Innovationsideen durch die Interaktion von Hersteller und Anwender innovativer industrieller Produkte. 1997.

Band 44 Andreas Weidler: Entwicklung integrierter Innovationsstrategien. 1997.

Band 45 Frank Braun: Strategische Wettbewerbsforschung. Ein Simulationsmodell zur Erforschung der möglichen Wirkungen des EG-Binnenmarktes auf den Wettbewerb in der PKW-Branche. 1997.

Band 46 Jürgen Haas: Die Entwicklungsfähigkeit von Unternehmungen. Eine theoretische und pragmatische Analyse. 1997.

Band 47 Franz Xaver Bea / Alfred Kötzle / Kuno Rechkemmer / Alexander Bassen: Strategie und Organisation der Daimler-Benz AG. Eine Fallstudie. 1997.

Band 48 Klaus Zehender: Unternehmensführung in fraktalen Unternehmungen. Aufgaben, Architektur und Funktionsweise. 1998.

Band 49 Markus Göltenboth: Global Sourcing und Kooperationen als Alternativen zur vertikalen Integration. 1998.

Band 50 Richard M. Hesch: Das Management der Verlagerung von Wertschöpfungsstufen. Ein phasenorientiertes Modell, dargestellt am Beispiel Deutschland und Mittelosteuropa. 1998.

Band 51 Ralf Dillerup: Strategische Optionen für vertikale Wertschöpfungssysteme. 1998.

Band 52 Rainer Schmidbauer: Konzeption eines unternehmenswertorientierten Beteiligungs-Controlling im Konzern. 1998.

Band 53 Lars Gierke: Instrumentarium zur Planung und Umsetzung von Zulieferer-Hersteller-Netzwerken. 1999.

Band 54 Florian Kall: Controlling im Turnaround-Prozeß. Theoretischer Bezugsrahmen, empirische Fundierung und handlungsorientierte Ausgestaltung einer Controlling-Konzeption für den Turnaround-Prozeß. 1999.

Band 55 Klemens Berktold: Strategien zur Revitalisierung von strategischen Geschäftseinheiten. Eine empirische Untersuchung zur Ermittlung einer Typologie von Unternehmenskrisen und von typischen Strategien zu deren Bewältigung. 1999.

Band 56 Claus J. Kathke: Handlungsziele und Gestaltungsmöglichkeiten des Insolvenzverwalters im neuen Insolvenzrecht. 2000.

Band 57 Susanne Thissen: Strategisches Desinvestitionsmanagement. Entwicklung eines Instrumentariums zur Bewertung ausgewählter Desinvestitionsformen. 2000.

Band 58 Iris K. Weber: Das Planungs- und Kontrollsystem der mittelständischen Unternehmung. Gestaltungsmöglichkeiten in Abhängigkeit von der Unternehmensentwicklungsphase. 2000.

Band 59 Hermann Schnaitmann: Prozeßorientierte Unternehmensführung. 2000.

Band 60 Ulrike Suhr: Gestaltungsempfehlungen für interne Dienstleistungs-Anbieter. 2002.

Band 61 Claus Herbst: Interorganisationales Schnittstellenmanagement. Ein Konzept zur Unterstützung des Managements von Transaktionen. 2002.

Band 62 Andreas Hertweck: Strategische Erneuerung durch integriertes Management industrieller Dienstleistungen. 2002.

Band 63 Cyrus B. Bark: Integrationscontolling bei Unternehmensakquisitionen. Ein Ansatz zur Einbindung der Post-Merger-Integration in die Planung, Steuerung und Kontrolle von Unternehmensakquisitionen. 2002.

Band 64 Bernd Gagsch: Wandlungsfähigkeit von Unternehmen. Konzept für ein kontextgerechtes Management des Wandels. 2002.